Guten Appetit! Buon Appetito! Bon Appetit!
Smacznego! Pofta Buna! ¡Que Aproveche! Bom Proveito! Bumper
Appetito! Bon Appetit! Enjoy Your Meal! Smaklig Måltid!
¡Que Aproveche! Bom Proveito! Bumperfatscha! Velbekomme! Af
Enjoy Your Meal! Smaklig Måltid! Hyvää Ruokahalua! Smak
Proveito! Bumperfatscha! Velbekomme! Afiyet Olsun! Dobrou Chut!
Måltid! Hyvää Ruokahalua! Smakelijk Eten! God Appetit!
Velbekomme! Afiyet Olsun! Dobrou Chut! Guten Appetit! Buo
Ruokahalua! Smakelijk Eten! God Appetit! Smacznego! Pofta B
Olsun! Dobrou Chut! Guten Appetit! Buon Appetito! Bon Appe
Eten! God Appetit! Smacznego! Pofta buna! ¡Que Aproveche! Bom
Appetit! Buon Appetito! Bon Appetit! Enjoy Your Meal! Smaklig
Pofta Buna! ¡Que Aproveche! Bom Proveito! Bumperfatscha! Velbe
Appetit! Enjoy Your Meal! Smaklig Måltid! Hyvää Ruokahalua
Bom Proveito! Bumperfatscha! Velbekomme! Afiyet Olsun! Dobro
Smaklig Måltid! Hyvää Ruokahalua! Smakelijk Eten! God Appe
Velbekomme! Afiyet Olsun! Dobrou Chut! Guten Appetit! Buon
Ruokahalua! Smakelijk Eten! God Appetit! Smacznego! Pofta B
Olsun! Dobrou Chut! Guten Appetit! Buon Appetito! Bon Appe
Eten! God Appetit! Smacznego! Pofta Buna! ¡Que Aproveche! Bom
Appetit! Buon Appetito! etit! Enjoy Your Meal! Smaklig
Pofta Buna! ¡Q Proveito! Bumperfatscha! Velbe
Appetit Måltid! Hyvää Ruokahalua
Bom Prove ekomme! Afiyet Olsun! Dobro
Smaklig M Ruokahalua! Smakelijk Eten! God Appe
Velbekomme! Afiyet Olsun! Dobrou Chut! Guten Appetit! Buon
Ruokahalua! Smakelijk Eten! God Appetit! Smacznego! Pofta B
Olsun! Dobrou Chut! Guten Appetit! Buon Appetito! Bon Appe
Eten! God Appetit! Smacznego! Pofta Buna! ¡Que Aproveche! Bom
Appetit! Buon Appetito! Bon Appetit! Enjoy your meal! Smaklig

»… ein für deutsche Verhältnisse ungeheuer brillant formuliertes Buch, ein in allen Nuancen ausgemaltes Szenenbild aus einer Epoche, die in Paris ihre anerkannte Metropole besaß.«

RADIO BREMEN

»Der ›Club der Bäuche‹ ist kein Kochbuch, auch kein in Erzählton transponierter Guide Michelin, sondern ein unterhaltsames, anekdotengewürztes Lese-Menü über verschiedene Facetten Pariser Eßkultur, ein mit unendlichem Fleiß dokumentiertes Tisch-Sittengemälde, gespickt mit Zitaten der klassischen französischen Literatur.«

FREIE PRESSE

»Der Autor (…) spießt nicht nur Details von Menüs, Zubereitungen, Service wahrhaft in Hülle und Fülle auf, mit universalem Wissen hat er weit über den Tisch-Horizont hinausgeblickt und eine Kulturgeschichte für Bildungsfeinschmecker geschrieben.«

WELT AM SONNTAG

herausgegeben von Vincent Klink und Stephan Opitz

Cotta's kulinarischer ALMANACH auf das Jahr 1994

Klett-Cotta

Inhalt

ERSTER TEIL

Inhalt

Inhalt

Inhalt

Wissenschaftlich betrachtet sind die Menschen Allesfresser – Wesen, die sowohl fleischliche als auch pflanzliche Nahrung zu sich nehmen. Wie andere Vertreter dieser Gruppe – man denke an Schweine, Ratten und Schaben – können wir unsere Nahrungsbedürfnisse durch eine breitgefächerte Zahl von Stoffen befriedigen. Vom ranzigen Drüsensekret bis zu Schimmel und Steinen (oder, wenn einem der Euphemismus lieber ist, von Käse bis zu Pilzen und Salz) können wir alles mögliche essen und verdauen. Wie andere Protagonisten der Allesfresserei essen wir indes nicht buchstäblich alles und jedes. Vielmehr wirkt, wenn man von der ganzen Brandbreite möglicher Nahrungsmittel in der Welt ausgeht, der Speiseplan der meisten menschlichen Gruppen ziemlich begrenzt.

MARVIN HARRIS

Late to bed and late to rise ist die beste eierspeis!

H. C. ARTMANN

ERSTER TEIL

Artischocken

Von Vincent Klink

Dort wo innere Winde, hervorgerufen durch üppig' Speis & Trank, den Körper nahezu unbewohnbar machten, an den langen Tafeln der Klöster und den beladenen Tischen des alten Frankreich und des nicht nur alten Italien, dort sind magenstärkende Liköre und Bitter zu Hause, und die kommen nur selten ohne die lindernde Unterstützung von Artischockenextrakten aus.

Artischocken werden nicht nur für den Feinschmecker feilgeboten, ein großer Teil wird vergoren, destilliert und ist häufig die bewährte Basis für Kräuterliköre, Magentropfen etc. Die Artischocke ist ein probates Vademecum für die Leber. Die wesentlichen Inhaltsstoffe sind der Bitterstoff Cynarin, das Kohlehydrat Inulin, Calcium, Eisen, Provitamin A und das Vitamin B. Über das alles hinaus schmeckt die Artischocke wunderbar. Es ist fast schon sensationell: im allgemeinen dient oraler Lustgewinn selten (höchstens dann und wann rudimentär) so eindeutig der Gesundheit. Es gibt verschiedene Artischockensorten: Die größten kommen aus Frankreich, so die bretonische *Camus de Bretagne*, die *Camery* oder die *Caribou*. Im Midi, dem Süden Frankreichs, wachsen noch etliche kleinere Sorten. Die oben genannten Artischocken haben relativ viel Abfall, man ißt nur die fleischigen Teile der Blätter, indem man sie mit den Zähnen ausstreift und sich zum dicken Boden vorarbeitet. Bei den kleinen Sorten, die hauptsächlich in Italien beliebt sind, gibt es vier Hauptsorten: die *Catanese* mit den violetten Blättern, die kugelförmig geschlossene *Romanesco*, die relativ frostempfindlich ist, die *Castellamare*, die *Spinoso Sardo*, schließlich die *Violetto Sardo* mit spitz auslaufenden, langbestachelten Blättern. Stacheln kommen bei der Artischocke nicht von ungefähr, sie gehört zu den Distelgewächsen und ist im Orient und rund um das Mittelmeer beheimatet, kam alsbald nach Frankreich und war dort immer eine Speise der Vornehmen und des Adels. Beim Einkauf erkennt man zu alte *Disteln* an den brauntrockenen Blätterspitzen, auch kann an der Schnittstelle des Stiels die Frische überprüft werden. Die großen bretonischen Sorten sind als abgekochte Früchte eine probate Vorspeise, sie kommen mit Sauce Hollandaise oder mit Vinaigrette auf den Tisch. Die Böden können auch separat angerichtet werden, man kann sie füllen und sogar in Streifen schneiden und in Olivenöl kroß braten. Alle Arten von Artischocken sind vielseitig zu verwenden und lassen auch ausufernder Kreativität jede Menge Raum. Sie können zu Suppe verarbeitet werden, man kann sie panieren, überbacken, füllen etc.

Zur Zubereitung: Die Spitzen werden mit einer Schere etwas abgeschnitten. Das muß nicht unbedingt sein, empfiehlt sich aber gerade dann, wenn die Enden schon etwas braun sind. Der Stiel wird eben am Ende des Bodens abgeschnitten. Es gibt viele umständliche Anweisungen, wie die Früchte gebunden und mit Bindfaden dressiert werden können. Überflüssig: Wichtig ist, daß während dieser Arbeit bereits das Wasser auf dem Herd kocht, denn Artischocken laufen an den Schnittstellen sofort häßlich braun an. In älteren Rezepturen wird empfohlen, sie mit Zitrone abzureiben und auch eine Zitrone in das Kochwasser zu geben. Wenn man sich beeilt, ist das nicht nötig. Ich bin sogar sehr dafür, daß man nicht mit Zitronen hantiert, denn sie verfälschen den Geschmack: Es ist grauenhaft. Wenn die Artischocke nach dem Abschneiden des Stiels sofort ins heiße Wasser kommt, dann ist alles paletti. Ohne die Zitronen bekommen die Früchte auch eine lebhaftere grüne Farbe.

Die Artischocken wollen immer aus dem Wasser ragen. Den Topf nicht mit einem Deckel verschließen, sonst nehmen sie eine aschgraue Farbe an, deshalb einen kleineren Deckel auf die Artischocken legen, damit sie genügend untertauchen. Nach zwanzig Minuten kann man nachschauen und probehalber ein Blatt herausziehen. Gelingt es und das Blättchen folgt uns willig, so nehmen wir mit dem Schaumlöffel die Früchte heraus, legen sie auf ein Tablett, geben ein feuchtes Tuch darüber und warten zwanzig Minuten, bis alles etwas ausgekühlt ist. Artischocken lassen sich gut vorbereiten, nur sollten sie nicht total auskühlen, also möglichst nicht schon am Tag vorher zubereiten. Ausgekühlt läßt sich der innere faserige Flaum, das Heu oder Stroh, das im Herzen der Früchte sitzt, sehr gut herauspuhlen. Das Wasser wird aufgeheizt und die Artischocken werden wieder erhitzt und dann zu Tisch gebracht. Auf alle Fälle achte man darauf, mit den Artischocken lieber früher zu beginnen, denn die kochend heißen Disteln vom Heu zu befreien, gibt immer verbrühte Finger. Völlig andere Möglichkeiten bieten die kleinen *Carciofini* aus Italien. Das obere Drittel der spitzen Blätter wird abgeschnitten, dann müssen die Hüllblätter nach unten abgerissen werden, alles, was grün ist, muß weg. Am langen Stiel bleibt das gelbe Herzstück übrig, auch evtl. violette Blättchen müssen entfernt werden. Den Stiel sollte man so lang wie möglich lassen, denn er ist genauso köstlich wie der Boden. Das oft angetrocknete Ende des Stiels wird abgeschnitten. Wir sehen an der Schnittstelle den hellen weichen Kern und die dunkelgrüne äußere Schicht. Diese muß weg. Vom Stielende schält man mit einem Messer in Richtung Knospe.

Das äußere Dunkelgrüne des Stiels wird vom Stielende zur Knospe hin abgeschält, ähnlich wie beim Spargel. Diese Arbeit ist etwas zeitraubend, und es empfiehlt sich, die geschälten Früchte in kaltes Wasser einzulegen, das mit etwas Ascorbinsäure vermischt ist. Ascorbinsäure (Zitronensäure) ist reines Vitamin C und für billiges Geld in jeder Apotheke zu kaufen. Wer's einmal probiert hat, kauft nie mehr die sündhaft teuren Brausetabletten, sondern geht seine Erkältung wohlfeiler an. Das nur nebenbei. Weiter aber mit den *Carciofini*: Sie werden ungefähr zwanzig Minuten in leicht gesalzenem Wasser gekocht. Nicht zu weich, nicht zu hart. Sie sind ein Allroundgemüse, das aber auch fein gehobelt in den Salat gemengt wird, roh mit Olivenöl in der Pfanne zu Chips gebraten oder gekocht und in Vinaigrette eingelegt jede Vesper veredelt. Gekocht und dann in Butter gebraten, evtl. mit Tomatenwürfeln vermischt, kommt im tristesten Haushalt mit ihnen das große Jauchzen auf. Knoblauch und etwas Thymian, Olivenöl: und fertig ist eine herzhafte Essensfreude, gerade an spätherbstlich trüben Tagen. Artischocken sind nämlich je nach Erzeugerland im Spätherbst bis in den Winter und im beginnenden Frühjahr auf dem Markt. So hat man in der Jahreszeit, in der die frischen Gemüse seltener sind, eine willkommene Abwechslung der gesündesten Art. Also immer reichlich Artischocken vertilgen, so haben Sie, lieber Leser, lebermäßig die Nase vorn. Es geht sogar die Mär, daß mit Artischocken die blaurot geaderte Trinkernase ins Hellere umgefärbt werden kann.

Business-Lunch

Von Friedrich-Wilhelm Pohl

Der Gast wird über weichen Teppichboden ins Reich der kulinarischen Vorstandsfreuden geführt. Eine metergroße, tiefschwarze, hochglänzende Skulptur auf einem Sockel – Kunstkenner würden den eiähnlichen Körper irgendwo zwischen Jean Arp und Henry Moore einsortieren – schmückt den Etagenflur. Hinter der Tür zum Séparée schwarz-graue Eleganz, eindeutig von Charles Rennie Mackintosh inspiriert, klare gerade Linien auf dem Teppich, Schöner-Wohnen-Kunst an der Wand, vier schwarze Ledersesselchen um einen graumelierten Eßtisch, der auf jeder Mailänder Möbelmesse bestehen kann. An der Decke ein gewaltiger ringförmiger, halogenbestückter Chrom-Lüster.

In diesem sichtbar kostspieligen Ambiente also ißt der Vorstand der Daimler-Benz AG? »Gar nicht so häufig«, bedauert Josef Rees, Leiter der Hauptabteilung Verpflegungsbetriebe-Koordination in der Konzernverwaltung Stuttgart-Möhringen, »unsere Vorstände tragen ihr Tablett wie die anderen Mitarbeiter durch unser Betriebs-Restaurant.« Und essen vor aller Augen schön demokratisch ihre Roulade für 3,90 Mark.

Hier oben aber, im ersten Stock, werden jetzt von einem fliegengeschmückten Kellner in kurzem Jäckchen schwungvoll Gemüsespaghetti in Garnelensauce auf die spiegelnden Platzteller serviert, schön bunt fürs Auge und so lege artis zubereitet, daß auch ein verwöhnter Gaumen nicht beleidigt wird.

Der Wein gluckert ins teure Glas. Es wird sichtbar professionell eingeschenkt, ein trockener 89er Untertürkheimer Mönchsberg Riesling Kabinett. Neben dem Platzteller liegt die datierte Menükarte.

Die Kalbsmedaillons unter einer Sonnenblumenkruste mit Calvadosjus und gefüllten Kartoffeln schmecken so überzeugend wie in einem Restaurant der oberen Eß-Klasse und sind auch nicht weniger sparsam dekoriert. Das Traminerparfait mit Pfirsich entpuppt sich als ein sehr, sehr großer Fingerhut Parfait mit einem Löffelchen passierter Pfirsichmousse.

Die Casino-Etage in der neuen, zwei Jahre alten Daimler-Benz-Zentrale dient hauptsächlich der Bewirtung von Gästen, in sechs Séparées für vier bis acht Personen und in fünf größeren Räumen, die für größere Einladungen miteinander verbunden werden können. So demokratisch sich die Daimler-Spitzen in der Kantine auch geben, wer in dieses Elysium einladen will, muß wenigstens mit den Würden eines Direktors geweiht sein.

Warum der Aufwand? Die Spesen für Restaurant-Besuche wurden schon vor der Rezession überall zusammengestrichen. Kein Grund für die Mächtigen, bei Buletten, Bratkartoffeln und Bier zu darben. Die Kosten für Kaviar und Champagner werden immer häufiger in den Betrieb hinein verlagert, in das *Konferenz-Center*, oder das *Casino*. *Cocooning* heißt die Parole, Rückzug ins eigene Gehäuse. US-Trendpropheten lieben dieses Wort schon seit einigen Jahren. Und für ihre kulinarischen Institutionen leisten die Unternehmen sich darum immer bessere Köche, die immer moderner und immer anspruchsvoller zu Werke gehen. Und von vorwitzigen Restaurantgästen am Nebentisch braucht man sich nicht mehr auf den Teller gucken zu lassen.

Darunter leiden die deutschen Spitzen-Restaurants. Eine ganze Branche stöhnt. Der Patron des oft gerühmten Restaurants *Humperdinck* im Frankfurter Westend ist deprimiert: »Das Mittagsgeschäft ist mager. Wenn das so weitergeht, hat unsere Art von Gastronomie in fünf Jahren kaum noch eine Chance.«

Die Chefin von *Erno's Bistro*, ein paar Ecken weiter in der Liebigstraße, sieht nicht ganz so schwarz, klagt aber ebenfalls über Einbrüche beim vormals so beliebten Business-Lunch im Restaurant: »Die Leute sparen immer mehr Zeit. Die Mittagspausen werden kürzer.« Das jedoch sei nicht der einzige Grund, warum tagsüber die Gäste ausblieben. »Es gibt immer mehr vorzügliche Firmen-Casinos. Dort sind die Leute unter sich. Die Leute von der Schweizerischen Kreditanstalt gleich um die Ecke kamen jahrelang zu mir. Dann hieß es eines Tages: Verstehen sie uns nicht falsch, aber wir haben uns ein Casino mit einem prima Koch zugelegt.«

Der Patron des Düsseldorfer *Victorian* in der Königstraße stößt ins gleiche Horn: »Die Casinos nehmen der Top-Gastronomie eine Menge Gäste weg. Die großen Firmen zweigen unter ihrem eigenen Dach für den Vorstand und die Gäste feinstes Silber und feinste Gläser ab.« Er unterläuft zwar diesen Trend zur Neuen Häuslichkeit mit eigenen Séparées für seine Gäste aus Metallindustrie und Modebranche, aber deutlich zeichnet sich ab: Die Firmen-Casinos kaufen den Restaurants den Schneid ab. Obendrein läßt sich der firmeneigene Edel-Imbiß samt Weinkeller vorzüglich als Betriebsausgabe deklarieren.

Spätestens in zehn Jahren, so weinen die Kunsthandwerker am Herd, könne die Spitzen-Gastronomie nur noch mit Sponsoren existieren – und hinter den verschlossenen Türen der großen Konzerne. »Die Köche dort können einkaufen, ohne zu rechnen«, klagt der Meister vom *Schiffchen* in Düsseldorf-Kaiserswerth, und fast überall ist man sich darüber einig, daß demnächst nur noch die großen Industriebetriebe, die Banken und Versicherungen die erstklassigen Könner am Herd bezahlen können. Die Arbeitszeiten seien zu verlockend, die Gehälter beneidenswert. Der Humperdinck-Chef präzisiert: »Wer so einkaufen kann und dann noch kreativ ist, kann ein Casino besser führen als ein Spitzenrestaurant.«

Und eingekauft wird offensichtlich so großzügig, daß sich nicht alle in die Töpfe sehen lassen wollen. »Über Wirtschaft können wir gerne reden, aber dieser Teil der Firma gehört nicht zu unserer Selbstdarstellung«, heißt es bei der Düsseldorfer West LB, deren kulinarische Logistik im *Konferenz-Center*, wie bei Daimler-Benz ein Teil des Betriebsrestaurants, einen Ruf wie Donnerhall genießt.

Die gelobte Bonner Kantinen-Etage mit einigen indiskreten hundert Plätzen – »hier essen sie fast alle« – schwebt im 29. Stock des »Langen Eugen« über der Hauptstadt auf Abruf. Die schwarz-rot-golden umrandete Speisekarte hat Mühe, mit der unschlagbaren Aussicht über Rhein, Drachenfels und Godesburg mitzuhalten: Linseneintopf mit Bockwurst, Westfälische Bauernsülze, Rostbratwürstchen. Das geräucherte Forellenfilet wird denn auch mit Orangenspalten, Zitronenscheibe und Sahnemeerrettich bis zur Unkenntlichkeit zudekoriert. Das trauen sich sonst nur noch die ehemaligen ZK-Leibköche in den neuen Bundesländern, Kantinen-Niveau eben.

Im Zentrum der politischen Macht jedoch hat man schon lange einen Weg gefunden, um unbelauscht und unbeobachtet zu essen. Jede Bonner Landesvertretung beschäftigt einen Koch, Oskar Lafontaine den ambitioniertesten. Als er den Chef seines Saarbrückener Lieblingslokals Heinz Peter Koop vor drei Jahren mit dem Gehalt eines Regierungsdirektors einstellte, sorgte diese Entscheidung für genug Wirbel, um das Bonner Sommerloch zu füllen. »Bei dem wollten einige Vertretungen schon ihren Löffelschwinger in die Schule schicken, damit der mal Saucen lernt«, berichtet ein Referent. Lafontaine macht sich aber dadurch nicht beliebter, daß er seinen Küchenchef auf Empfänge der anderen Vertretungen mitnimmt. Koop sagt dann gern seinen Kollegen und den Gästen, wo es kulinarisch langgeht, und macht sich dem Vernehmen nach damit natürlich nur Freunde.

Edzard Reuter steht all diesen Querelen und Trends so fern wie nur einer. Er arbeitet durch, mit vier belegten Brötchen als Mittagsverpflegung. Wenn das Schule macht, dann hat Claude Huppertz, Ex-Patron eines Zwei-Sterne-Restaurants in Essen-Kettwig, zweifellos recht: »Business-Lunch stirbt aus.«

Maltwhisky

Von Bernd Kreis

Mönche müssen notorische Trinker gewesen sein: sie sind Förderer, wenn nicht Urheber alkoholischer Getränke. Missionare aus Irland waren es jedenfalls, die den Schotten das Whiskybrennen beibrachten. Aqua vitae hieß er damals. Die gälisch sprechenden Schotten nannten ihn ›uisge-beatha‹. Aus ›uiskie‹ wurde dann später Whisky. Wohlgemerkt ohne »e«, welches allein Destillaten aus Irland und Amerika vorbehalten ist. Die werden hauptsächlich von Teenies mit Cola und Eis als Brechmittel benutzt. Wenn ich Whisky sage, meine ich grundsätzlich schottischen Single Malt Whisky, also Whisky, der nur aus Gerstenmalz hergestellt, aus jeweils einer (schottischen) Brennerei kommt, in Schottland gelagert (mindestens drei Jahre) und abgefüllt wird. Das Herstellungsverfahren hat sich im Prinzip seit Jahrhunderten nicht geändert. Die Gerste wird zunächst zum Keimen gebracht. Vom so entstandenen Grünmalz werden Keime und Spelzen entfernt. Der anschließende Trocknungsvorgang ist verantwortlich für den rauchigen Geschmack des Whiskys. Früher war es üblich, das Malz über einem Torffeuer zu darren. Heute sind die pagodenförmigen Darren (kiln) gasbeheizt, und es wird eine entsprechende Menge Torfrauch eingeleitet. Das Malz wird geschrotet, eingemaischt und zu einem bierähnlichen Gebräu (wash) vergoren.

Der nachfolgende Destillationsvorgang geht in zwei Schritten vor sich: Zuerst wird der Rauhbrand (low wine) in der Wash still gebrannt, danach, in der etwas kleineren Spirit still, der Feinbrand destilliert. Nur das absolut saubere Herzstück mit etwa zweiundsiebzig Prozent wird verwendet. Größe und Form der Pot-stills genannten Brennblasen variieren von Distillery zu Distillery erheblich, sie haben große Bedeutung für den Geschmack der Whiskys. Eine genaue Erklärung dafür gibt es nicht. Genausowenig dafür, wie das Brauwasser den Geschmack des Brandes beeinflußt. Im übrigen ist die Kunst des Whiskybrennens kein Ingenieurfach. Sie wird als Handwerk von einer Generation zur anderen weitergegeben. Das Lagern der Whiskys in gebrauchten Sherryfässern ist Tradition, dabei wird streng auf die Herkunft der Fässer geachtet. Die Leute der *Macallan-Distillery* treiben es dabei auf die Spitze. Sie lassen in Spanien Fässer herstellen und verleihen sie an ausgewählte Sherry-Bodegas. Nach mehrjährigem Gebrauch werden die Fässer nach Schottland verschickt, der frische Whisky wird darin abgefüllt. Das vom Holz aufgesogene Sherry-Aroma prägt den Whisky stark, verleiht ihm Körper und viele Geschmacksnuancen.

Jede Distillery ist bestrebt, den Geschmack ihres Whiskys stets gleich zu halten, deshalb sind Single-Malts in der Regel Verschnitte von verschiedenen Bränden einer Brennerei. Ist ein Alter angegeben, bezieht es sich ausschließlich auf die Verweildauer des jüngsten Verschnittanteils im Faß, auf der Flasche verändern sich die Brände nicht mehr. Als Raritäten werden Jahrgangsbrände angeboten, die dann meistens länger gelagert sind als die Standard-Malts. Der weitaus größte Teil der Malt-Whiskys wird jedoch an die großen Whisky-Blender verkauft. Sie verleihen den Markenwhiskys ihre typischen Geschmacksnoten. Weniger als fünf Prozent der Maltproduktion kommen schließlich als Single-Malt auf den Markt. Schottlands Whiskylandschaft ist in vier Regionen unterteilt, deren Brände sich erheblich voneinander unterscheiden. Zuerst sind es die Lowlands mit feinen, leichten Whiskys. Einer der besten ist *Rosebank*, der dreimal gebrannt ist. Der nächste Bereich ist *Campbeltown*, benannt nach der einzigen Stadt auf der Halbinsel Kintyre. Von den ursprünglich dreißig Brennereien sind nur noch zwei in Betrieb. *Springbank* und *Glen Scotia* produzieren Brände mit wenig Rauchgeschmack, denn in Campbeltown wurden die Kilns traditionell mit Kohle aus heimischen Gruben beheizt, auf die umständliche Torfheizung konnte man verzichten. Typisch ist eine leicht salzige, jodierte Note, die man in allen Whiskys aus dem Westen Schottlands findet. Sie ist besonders stark ausgeprägt bei den Bränden des westlichsten Bereiches (Hebrideninsel Islay). Durch die Lagerung in unmittelbarer Meeresnähe werden die maritimen Aromen über die Luft durch die porösen Faßdauben an den reifenden Brand weitergegeben. Einziger Brennstoff zum Darren ist Torf, aus diesem Grund gehört ein kräftiger Rauchton zum Geschmacksbild eines Islay-Whiskys.

Die berühmtesten sind *Lagavulin*, der als hervorragender sechzehnjähriger angeboten wird, und *Laphroaig* (Lafreug), den es bei uns leider nur in einer zehnjährigen Abfüllung gibt. In Großbritannien ist ein fünfzehnjähriger Laphroaig erhältlich, bei ihm sind die rauchigen und jodierten Aromen, die diesen Whisky unter Kennern so berühmt machten, viel konzentrierter. Der größte Bereich sind die Highlands, er umfaßt den gesamten Norden Schottlands, etwa ab einer gedachten Linie nördlich Glasgow bis Dundee im Osten, und die Hebrideninseln außer Islay, sowie die Orkney-Inseln. Dieser große Bereich wurde von Kennern übereinstimmend in kleinere Distrikte unterteilt, deren Brände ähnliche Charaktereigenschaften besitzen. Stark vereinfacht sind es die Western Highlands, Speyside, Northern Highlands und die Orkneys.

Die zweifellos besten Western Highland Whiskys sind *Talisker* von der Insel Skye, der durch sein kraftvolles Aroma überzeugt, und *Oban* aus der gleichnamigen Hafenstadt an der Westküste, er wartet mit vollem Torfgeschmack, kräftigen Heidearomen auf. Die Western Highland Whiskys zeichnen sich generell durch einen intensiven Torfgeschmack und großen Körper aus. Eine salzige, jodierte Note verrät dem Connaisseur ihre Herkunft. Sie sind hervorragende after-dinner Drinks. Feiner und filigraner präsentieren sich die Whiskys von der Speyside. Ihnen fehlen die maritimen Aromen völlig. Dafür besitzen sie etwas mehr Süße als die Brände anderer Regionen. Die Speyside ist das eigentliche Zentrum der Whiskyproduktion. Hier resultieren die Geschmacksunterschiede weniger aus klimatischen Gründen, vielmehr sind Rezepturen, Formen der Destilliergeräte und individuelle Besonderheiten der Distilleries ausschlaggebend. Trotzdem kann man die Speyside in verschiedene Unterbezirke einteilen, in denen die Whiskys ähnliche Geschmackseigenschaften zeigen. Ohne auf diese subregionale Gliederung einzugehen, nun zehn Speyside-Whiskys, die ich persönlich favorisiere:

Dalwhinnie – Ein leichter Brand aus den zentralen Highlands mit feinem Heidehonigaroma, besonders als Aperitif geeignet.

Glenfarclas ist ein klassischer, kräftiger Whisky mit großem Körper, den es in mehreren Versionen gibt. Am besten gefallen mir die sehr konzentrierte 105 Abfüllung, mit 60 Volumenprozenten Alkohol, die mit etwas neutralem Wasser verdünnt getrunken wird, und der einundzwanzigjährige mit einer phantastischen Konzentration.

Glen Grant findet man recht selten, er ist ein ausgezeichneter Aperitif mit ziemlich trockenem Geschmack und wenig Rauchton.

Imperial, ein kräftiger, etwas milderer Brand mit dezentem Rauchgeschmack ist ebenfalls eine gesuchte Rarität.

Knockando besticht mit feiner Süße, einem gut eingebundenen, kräftigen Rauch bei mittlerem Körper.

Royal Lochnagar ist ein besonders feiner Allrounder, der mich durch seine Fruchtigkeit überzeugt. Übrigens wird dieser Whisky, der sehr preiswert angeboten wird, in Sichtweite des königlichen Balmoral Castle gebrannt.

Strathisla, ziemlich das Beste, was Sie an Whisky für Geld bekommen können. Komplex, rund mit perfektem, unendlich langem Nachgeschmack.

Tamnavulin, als Aperitif und für Leute, die den rauchigen Torfgeschmack nicht mögen. Dieser besonders leichte Dram wird ganz ohne Rauchgeschmack hergestellt und in gebrauchten Bourbonfässern gelagert, daher die Eleganz und der trockene Geschmack.

The Glenlivet kommt direkt aus der Nachbarschaft von Tamnavulin. Er ist ein Klassiker, durch das Sherryfaß geprägt, mit feinem Heidehonigaroma und dezentem Malzgeschmack.

The Macallan ist ein weiterer Klassiker. Verhaftet in der Tradition des Sherryfaßausbaus, präsentieren sich die Macallan-Whiskys körperreich, rund mit deutlichem Sherryton. Besonders die alten Jahrgangsabfüllungen werden als Inbegriff des klassischen Whiskys angesehen.

Die Northern Highlands bringen einige Whiskys unterschiedlichen Charakters hervor. Meist präsentieren sie sich etwas strenger als die Brände anderer Regionen. Sie sind oft sehr würzig mit exotischen Aromen. Als Einstieg in die Geschmackswelt des Nordens ist *Glenmorangie* ideal. Er ist einer der besten Whiskys, der auch ohne langes Suchen überall erhältlich ist. Ziemlich rar dagegen ist *Clynelish*, der selbst in Schottland weniger bekannt ist, dennoch unter Kennern besondere Verehrung genießt. Kein Northern Highland Whisky zeigt so deutlich seine Herkunft wie *Clynelish*. Der nördlichste Bereich umfaßt die Orkney-Inseln. Hier werden zwei schwere, rauchige Whiskys gebrannt, der besonders malzige *Scapa* und *Highland Park*. Letzterer zählt zweifellos zu den Klassikern und ist ein perfekter after-dinner Dram. Übrigens ist Highland Park eine der letzten Distilleries, die noch selbst ihr Malz herstellt.

Abschließend ein Wort zum rechten Whiskygenuß. Am besten schmeckt der ›wee dram‹ aus einem nicht zu großen, sich oben verjüngenden, dünnwandigen Glas; also ein Sherryglas, kleines Weißweinglas, oder auch ein Cognacglas (um Himmels willen keine Schwenker!!!) sind ideal. Die Gläser werden dann höchstens bis zu einem Drittel gefüllt, damit man kräftig schwenken kann. Schließlich macht der Duft mindestens die Hälfte des Genusses aus. Soda und Eis sind verpönt, sie zerstören den Geschmack des Whiskys total. Ein paar Tropfen neutrales Mineralwasser im Whisky können die Freuden am Water of life durchaus steigern. Man sagt, das Wasser schließe das Aroma auf. Wunderbar ist natürlich das besonders weiche schottische Wasser, wie *Highland Spring*, aber auch *Evian* oder jedes andere neutrale Wasser ist geeignet. Die Trinktemperatur ist ideal bei etwa achtzehn Grad Celsius, etwas wärmere Brände schmecken auch noch gut. Auf keinen Fall Whisky in ein vorgewärmtes Glas geben, wie es manchmal in schlechten Restaurants mit Cognac gemacht wird! Möchten Sie eine Whiskyprobe organisieren, empfiehlt sich das Nosing-Verfahren. Man verdünnt die Proben mit der gleichen Menge Wasser und schnuppert nun die Brände ab.

Zugegeben, ziemlich asketisch das Ganze. Möchte man mehrere Spirituosen miteinander vergleichen, gibt es keine andere Möglichkeit. Die hohe Alkoholkonzentration in den Bränden sorgt sonst für den Knockout der Geschmackspapillen, nach dem ersten Dram ist's dann aus mit dem Tasting. Übrigens ist Schottland bekannt für gutes Gebäck, zum Whisky schmeckt Shortbread phantastisch, es besteht zu fünfzig Prozent aus Butter und wird normalerweise zum Tee gereicht. Also dann, slainte mhor, to your great health.

Sollte dieser Beitrag den einen oder anderen dazu bewegen können, vor Ort schottische Whiskys zu verkosten, dann sei der auf den Malt-Whisky-Trail verwiesen, eine Art Weinstraße für Whiskys der Speyside. Auch außerhalb des Malt-Whisky-Trails sind viele Distilleries für den Empfang (auch ausländischer) Besucher bestens eingerichtet, mit zum Teil mehrsprachigen Führungen. Vorbildlich (leider nicht beim Whisky) ist die Glenfiddich-Distillery. Vorsicht bei Besuchen im Sommer. Erstens ist Schottland zu dieser Zeit ziemlich überlaufen (Mai ist der beste Monat für einen Schottlandtrip), zweitens sind sehr viele Distilleries zur Zeit der Schulferien geschlossen. Informationen darüber bei:

United Distillers Group, 33 Ellersly Road Edinburg EH 12 6JW

The Malt Whisky Association, Largs KA30 8BR

Bezugsquellen:

Weinbastion Ulm, alte Tabakstube mit besonders fachkundiger Beratung.

The Whisky Shop Bűth an Uisge-Beatha, Waverley Market, Princes Street, Edinburgh, und Princes Square, Buchanan Street, Glasgow.

Besuch beim Schnapsbrenner

Von Georg Eyring

Mein Vater war Schwarzbrenner. »Durst ist schlimmer als Heimweh«: Mit diesem Satz bin ich aufgewachsen – denn nach dem Weltkrieg II gab's ja weder zu essen noch (vor allem) zu trinken. So hatten wir bis in die prosperierenden 60er Jahre in einem kirschbaumenen riesigen Geschirr- und Silberschrank in den rückwärtigen Teilen dieser Katakombe das, was geheimnisvoll als Brennereigerätschaft bezeichnet wurde. *Niemals*, behauptete mein Vater funkelnden Auges, werde er sich ihrer begeben bis zu seinem Tode, war er gleichwohl längst zum Gebrauch von Calvados und Remy Martin zurückgekehrt. »Wein«, pflegte meine Mutter zu sagen, »Wein kann ich stalleimerweise trinken!«

Als in den Jahren nach 1945 bei uns in der Dorfschule die »Hochzeit zu Kanaa«, wo Jesus aus Wasser Wein macht, dran war, meldete sich der etwas stotternde Sohn des abgebrannten Gastwirts und sagte: »Dddas ist noch gar nix, Fräulein Dammmermann, mmmein Vvvater kannn aus Rrrüben Schschschnappps machen!«

Doch Obstbrände? Die kannten wir nicht in der Lüneburger Heide, damals. Ich habe sie erst als Student in Tübingen kennen – und in Höfendorf bei Haigerloch kräftig trinkengelernt. Im Dorfgasthaus von Anton Kurz kosteten sie alle, ob Obstler, Birne oder Kirsche, 45 Pfennige. Was waren das für Zeiten, als man einsam & allein für 5 M selig

Von jeher war der leitende Gedanke für die Betriebsführung der Brennereien, daß Praxis und Wissenschaft – heute würde man anstatt dessen sagen »Handarbeit und Kopfarbeit« – einträchtig zusammenarbeiten müßten, um etwas Ersprießliches zu leisten; aber weder die Wissenschaft noch die Praxis bilden etwas unverrückbar Feststehendes, sondern sind in ständiger Entwickelung begriffen.

Dr. Georg Foth,
Die Praxis des Brennereibetriebes. Berlin 1935

lächelnd wie ein satter Säugling nach illuminierter Lektüre plus einer Autofahrt über Feldwege in die Kissen sank mit dem Gefühl, wirklich etwas im Kopf zu haben.

Also, wenn Sie mich fragen, unter 40 % fang ich gar nicht erst an. Aber dann auch nicht irgendwelche Stonsdorfer oder Underberge, sondern nur – und in Ma(a)ßen – erstklassige Obstbrände.

Ich habe ihn gefunden, meinen Leib- und Magenbrenner! Zufall oder Schicksal – egal, Freunde, ich wiederhole, Freunde muß man haben. Einer, mein alter, lieber Studienfreund, ist auch noch (fast) Temperenzler. Aber... er wohnt im Hohenloher Land. Und als er vor 3 Jahren mich im Norden besuchte, den er als ungeeignet zur menschlichen Besiedelung dekretiert, brachte er 3 schlanke Flaschen mit: Birne, Zwetschge und Quitte. Auf dem Etikett, ungewöhnlich dezent, stand: Rosemarie + Klaus Käppler, Bachstr. 14, D-7115 Füßbach. Was dann kam, war ungekannt zuvor: Die reine Frucht in Duft und Geschmack. (Auch die mecklenburgische Putzfrau hatte es schnell raus, der Inhalt schmolz wie Butter an der Sonne.)

Den Mann, diesen Brenner, sagte ich mir, muß du kennenlernen, Äpfel, Birnen, Kirschen, Pflaumen, Zwetschgen – gut, von denen hat noch jeder irgendwann gehört. Bei Mirabellen wird die Luft schon dünner. Aber Schlehen und Quitten? »Schlehen«, sagt Klaus Käppler, »verarbeite ich nur mal zum eigenen Spaß.« »Und woher kommt das Obst, das Sie verarbeiten?« Er hat 5 ha Obstland. »Vom Storchenschnäbel« (Birnensorte, kurzlebig: grün, gelb, weg – also keine 3 Wochen zu lagern), »kenn ich nur noch 4 Bäume«. Der Brand: Eine Delikatesse!

»A & O« des Brennens«, sagt Klaus Käppler, »ist das Obst. Bei miserablem Obst kann der Schnaps nichts sein.« Am Baum ausgereift ist es am besten, da bildet sich das Aroma. Das heißt, bei Äpfeln, Birnen, Quitten pflücken oder warten, bis es herunterfällt. Von Hand wird verlesen; da muß die Familie 'ran. Und wenn die Schwiegermutter mault, heißt es: »Sei ruhig, es wird weiter sortiert.«

Klaus Käppler ist weder Großagrarier noch Großbrenner. Er hat eingeheiratet und etwa 50 ha Land, davon ca. 40 unterm Pflug; er mästet pro Jahr 1000 Schweine, baut neben den Obstgärten Getreide,

Raps und Ackerbohnen an. Das Brennen ist für ihn reizvoll nur als Nebenbetrieb. »Jeden Tag brennen, da wär' der Spaß weg.«

Nichts wird gepreßt, das reife Obst im Muser gemahlen und über den Trichter der Maischepumpe in die im Keller lagernden Tanks geschüttet. Blitzsauber müssen die sein, damit der mehrere Wochen andauernde Gärprozeß nicht gestört wird. Klaus Käppler überläßt das Obst am liebsten sich selber, begnügt sich mit der natürlichen Hefe des Obstes. Der Gärspund auf den Tanks schließt das Obst luftdicht ab, hebt sich durch die entstehenden Gase.

Die Maischen sollen nicht länger lagern als nötig, sie werden davon nicht besser. Dann kommt die Schinderei des Durchmischens der Maische, 3000 Liter faßt ein Behälter, »da läuft der Schweiß«, sagt Klaus Käppler. Aufgerührt kommt die Maische in die Brennerei, die klein und blitzsauber ist.

Mehr als 300 Liter reinen Alkohol darf Klaus Käppler als Landwirt nicht brennen, schreibt der Staat gesetzlich vor und kontrolliert streng und ständig. 120 Liter Maische gehen pro Abtrieb in die Brennblase. Der fleißige Brenner schafft bis 5 Abtriebe pro Tag, über die genau Buch geführt werden muß. Für 3000 Liter Maische braucht Klaus Käppler also 5 Tage. Ein Brand dauert gute 2 Stunden. Die Ausbeute beträgt zwischen 4½ und 6½ %, bei Quitten und Williams etwas weniger, manchmal nur 4 %, so daß 100 Liter Maische 4 Liter reinen Alkohol ergeben.

Den 70- bis 80%igen Alkohol läßt Klaus Käppler am liebsten 1 Jahr lang liegen. Dann wird er mit destilliertem Wasser auf 43 bis 48 % heruntergesetzt und filtriert. Von Leuten, die bei den hohen Prozenten seiner Brände die Nase rümpfen, hält Klaus Käppler gar nichts – »dummes Geschwätz«. »Was soll ich am Schnaps weiter herumpantschen, wenn er gut ist bei 49 %?« Von den Pflaumen ist die Rede. Die Quitte ergibt bei 43 % einen guten Schnaps. »Und wer mit 43 nichts taugt, taugt mit 47 auch nichts.«

Und wie ist Klaus Käppler zum Brennen gekommen? Er ist seit 7 Jahren im Betrieb; sein Schwiegervater hat es ihm beigebracht, der wenig gebrannt und seinen Schnaps nicht selbst vermarktet, sondern an Großhändler verkauft hat. Bei ihm hat Klaus Käppler die Grundzüge so gut gelernt, daß das Brennen seine Leidenschaft wurde. Seit 4 Jahren brennt er auf einer neuen Anlage, die ein paar Geheimnisse birgt, für die er selbst gesorgt hat, nachdem er sich kräftig bei Kollegen umgetan hatte. Das saubere, klare und typische Aroma, das seine Brände auszeichnet, sei auf der alten Anlage nicht zu erzielen gewesen. Für Qualität heißt's investieren.

Klaus Käppler brennt seinen Schnaps nur einmal. Er hat eine »bessere Nase« als der doppelt gebrannte und schmeckt tatsächlich fruchttypischer. »Beim Schnaps ist's nicht wie beim Sauerkraut. Wenn man zweimal brennt, schmeckt er nicht besser«, sagt Klaus Käppler und straft die elsässischen Brände als muffig ab. Ein guter Brenner ist nach Klaus Käppler einer, der »vernünftig schmecken kann«.

Beim Brennen heißt's aufgepaßt: Vor- und Nachlauf beachten!! Dies wie mancher italienische Grappa-Brenner überhaupt nicht zu beachten, gibt Kopfweh. Es automatisch zu machen ist »Quatsch, lächerlich. Man muß selber brennen und darf nicht weglaufen und dazwischen noch einen halben Acker pflügen.«

Nicht mit Öl, sondern mit Holz heizt Klaus Käppler, nicht weil's besser riecht, sondern weil die Hitze stetiger und gleichmäßiger ist. »Warum soll ich Erdöl verbrutzeln, wenn's nicht nötig ist.«

Klaus Käppler ist bescheiden. Er findet nicht, wie ich, daß er einzigartigen Schnaps brennt. Für ihn ist die Brennerei keine Hexerei, sondern ein »normales handwerkliches Geschäft«. Muß aber Spaß machen. Macht es ihm sichtlich!

»Sorgfalt, Sauberkeit, gescheite Obstauswahl und: man darf nicht geizig sein.« Nach dieser Devise geht Klaus Käppler nichts schief: »Solange das Alkoholtrinken in die allgemeine Kultur eingebettet ist, ist alles halb so schlimm«, schmunzelt er und schenkt einen 91er Quittenbrand ein, zu dem man Sie sagen muß.

St. George Spirits

Von Thomas A. Nickels

Bereits seit einigen Jahren sorgt Jörg Rupf mit seinen Obstbränden aus Kalifornien für viel Furore unter den Digestiffreunden in aller Welt. Genießen seine Brände doch den Ruf, zu den feinfruchtigsten und hochwertigsten Obstbränden der Welt zu zählen. Seine eigene Geschichte ist dabei so außergewöhnlich wie seine Brände.

Die kalifornischen Weine haben inzwischen unter den Weinkennern ihren Platz als hochwertigste Gewächse unter den großen Weinbauländern eingenommen. Obstbrände jedoch galten lange Zeit als ureuropäische Produkte mit langer Tradition. Und doch erscheint es logisch, daß sich in der Aura von hoher Weinkultur und modernster Weintechnologie, wie sie sich in Kalifornien seit Ende der siebziger Jahre entwickelt hat, inzwischen auch Brennereien ihre Nische geschaffen haben. Dabei bestehen allerdings oft Verbindungen zu den alten europäischen Traditionen, sei es, daß ein Cognacproduzent wie Hubert Germain-Robin nun seine Weinbrände in Kalifornien produziert, oder wie bei Jörg Rupf, dessen Wurzeln in der bekanntesten europäischen Region für Obstbrände liegen. Am Kriegsende in Colmar geboren, wuchs er im Schwarzwald auf, wo seine Familie eine kleine Obstbrennerei besaß. Mütterlicherseits stammt er aus der bekannten Freiburger Brauereifamilie Feierling, väterlicherseits sind seine Vorfahren Schweizer. Unabhängig von dieser Familientradition bevorzugte Jörg Rupf das Studium der Rechtswissenschaften, in welchen er nach Studienaufenthalten in Freiburg und Würzburg auch promovierte. Als Mitarbeiter des bayrischen Kultusministeriums in München erhielt er 1979 einen juristischen Forschungsauftrag zu einem mehrmonatigem Aufenthalt an der Universität Berkeley.

Angetan vom »Californian Way of Life« und insbesondere einer Frau – seiner heutigen Ehefrau La Dene Otsuki, einer Konzertpianistin amerikanisch-japanischer Abstammung –, beschloß Jörg Rupf, seine Juristenkarriere aufzugeben und im »Land der unbegrenzten Möglichkeiten« seine Nische zu finden.

Zunächst dachte er daran, als Kammermusiker zu arbeiten; schließlich ist er ein exzellenter Violinenspieler. Aber der Drang, etwas Eigenständiges zu kreieren, war größer, so daß er sich für die Errichtung einer eigenen Brennerei entschloß. Für Jörg Rupf war es ungewöhnlich, daß es zum damaligen Zeitpunkt keine lokalen Obstbrennereien in Kalifornien gab, galt und gilt die amerikanische Westküste doch als der Obst- und Gemüsegarten Amerikas. Die Fruchtqualitäten sind geschmacklich überragend dank des besonderen Klimas nahe der Pazifikküste; gleichmäßig warme bis heiße Sonnentage im Wechsel mit kühlen Nächten ergeben die richtige Mischung für eine entsprechend lange Reifezeit. Dies ist die Voraussetzung für fruchtige, aromaintensive Früchte. Frost im Frühjahr, Hagel und Regen vor der Ernte sind hier praktisch unbekannt. Ebenso sind Fehlernten oder qualitativ schwächere Jahrgänge äußerst selten.

Doch es sollte noch einige Zeit bis zu seinem ersten eigenen Brand vergehen. Nachdem er Kontakt mit den Behörden aufgenommen hatte, wurde ihm klar, warum vor ihm niemand Interesse hatte, eine Brennerei aufzubauen. Insbesondere auf der Herstellung von Spirituosen lag noch immer der Schatten der Prohibition; es gab und gibt noch immer eine unglaublich große Anzahl von Verboten und Vorschriften für die Herstellung und Vertreibung von Destillaten.

Für einen kleinen Produzenten, wie etwa Jörg Rupf einer ist, stellten solche bürokratischen Hürden eine gravierende Erschwernis dar. So mußten bis vor einigen Jahren die Alkoholsteuern auf Destillate sofort nach der Destillation bezahlt werden. Selbst wenn die Brände aufgrund der Faßlagerung erst Jahre später in den Verkauf kamen, mußte die Steuer umgehend nach der Destillation bezahlt werden. Diese hohe finanzielle Hürde ließ bei vielen den Traum von einer eigenen Brennerei im Keim ersticken. Eine für Brenner positive Änderung von Gesetzen erfolgte erst Anfang der achtziger Jahre durch das BATF (= Federal Bureau of Alcohol, Tobacco and Firearms!). Die Zuordnung von Wein- und Spirituosenerzeugnissen von Staatsseite unter dem »Schutz« und der Kontrolle eines Ministeriums, welches gleichzeitig für Tabakwaren und Waffen zuständig ist, erlaubt sicherlich Rückschlüsse auf das Ansehen und die Wertschätzung dieser Agrarprodukte innerhalb der amerikanischen Gesellschaft und Verwaltung.

Dennoch führten positive Gesetzesänderungen dazu, daß Jörg Rupf nun die Genehmigung für sein Brennereiprojekt beantragte. Es dauerte zwei weitere Jahre, bis die Brennereigenehmigung des Ministeriums vorlag. Da Amerikaner den Namen Jörg nur schwer aussprechen können, hatte er sich entschieden, die englische Variante seines Namens zu verwenden.

Zahlreiche behördliche Auflagen sind auch heute noch der Grund dafür, daß die Produktion kalifornischer Obstbrände mit etwa 200 000 Flaschen jährlich nur einen Bruchteil der europäischen Produktion erreicht. Verglichen mit der Produktion von über 1 Mio. Flaschen Poire Williams von Morand im Wallis/Schweiz muten diese Produktionszahlen von Kaliforniens Brennern mehr als bescheiden an.

Im Jahre 1982 hat Jörg Rupf mit seinen ersten Probedestillaten begonnen und war damit in Kalifornien der erste Brenner von Obstbränden. Die Brennerei befand sich zunächst in Emeryville, einem kleinen Ort in der Nähe von San Francisco. Da die Platzverhältnisse dort sehr beengt waren, nutzte er die Möglichkeit, eine alte, inzwischen ungenutzte Schiffslagerhalle in Alameda in der Bucht von San Francisco zu mieten. Hier hat er nun zwei Destillationsapparate im Einsatz, die von Arnold Holstein aus Markdorf am Bodensee stammen.

Amerikanische Geräte gab es zu diesem Zeitpunkt keine, so daß er sich durch die Beratung und Unterstützung von zwei Absolventen der *Lehr- und Forschungsanstalt für Obst und Weinbau in Wädenswil* für diese Geräte entschied. Insbesondere durch die fachliche Beratung von Prof. Hans Tanner, der führenden wissenschaftlichen Kapazität für Obstbrände in Europa, und die praktische Unterstützung seiner beiden Schweizer Freunde konnte Jörg Rupf einen Produktionsprozeß für die Brennerei entwickeln, der zum damaligen Zeitpunkt geradezu revolutionär erschien. In Anlehnung an die modernsten Erkenntnisse der Weinproduktion verwendet er zur Vergärung der Früchte einen temperaturgesteuerten Edelstahltank. Durch den Einsatz spezieller Reinzuchthefen kann er den Gärprozeß exakter steuern und mittels Kühlung der Maische die Gärtemperatur verringern. Diese ›Weintechnik‹ führt dazu, daß keine unerwünschten Gärnebenprodukte entstehen, was bei zu hoher Gärtemperatur und spontaner Gärung ungewollt passiert.

Die gesuchten Aromastoffe befinden sich hauptsächlich im Fruchtfleisch, sogar in den Schalen der Früchte. Erst durch eine entsprechend langsame Gärung werden diese Aromastoffe freigesetzt und Bestandteil der Maische. Der Ausschluß von Oxidation der Maische durch den geschlossenen Edelstahltank und das sofortige Brennen der Maische nach der Vergärung garantieren erst die Reinheit des Brandes nach der Destillation. Europäische Brenner destillieren die Maischen oft erst im Winter oder sogar Frühjahr, wenn Oxidation und bakterielle Einflüsse die Maische verändert haben.

Die Vergärung der Früchte erbringt je nach Fruchtsorte zwischen vier bis zehn Grad Alkohol. Nach der vollständigen Vergärung wird der ›Wein‹ sofort in die Brennblase gepumpt und dort mittels Wasserbad erhitzt – also indirekte Wärme –, um die Frische des Fruchtaromas zu bewahren. Bei einer direkten Befeuerung der Maische, wie in einer Brennblase für Cognac, würden diese wertvollen Aromen nicht gelöst werden, sondern regelrecht anbrennen beziehungsweise verbrennen.

Das sofortige Destillieren nach der Vergärung ist insbesondere für den Birnenbrand qualitätsentscheidend. Durch das sofortige Brennen der Birnenmaische wird der Brand so fruchtig und rein, daß in der Regel fast kein Vorlauf abgetrennt werden muß. Dies ist deshalb so wichtig, weil die gesuchten Aromen einer Frucht als flüchtige Aromen am Anfang des Brennvorganges am stärksten sind. Eine weitere wichtige Bedeutung für die Qualität eines Brandes ist die langsame Destillation. Die meisten Brenner in Kalifornien verwenden die deutsche Brennanlage von Arnold Holstein, deren Brennblase nur 65 gallons (= 250 l) faßt. Diese kleine Brennblase erlaubt, daß die Brenndauer zeitlich relativ kurz ist und die Destillation dennoch langsam verläuft. Der größere Kontakt mit der Kupferoberfläche gewährleistet eine merkliche Verbesserung des Destillats. Bei einer durchschnittlichen Brenndauer von 1½ Stunden bis zu 2½ Stunden ergeben sich während der Brennperiode bis zu 8 Füllungen pro Tag. Qualitativ entscheidend ist ebenfalls die großzügige Trennung des Brandes zwischen Vorlauf, Herzstück und Nachlauf. Bei diesem Prozeß zeigt sich die Kompetenz oder Nichtkompetenz eines Brenners. Im Gegensatz zu europäischen Gepflogenheiten verwendet Jörg Rupf den Nachlauf nicht weiter, sondern beendet die Destillation, wenn normalerweise auf Nachlauf umgestellt würde.

Das Ergebnis ist, daß sich die Brände deutlich von denen europäischer Konkurrenten unterscheiden. Allen eigen ist der aromatische, reife Duft, der sowohl in der Nase wie auch im langanhaltenden Geschmack besticht. Neben der Technik der Destillation ist der Rohstoff entscheidend für diese qualitativ hochwertige ›Ausbeute‹. Jörg Rupf hat viele Obstqualitäten auf ihre Eignung für die Destillation geprüft. In der Zwischenzeit hat er »seine Obstregionen und Obstbauern« gefunden, die die Qualitätsfrüchte haben, die er sucht. Die Früchte stammen aus den Bundesstaaten Kalifornien, dem angrenzenden Oregon und Washington; allesamt an der Pazifikküste Amerikas. Nach Versuchen mit Williamsbirnen von den Sierra Foothills bis nach Oregon verwendet Jörg Rupf seit einigen Jahren ausschließlich Birnen aus den kalifornischen Counties Lake und Mendocino. Die Birnen werden im Stadium ihrer höchsten Reife vom Baum geerntet, Fallobst wird nicht verwendet. Je nach Sorte läßt er die Früchte in der Brennerei nachreifen, um die Aromaausbeute nochmals zu erhöhen. Bei solch einer gewissenhaften Vorgehensweise verwundert es auch nicht, daß Jörg Rupf für eine Flasche Williams 25–30 Pfund Birnen benötigt.

Der aromaintensivste Brand seiner Produktpalette ist die Himbeere. Die Früchte stammen aus Washington und Oregon, wo die durchschnittlichen Temperaturen niedriger sind als in Kalifornien. Dies hat entscheidenden Einfluß auf das Aroma der Himbeeren.

Im Gegensatz zu seiner elsässischen Heimat verwendet Jörg Rupf keine schwarzen Kirschen oder Herzkirschen für seinen Kirsch. Er präferiert Sauerkirschen aus Washington State. Zum einen haben die schwarzen Kirschen nicht den von ihm gewünschten Geschmack.

Zum anderen findet man im Eau de Vie Kirsch nicht diesen medizinischen Anklang, den viele europäische Brände haben. In Anlehnung an seine alte Heimat Elsaß brennt er natürlich die Quitte sowie diverse Marcs, die sich jedoch erheblich von den Elsässern unterscheiden. Er verwendet nämlich nicht nur den Treber, sondern brennt die vergorene, nicht abgepreßte Maische. Dies ergibt unglaublich feinduftige, weiche Brände, die die Rebsorten leicht erkennbar machen. Auch bei diesen Bränden achtet er sehr auf die Qualität und Herkunft der Rohstoffe.

Die Zinfandeltrauben für seinen Grappa stammen von seinem Freund und Hallennachbar Kent Rosenblum, einem der renommiertesten Zinfandelproduzenten Kaliforniens. Die Traminertrauben sind aus dem Weinberg San Vicente östlich von Soledad im Monterey County, einem der kühlsten Weinberge Kaliforniens.

Alle seine Brände haben 40 Vol.-% Alkohol. Nach Ansicht von Jörg Rupf präsentieren sich seine Brände bei dieser Alkoholstärke in Frucht und Alkohol geschmacklich am ausgewogensten.

Nachdem die kleinen Brenner Kaliforniens als Pioniere eher ein Schattendasein führten, sind inzwischen auch die amerikanischen Medien begeistert von diesen Produkten. Eine wichtige Hilfe für St. George Spirits war dabei sicherlich der Gewinn der National Orange Show Wine Judging in San Bernardino 1988, als der Eau de Vie Williams von Jörg Rupf als bestes Produkt von fast 900 Weinen und Spirituosen bei der angesehenen Verkostung gekürt wurde.

Anläßlich des 10jährigen Bestehens hat Jörg Rupf als »Hommage« an seine Geburtsregion Elsaß einen Stechpalmenbrand (Baie de Houx) produziert. Der nicht nur im Elsaß rare Brand benötigt unter den Fruchtbränden ganz besondere Aufmerksamkeit. Bereits das Lesen der kleinen roten Früchte ist sehr arbeitsintensiv. Die Erntekosten liegen dreimal höher als für Chardonnaytrauben. Nur nach sehr sorgfältiger Destillation erhält der Brand dieser Beeren seine einzigartige Qualität. Während Stechpalmenfrüchte nicht roh gegessen werden können, gilt das Ergebnis einer sorgfältigen Destillation als die hohe Kunst des Brennens. Nur 125 handgeblasene Künstlerflaschen wurden produziert.

Das hohe handwerkliche Können von Jörg Rupf hat sich auch bei kalifornischen Winzern herumgesprochen. So brennt er für solch namhaften Weingüter wie die Martin Brothers Winery in Paso Robles; Acacia, Phelps, Franciscan oder Saintsbury – allesamt aus dem Napa Valley – Trester und Weinbrände.

Viertele mit Familienanschluß
Besenwirtschaften in Württemberg

Von Wolfgang Alber

Weinland Württemberg: Das ist ein Verschnitt aus folkloristisch-gezuckertem Brauchtum und marktorientieren Absatzformeln. Wie der Wein, so der Württemberger, heißt es, ehrlich, erdhaft: ›räs‹ (herb) der Körper und die Mundart, mit »Bodagfährtle« (Anhauch von Boden) das Aroma und die Mentalität. »Schlotze, net saufe!« lautet die Maxime mäßigen Genießens, und nur einheimische ›Weinzähne‹ haben den richtigen Biß.

Weinland Württemberg, das ist aber zugleich die von der besonderen Wirtschaftsform geprägte Lebensweise. Der Wein ist nicht nur der Stoff, aus dem dionysische Träume und bacchantische Werbesprüche sind, sondern auch Ferment bodenständiger (Re-)Produktion, bisweilen schon abgezogener Kultur. In der Realplastik des Reblandes spiegelt sich der Weinbau siedlungsgeographisch und demographisch wider: in Grundstückszuschnitt und Hausform, Arbeitsintensität und Bevölkerungsverdichtung. Wein ist Nahrungs- und Suchtmittel, Brauch- und Rechtsgut, Luxus- und Volksgetränk.

Land der Dichter und Trinker: »Ein Wirttemberger ohne Wein,/kann der ein Wirttemberger sein?« frug Wengerter (Weingärtner-) Nachfahr Friedrich Schiller (»Anthologie auf das Jahr 1782«). Rhetorisch, versteht sich, denn in Marbach, wo er zur Welt kam, beginnen die Steilhänge der heutigen Großlage »Schalkstein«, und um die Not der Familie zu lindern, verkaufte einst Vater Johann Kaspar die ererbten Weinberge. Justinus Kerner, in Weinsberg am Fuß der ›Weibertreu‹ und jetzigen ›Ranzenberg‹-Rebfläche lebend, verband Poesie und Vinologie aufs innigste: »Wohlauf! noch getrunken/den funkelnden Wein!« dichtete er (»Wanderlied«) und schüttete mit Hilfe eines von Nikolaus Lenau geschenkten Kristallglases, so berichtet Sohn Theobald, täglich mindestens zweieinhalb Liter in sich hinein. Kein Wunder, daß nach Kerner eine Rebsorte benannt wurde (auf einem neuzeitlichen Denkmal ließ ihn die Stadt freilich ohne Glas, gleichsam als Abstinenzler darstellen: Kerner solle nicht als ›Trinker‹ erscheinen, wurde dem Bildhauer bedeutet). Selbst den trockenen Ludwig Uhland dürstete es im mostsauren Tübingen: »... Die Kehle lechzt mir immerdar, / die Leber dorrt mir ein: / Ich bin ein Fisch auf trocknem Sand, / ich bin ein dürres Ackerland. / O, schafft mir, schafft mir Wein!« (»Trinklied«).

Thaddäus Troll, melancholischer Aufklärer und ambivalenter Verklärer von »Deutschland deine Schwaben«, lobte am Württemberger Wein die Polarität von »herber Säure und fruchtiger Frische«, die dem Wesen seiner Landsleute entgegenkomme. »Kraftstoffverbrauch: ca. 0,25 Liter Trollinger, Lemberger, Spätburgunder, Riesling, Ruländer, Müller-Thurgau oder Traminer der Jahrgänge 1958 bis 1970 pro Seite« notierte er als literarischen Antrieb in seinem Buch »Preisend mit viel schönen Reden« und bestellte sich im Nachruf zu Lebzeiten »Cannstatter Zuckerle« für seinen Leichenschmaus.

Land der Konsumenten und Genossen: Obwohl Württemberg mit rund 10 000 Hektar Ertragsfläche das fünftgrößte deutsche Weinbaugebiet ist, machen die rund eine Million Hektoliter gerade zehn Prozent des nationalen Mostertrags aus. Nirgends ist die Sortenvielfalt bei weißen und roten Gewächsen größer: Trollinger und Clevner, Lemberger und Samtrot, Schwarzriesling und Spätburgunder, Helfensteiner und Portugieser, Riesling und Ruländer, Gewürztraminer und Muskateller, Silvaner und Kerner, Müller-Thurgau und Weißburgunder. Und doch sind dem Ruhm der Kreszenzen Grenzen gesetzt. Denn »Kenner trinken Württemberger« – und die wahren Kenner sind die Württemberger selber: Mit 40 Litern pro Kopf und Jahr führen sie die deutsche Rangliste (Durchschnittsverbrauch 25 Liter) an und müssen anderthalb mal soviel Wein einführen, wie sie trinken. Kein Wunder, daß 90 Prozent der heimischen Ernte im Ländle gesüffelt wird.

In Deutschland ebenfalls einmalig ist der Ausbau des Genossenschaftswesens. Die durch Realteilung entstandenen Miniparzellen bedingen eine kleinbäuerliche Struktur: 14 000 der annähernd 17 000

Betriebe bewirtschaften Flächen zwischen 0,2 und einem Hektar. Durch die rund 100 Genossenschaften erst werden sie absatzstark und setzen über eine halbe Milliarde Mark um.

Land der Beizen und Besen: Noch in den zwanziger Jahren dieses Jahrhunderts hatte Württemberg die höchste Wirtshausdichte Deutschlands: auf 128 Bewohner eine Kneipe. Das ›Wirtschäftle‹, die ›Boiz‹ wird gern zur ›Feierabendfestung‹ verklärt, Zuflucht für »alle Trollinger-Poeten, alle Lemberger-Literaten« (Manfred Strohbach). Deren mentale Innenausstattung (Tübinger Universitätspsychiater behaupten, daß die Trinkfestigkeit der Schwaben lediglich ihre Schwermut verberge, der Rausch ein Stück Todessehnsucht offenbare) bedarf keines anarchischen Pubs, eher einer archaischen Wärmestube. Alkoholische Entrückung überwindet die schwäbische Enge nicht, aber mit steigendem Promillepegel lösen sich Zunge und bürgerliches »Lehnstuhlbehagen« (Thomas Mann) in lautstarkes Stammtischraisonnement auf. Wiener Heurigenseligkeit oder rheinische Schunkelstimmung kommen selten auf, es bleibt zumeist bei einsilbiger Beredsamkeit.

Für ›Reigschmeckte‹ (Fremde) sind das irritierende Erfahrungen. Von »Gemüthlichkeit«, krittelte schon 1877 ein norddeutscher Anonymus (Hans Flach) über das »ranglose Durcheinander in Kneipen und Biergärten von Vornehm und Gering, Bier und Spülwasser, Rettig und Brotkrumen, Käserinden und Cigarrenasche«, von Gemütlichkeit keine Spur. Denn dazu fehlten den Schwaben »die absolute Offenheit, die sich bei Gelegenheit und besonders gern beim Wein zur Vertrauensseligkeit steigert«. Der Mann war nie in einer Besenwirtschaft.

Andernorts heißt sie Strauß-, Rad- und Faßwirtschaft oder Buschenschank und steht für den Direktausschank selbsterzeugten Weins; symbolische Erkennungszeichen sind Kränze, Reisigbündel, Räder, Faßreifen. In Württemberg wird ein grüner Reisigbessen ausgesteckt; rot oder blau gefärbte Glühbirnen weisen auch nächtens den Zechern den Weg. Es sind Signale für die Frische und Unverfälschtheit der angebotenen Tropfen sowie die rechtlich erteilte Konzession. In der Gaststättenverordnung des Landes ist geregelt, daß der Ausschank aus eigener Herstellung für die Dauer von vier Monaten im Jahr in höchstens zwei Zeitabschnitten keiner Erlaubnis bedarf.

Der ›Besa‹, so die vertraut-vertrauliche Kurzform, soll beim Weinbaubetrieb angesiedelt sein und maximal 40 Sitzplätze haben. Neben Wein können einfache Speisen wie Schlachtplatte mit Sauerkraut, Wurstsalat mit Bauernbrot, ›Lukkeleskäs‹ mit Musik verkauft werden: »Wo ein grüner Besen winkt, / laß dich ruhig nieder, / wo man gute Tropfen trinkt, / kommt man immer wieder…« (Ernst Rostin). Es ist ein Ort etablierter Subkultur, an dem die Dialektik von Produktion und Konsumtion noch unmittelbar erfahrbar scheint – Heimat eben. Die zudem um die Hälfte billiger zu haben ist als in regulären Wirtschaften.

Über 250 Besen listet der einschlägige Führer »Wo dr Besa hängt« landesweit auf. In Kalenderkladden können die Öffnungszeiten im Herbst und Winter eingetragen werden, Treffs werden wie Geheimtips gehandelt, ein wahrer Besentourismus setzt ein. Der Wein allein kann es nicht sein, der die Leute »zom Zaiss«, »zom Heinrich«, »zom Keicher« treibt, denn meist handelt es sich um einfache Landweine. Es ist die Atmosphäre, offen und dicht zugleich, das »Viertele mit Familienanschluß« (*Stuttgarter Zeitung*). Einst räumten die Wengerter in der Besensaison die gute Stube leer, heute wird meist in Keller, Kelter, Garage oder Scheune ausgeschenkt.

Zur Gemütlichkeit reichten früher harte Bänke, inzwischen wird die Lokalästhetik auf rustikal getrimmt: Lampenschirme aus Weidenkörben, im Raum aufgestellte Fässer und abgeteilte Nischen versprechen als äußere Hülle ›Heimeligkeit‹. Nicht weniger sinnlich ist das Warenangebot: Der sichtbar aus dunklen Fässern in Tonkrüge gezapfte Wein und den Raum durchziehende Düfte vermitteln einen Vorschein von ›Habhaftigkeit‹.

Schließlich die vielgerühmte Kommunikation: Bei der »Drucketse« mit den Nachbarn auf du und du werden Hemmschwellen ab-, wird angeblich Nähe aufgebaut, schwäbische ›Identität‹ gestärkt. Identität, die sich aus der Tradition des Weinbaus herleitet.

Entstanden sind Besenwirtschaften aus der sozialen Not. Erwähnt wurden sie bereits von Publius Syrius 45 vor und 791 nach Christi

Geburt, erstmals urkundlich abgesichert durch Karl den Großen im »Capitulare de villis«. Auf jedem seiner Weingüter ließ er drei Schankstätten für das gemeine Volk einrichten und durch Kränze aus Weinlaub und Trauben (»Corona de racemis«) kennzeichnen; zudem durften die Weingärtner vom Hof nicht in Anspruch genommenen Wein verkaufen. Kein sonderliches Privileg, denn es handelte sich um minderwertigen, ansonsten schlecht absetzbaren Wein (»Guter Wein bedarf keines Kranzes«, heißt ein Sprichwort) – allerdings wurde er so ohne größere Betriebskosten und Vertriebswege umgeschlagen und trug zur zügigen Sicherung des Existenzminimums bei.

Was Wunder, daß die Zahl der Besenwirtschaften zunahm – und mit ihr die Klagen der »Schildwirte«. Vom 15. Jahrhundert an regelten Rechtsverordnungen den Ausschank, denn die Urproduzenten neigten dazu, ganzjährig offenzuhalten, keine Steuern zu zahlen oder ihr billiges Gesöff zu panschen. Krieg, Frost und Reblaus machten dem Ertrag später den Garaus, der Besen wurde vor Beginn des Genossenschaftswesen zur schlichten Überlebens-Notwendigkeit: 5000 gab es in der Mitte des 19. Jahrhunderts, die Heilbronner Oberamtsbeschreibung von 1865 macht jedes siebte Wohn- als Wirtshaus aus, noch von 1880 bis 1903 wurden 14 Prozent des Weinertrags direkt vermarktet.

Warum, erkannte schon Theodor Heuss (»Wer Wein trinkt, betet; wer Wein säuft, sündigt«) in seiner Doktorarbeit »Weinbau und Weingärtnerstand« von 1906: »... weil das bei der Beliebtheit dieser stimmungsfrohen Wirtschaften immer eine ziemliche Garantie für preiswerten Absatz bildet.« Soviel alkoholgelöste, bisweilen konspirative Geselligkeit (der spätere sozialdemokratische Innenminister Fritz Ulrich erzählte gern, die Heilbronner SPD hätte im Untergrund der Besenwirtschaften fortbestanden) paßte den Nazis nicht ins Weltbild. Der damalige Weinbaupräsident Gurrath versuchte sie zu beschwichtigen: »Durch die Besenwirtschaften ist der Wein in Württemberg zu einem Volksgetränk geworden. In den Besenwirtschaften steckt ein gutes Stück Volkstum. Hier sitzen Volksgenossen jedes Standes untereinander und kommen sich dadurch näher, wodurch die Volksgemeinschaft gefördert wird.«

Die genossenschaftlich geregelte Vermarktung sorgte nach dem 2. Weltkrieg vollends dafür, daß Besenwirtschaften wirtschaftlich eine Marginalie wurden; nur in kleinen Weinbaugemeinden liegt ihr Anteil am Gesamtertrag über einem Prozent. Den Profigastronomen ist die Teilzeitkonkurrenz aber weiter ein Dorn im Auge. Von »legalisierten Schwarzwirten« ist die Rede, die ständig gegen gesetzliche Auflagen verstoßen würden. Deren findige Interpretation durch die Besenwirte inzwischen weitgehend legalisiert ist: Zwar darf der Raum nicht mehr als 40 Sitzplätze haben, bewirtet werden dürfen aber noch an Tischen oder Fässern im Freien stehende Gäste – bisweilen bis zu 200. Und auch ein Rostbraten (allerdings ohne Soße und Beilagen) kann nun zu den einfachen Speisen gerechnet werden.

Besenwirtschaften sind volkstümelnde Tupfer in einer zunehmend kommerzialisierten und nivellierten Freizeit. Aber sie haben etwas vom widerborstigen Eigen-Sinn der Württemberger bewahrt. So führte etwa die Absicht, das 0,2-Liter-Glas zur EG-Norm zu erheben, zu einem kleinen Volksaufstand. Die »Fünfteleskultur«, zum gleichen Preis serviert, sei schlichter Beschiß, vergossen die Kenner eine Schwaben-Träne im EG-Weinozean. Im Landtag wurde der ›echte‹ Viertelliter zum heimatverbundenen Maß aller Dinge hochgehalten. Und wie das Glas ist auch der Besen keine pure Schankformel, sondern Symbol der Zugehörigkeit – selbst in der Weindiaspora Berlin haben Exilschwaben Besen eröffnet.

Mit dieser Zugehörigkeit haben ›Reigschmeckte‹ nach wie vor Probleme. So klagte ein Leserbriefschreiber in der *Heilbronner Stimme*: »Da sitzt man in Rauchschwaden auf harten Bänken und hat Tuchfühlung mit dem Nachbarn, der einen dafür mit Senf am Ärmel beschmiert. Ein nettes Gespräch kann nicht aufkommen wegen des ohrenbetäubenden Stimmengewirrs. Dafür lädt das trollingervolle Gegenüber lautstark und mit schwerer Zunge ungefragt seelischen Ballast ab.« Prompt erhob die »große Besenfamilie« ihre Stimme: »Besen-Miesmacher«, »Nordlicht« schallte es dem Kritiker entgegen. Und daß der Trollinger angesichts der von der EG-Kommission verlangten fiskalischen Gleichbehandlung von Bier und Wein und drohender neuer Promillegrenzen nicht als simpler Alkohol (250 000 der zehn Millionen Baden-Württemberger gelten als von ihm abhängig) einzustufen sei, verlangte vehement der Direktor des Weinbauverbands Württemberg, Karl Heinz Hirsch: »Der Wein – zivilisiert genossen – ist keine Droge und auch kein Gift, er gefährdet niemanden im Straßenverkehr und eignet sich als höchstes Kulturgut schon gar nicht zur Besteuerung.« Glückliches Württemberg, einig Volk der Viertelesschlotzer!

Kork und Korken

Von Norbert Thomma

Nur noch zwei große Rätsel verbleiben der Menschheit, alles andere erklärt Stephen W. Hawking mit seiner Weltformel (Grand Unified Theory), und wenn er hie und da etwas übrig lassen sollte, erledigt das die Chaosforschung.

Zum einen ist da die Tomate. Sie legt sich, lange bevor es zu regnen anfängt, eine dickere Haut zu, weil sie nicht platzen will. Nur, wie kann sie das ahnen? Hört sie den Wetterbericht? Wo sitzt ihr Radarschirm? Keiner weiß es.

Zum anderen ist da der Korken. Er sieht sich dem heftigen Vorwurf ausgesetzt, beim Wein für einen abscheulichen Geschmack zu sorgen – und zwar immer häufiger. Warum tut er das? Und vor allem: Wie? Keiner weiß es.

Nun soll die Tomate nicht gleich beleidigt sein, aber trotz ihres überaus interessanten Regenhaut-Phänomens ist sie im weiteren völlig ohne Belang. Ja, wenn es Versuche gäbe, Weinflaschen mit ihr zu verschließen... Aber so?

Am besten, man geht zuerst an den Anfang der ganzen Geschichte – ins Mittelalter. Ein Abt, so die Anekdote, war leiblichen Genüssen sehr zugetan. Natürlich wurde im Kloster auch der Weinbau gepflegt, und so kam's, daß eines Abends nicht nur eine Nonne im Zimmer des frommen Mannes war, sondern auch ein Krug mit Wein. Leider wurde das tête à tête unerwartet durch Ordensbrüder gestört, und um den Gastgeber nicht zu kompromittieren, hüpfte die Nonne aus dem Fenster, wobei sie den Korkabsatz ihres Schuhs verlor. Dem Abt fiel, um das Indiz zu beseitigen, nichts ein, als es auf den Krug zu stecken. Der Absatz dichtete, der Korkverschluß war entdeckt.

Eine prima Sache, das. Endlich konnte Wein nahezu luftdicht eingepackt und aufbewahrt werden. Auch bietet das Stapeln liegender Flaschen beträchtliche Platzvorteile. Die Menschheit lebte ganz prächtig, damit, bis... ja, bis immer mehr Weintrinker anhoben zu klagen. Öffneten ein feines Tröpfchen und waren entsetzt. Hielten die Nase übers Glas und schnüffelten Muff. Da half nur eins: wegkippen, und nicht selten geschah das tränenden Auges. (Wer hier lacht, hat noch nie seine letzte Flasche einer Kerner Auslese in den Ausguß schütten müssen.)

Und dann kamen auch noch die höchst amtlichen Prüfer der Deutschen Landwirtschafts-Gesellschaft (DLG) mit der hiobösen Behauptung: 1989 hatte jede sechste von ihnen verkostete Flasche Wein einen Fehler, der dem Verschluß zuzuschreiben war. Damit, daß jeder Dritte Karies hat, leben wir schon länger, aber jede sechste Flasche – hinüber? Die Prüfer ließen nicht locker. Steckten verschiedenste Korken auf ein und denselben Wein mit dem Resultat: Jeder Kork verleiht dem Wein ein anderes Aroma. Mehr noch: Am besten schnitten beim Test die Flaschen mit einem Schraubverschluß aus Aluminium ab.

Kork oder nicht Kork, das ist nun die Frage, und sie führt mitten hinein in einen Streit von Lobbyisten. Da sind einerseits die Winzer, Genossenschaften und Händler, die das Problem wie auch die Kosten gerne los wären: Sie müssen (wenn sie ein Mindestmaß Anstand besitzen) die verdorbenen Flaschen umtauschen und zahlen zudem für jeden Korken ordentlich Geld. Bis zu einer Mark wird für einen langen und elastischen Stopfen verlangt (mindere Ware gibt es allerdings auch schon für ein paar Pfennige). Der Preis für einen Schraubverschluß indes...

Andererseits ist da die Korkindustrie, welche verständlicherweise und gern von einer »untrennbaren Symbiose Kork und Wein« fabuliert. Sie sieht sich als Opfer übler Nachrede, und der Sprecher des Deutschen Korkverbandes wähnt gar: »Es gibt regelrechte Korkfetischisten.« Nicht, daß er diesen obszönes Treiben mit den Stöpseln vorwirft. Was er meint, ist eine Spezies, deren hauptsächlicher Lustgewinn beim Trinken im Entdecken von Korkgeschmack liege.

Das scheint dann doch etwas weit hergeholt. Die Virulenz des Problems zeigt sich immerhin darin, daß ein »Arbeitskreis Korken-Behandlung« bei seinem Treffen im Kölner Domhotel etwas übte, was durch den weltweiten Niedergang der kommunistischen Parteien in

Vergessenheit zu geraten drohte: Kritik und Selbstkritik. Die Quelle allen Übels liege in der Behandlung, die der Schönung des Korkens dient.

Um die Pfropfen hübsch ansehnlich zu machen, werden sie nämlich mit Chlor gebleicht. Bereits vor zehn Jahren entdeckte die schweizerische Forschungsanstalt für Obst-, Wein- und Gartenbau zu Wädenswil mittels Gaschromatografie und Spurenanalytik, daß 90 bis 95 Prozent des Mufftons dem Bad im Chlor geschuldet ist. Und der Rest? Pilze im Rohmaterial wurden als Fehlerquelle vermutet.

Wer bei angesehenen Berufstrinkern weitere Aufklärung sucht: nichts da. Ob der große Johnson in der letzten Auflage (»Schimmel«) oder der große Siebeck im neuesten Werk (»nach Expertenmeinung Chlor«), es gibt keine eindeutigen Antworten.

So oder so, das Ergebnis ist dasselbe: Die Schweizer nennen es zünftig *Zapfengout*, die Franzosen wohlklingend *gout de bouchon*, nur im Deutschen ist der Begriff so greulich wie die Belästigung von Nase und Gaumen – *Korkschmecker*. Wahr ist aber auch, daß dem Korken so manches in seine gut eine Million Poren gesteckt wird, wofür er nichts kann.

Dumpfes Gemüffel kann vielerlei Gründe haben: schlechte Lagerung, mangelhafte Fässer, unsauberes Kellergerät. Und nicht immer ist das eindeutig auseinanderzuhalten. Ein Leser der Zeitschrift *Alles über Wein* berichtet allen Ernstes von einer mehrstündigen Debatte – eine einzige Flasche betreffend – »unter Hinzuziehung eines Önologen«; Ergebnis: kein Kork.

Zur Identifikation des Zapfengout dient zur Not ein Trick, quasi ein Korkelfeststellungsverfahren. Dazu wird ein Drittel Wein mit zwei Dritteln Wasser vermischt, das verstärkt den Muffton und macht es dem Riechorgan leichter.

Hilft's weiter? Eben. Nichts wie hin also zum Schraubverschluß, dem billigen? Der Trinker, ach, er wendet sich mit Grausen. Er will seinen Naturstopfen. Er will den Korkenzieher reindrehn, wenn's auch bröselt oder bricht. Aber sitzt nicht manches Ding so fest, daß beim Reißen höchstens die Augen rauskommen? Egal. Der Mensch will, wie es die Sozio-Vinologen nennen, »das Öffnen als Ritual«. Und das 200 Jahre nach der Aufklärung. Aber was kann schon die Vernunft gegen die Tradition. (Daher der andalusische Schimpf: Du bist dümmer als eine Korkeiche!?)

Zudem ist Kork als Material einfach auf der Höhe der Zeit, ein Naturprodukt, vollökologisch und multifunktional: Isolierstoff, Saugmaterial bei Tankerunglücken, taugt für Pinwände ebenso wie für Gesundheitsschuhe und Cricketbälle. Und wäre vielleicht Marcel Proust auf die Idee gekommen, seine Wohnung mit Schraubverschlüssen abzudichten?

Auch die Altvorderen wußten sich den Pfropfen nutzbar zu machen und seine Wirkung zu überliefern: Drei Korkstöpsel, im Namen Gottes mit dem Finger in das erste Brot, das in den Ofen kommt, gesteckt, schützen das Haus so lange, bis das Brot verzehrt ist. Oder: Zerschnitten und in das Getränk gelegt, das ein Tier nach seiner Niederkunft zuerst bekommt, schützt er dieses vor Behexung. Hat da wirklich jemand Schraubver... Nein? Keine Rede davon? Aha!

Um das Naturwunder näher kennenzulernen, ist eine kleine Reise ins südliche Europa angebracht. Drunten in Portugal, im Alentejo, wächst sie: die Korkeiche, *Quercus suber*. Knorzig stehen die Bäume mit ihren immergrünen Kronen (Achtung, hat nix zu tun mit Kronenkorken!) auf 700 000 Hektar Land, jede zweite Korkeiche der Welt wächst in diesem Landstrich. Von hier kommen 80 Prozent der in Deutschland jährlich benötigten 1,3 Milliarden (in Zahlen: 1 300 000 000) Stöpsel.

Für Hektiker ist das kein Geschäft. Mit 25 Jahren ist die Eiche erstmals reif für eine Ernte, doch die Rinde ist noch spröde und rissig – erst später wächst sie dicht. Zum Schälen werden erst waagerechte Schnitte und dann senkrechte gemacht, so lassen sich die Platten am besten ablösen. Allerdings nur 60 bis 70 Tage im Jahr, wenn sich das Harz durch die große Hitze verflüssigt. Ein Drittel der Schicht bleibt am Baum, ganz nackt würde er austrocknen und wäre ungeschützt gegen Infektionen.

Früher wurde die Rinde am Fuß der Eiche belassen. Man nannte das: die Schuhe. An ihren Ringen ließ sich das Alter des Baums ablesen. Heute zieht die Gier der Menschen der *Quercus suber* auch die

Schuhe aus, damit andernorts Birkenstocksandalen draus werden. So geht das alle neun Jahre (frühestens, sagt das Gesetz), und nach fünf bis sechs Ernten ist ein Baum ausgelaugt.

Der weitere Produktionsgang liest sich wie das Programm einer Waschmaschine: kochen, spülen, schleudern, trocknen. Hochwertiges Material sollte richtig keimfrei gemacht werden und bis zu vier Jahre trocknen. Sollte – da bleibt viel Raum für Schlamperei. Feuchtes Lager, selten gewechseltes Waschwasser. Flecken werden mit ätzenden Mitteln entfernt, grobe Risse mit einer Mischung aus Korkmehl und Leim zugeschmiert (= kolmatieren). Tja, und irgendwann hält einer die Nase übers Glas und sagt: Pfui Teufel!

Ganz schön verkorkst, die Sache, weshalb zur abschließenden Beurteilung der Delinquent vor einen ganz unparlamentarischen Untersuchungsausschuß gestellt wird. In den Zeugenstand wird gebeten: Bernd Kreis.

Herr Kreis, Sie sind von Beruf Sommelier und schnuppern an Tausenden von Korken?

Sehr richtig. Ich überprüfe den Geruch, und bei einer gesunden Flasche rieche ich Wein. Es ist egal, wie der Korken aussieht, den äußeren Aspekten muß man keinen großen Wert schenken.

Und den Korkgeschmack...

... stellt man am besten fest, wenn man den Wein genau kennt, wenn man ihn häufig getrunken hat. Nicht selten werden auch Weine, die im Holzfaß ausgebaut sind, zu unrecht verdächtigt. Trotzdem, das Korkeln hat insgesamt zugenommen.

Gibt es einen Schutz gegen das Ungemach?

Ja, gute, und das heißt auch teurere Korken. Aber mehr Geld kann das Problem nur verringern – mehr nicht. Korkgeschmack kommt bei den besten Weinen vor.

Fachleute sagen, Wein könnte auch mit einem anderen Verschluß gelagert werden...

... und das ist Quatsch. Wein ist ein dynamisches Lebensmittel, er braucht Sauerstoff. Sonst findet Reduktion statt, er schmeckt dann wie nasser Waschlappen.

Nasser W... igitt!

In den Zeugenstand wird gebeten: Albert Ingelfinger, Kellermeister im *Weingut Graf Adelmann*. Schildern Sie uns bitte Ihre Erfahrungen mit Korken?

Oft haben sie nur noch fünf Jahresringe, und breiter sind die auch. Da wird offenbar reichlich mit Stickstoff gepäppelt und zu früh geerntet. Früher kam's schon mal vor, daß einer 12 oder 14 Ringe hatte.

Haben Sie eine Erklärung fürs Korkeln?

Pilz am Baum, die Rinde lag im Dreck rum, wer weiß? Und keiner verrät ja die Rezeptur, mit der das Material behandelt wird. Da hilft nur, den richtigen Händler zu finden.

Vom Schraubverschluß halten Sie nichts?

Der Kunde verlangt noble Korken, vor allem die Gastronomie.

Vielen Dank, Herr Ingelfinger.

In den Zeugenstand bitte Klaus Griepenburg. Wie leiden Sie als Importeur italienischer Weine unter Korkfehlern?

Komischerweise sind in einem Karton immer gleich mehrere Korkflaschen. Ich vermute daher, daß sich in den Säcken, in denen die Korken geliefert werden, Nester mit Pilzbefall bilden.

Und der Korken...

... hat nur Nachteile. Er schimmelt unter der Kapsel, ist anfällig für Krankheiten, aber die Leute wollen's: Das hat viel mit Mystizismus und Psychologie zu tun. Ein langer Korken suggeriert eben eine hohe Wertigkeit des Weins.

Ihre Alternative?

Der Schraubverschluß, oder für Weine, die jung getrunken werden, wenigstens Preßkorken. Alles andere ist eine Verschwendung von Ressourcen.

Soweit der Bericht aus dem Untersuchungsausschuß KoFe (Korkfehler), dessen abschließende Beratung noch andauert. Derweil kam im Sommer '92 aus der Provinz Alentejo die Meldung, die Korkeichen dort seien von einer Plage befallen, die den Bestand um jährlich zehn Prozent vermindert. Könnte mithin sein, daß in einigen Jahren dort keine einzige *Quercus suber* mehr steht.

Schlägt da die Natur zurück und straft die Menschheit mit Schraubverschlüssen?

Keller-Kunde

Von Ulrich Martin

Übersteigt die Zahl der eingekauften Weinflaschen die Summe derer, die noch am gleichen Abend ausgetrunken werden, ergibt sich automatisch das Problem der Lagerung. Um dieses näher erörtern zu können, ist zunächst eine gründliche Taxierung der Ware erforderlich. Handelt es sich um eine Kollektion, die wir aus dem Regal einer Supermarkt-Filiale entnahmen, um sie bei nächster Gelegenheit zu leeren, spricht überhaupt nichts gegen eine kurzfristige Deponierung in der Küche, im Wohnzimmer oder, im Falle von Weißwein oder Rosé, im Kühlschrank. Bei regelmäßiger Erneuerung aus derselben Einkaufsquelle bietet dieser kleine Vorrat zudem den Vorteil, ohne großen Raumbedarf jederzeit überraschend eingetroffene Gäste mit einem Gläschen erfreuen oder die möglicherweise kurzfristig angestiegene eigene Nachfrage (Liebeskummer, Fußball-Länderspiel) auf unkomplizierte Weise befriedigen zu können.

Die Nachteile dieses Vorgehens sollten allerdings nicht unerwähnt bleiben: Einerseits erfordert das regelmäßige Auffüllen eines beschränkten Kontingents, was besonders bei einem größeren Freundeskreis in durchaus kurzen Intervallen erforderlich sein kann, intensive logistische Anstrengungen wie vermehrte Einkaufstätigkeit. Darüber hinaus beschränkt das geschilderte Beschaffungsprinzip die Auswahl auf das zwar jederzeit verfügbare, qualitativ jedoch einigermaßen begrenzte Standardangebot des Lebensmitteleinzelhandels.

Dieses aber wird den Ansprüchen des versierten Weinfreundes möglicherweise nicht genügen; selbst dann nicht, wenn dort Premier Crus und Jahrgangschampagner aufgereiht sind. Der erfahrene Trinker weiß, daß lange Verweildauer in hellem Licht, dadurch bedingte hohe Temperaturen und vielfaches In-die-Hand-Nehmen-und-wieder-Hinstellen dem Inhalt teurer Bouteillen längst den Garaus gemacht haben können; andere Erwerbsquellen sind also zu bevorzugen.

Der Kenner kauft entweder im Fachhandel oder direkt beim Winzer, und zwar, wie die Erfahrung lehrt, meistens erheblich größere Mengen als ursprünglich geplant. Um das Problem Lagerung zu meistern, müssen somit andere Lösungen gefunden werden.

Erster Schritt ist eine Analyse der architektonischen Gegebenheiten, die uns zur Frage »Besitzen wir einen Keller?« führt. Wird die Antwort verneint, bieten sich mehrere Alternativen an, deren Einsatz mehr oder weniger persönliche Bedürfnisse und Vorlieben bestimmen. Hat der Weinfreund etwa einen größeren Posten jüngerer Bordeaux-Crus erworben, die erst in einigen Jahren optimalen Trinkgenuß versprechen, darf er auf schnelle Zugriffsmöglichkeit großzügig verzichten. Er könnte sich in der Verwandtschaft – Abstinenzler und Biertrinker bevorzugt – nach geeigneten, sich durchaus auch in größerer Entfernung befindlichen Lagerräumen erkundigen (über die Voraussetzungen, die diese Stätte erfüllen muß, wird noch zu reden sein). Oder er könnte, so er im Dunstkreis eines Weinbaugebietes wohnt, einen Winzer bitten, eine Ecke seines Kellers freizuräumen, wobei sich der Ankauf einiger Flaschen aus der Produktion dieses Betriebs in der Regel als hilfreich erweist.

Nach erfolgtem Reifeprozeß wird der Eigner der nun trinkbaren Gewächse allerdings mit der Frage konfrontiert, in welchen Mengen und in welchen Intervallen die Ware zwecks Genusses in die eigene Wohnung zu überführen sei. Faustregel: Je größer die Entfernung, desto größer auch die Zahl der zu transportierenden Flaschen. Das Problem der Einlagerung in der eigenen Wohnung stellt sich also erneut, wenn auch für eine kürzere Periode. Nehmen wir an, Sie möchten eine bescheidene Kollektion, vielleicht 50 Fläschchen, maximal ein Jahr lang in ihrer Etagenwohnung unterbringen. In allen Räumen herrscht die gleiche Temperatur, nämlich 20 bis 22 Grad Celsius. Sind die Weine nicht älter als zwei, drei Jahre, macht ihnen die Wärme wenig aus; eine Voraussetzung ist allerdings, daß die Temperatur einigermaßen konstant bleibt. Denn auf Schwankungen reagieren die Tröpfchen viel allergischer als auf zu hohe oder zu niedrige Temperaturen; ihr Volumen ändert sich, Luft wird durch den Korken hereingedrückt und herausgesogen, Rotweine werden brandig und plump, Weißweine flach und oxydativ. 20 Grad und mehr bewirken allerdings auch, daß sich der Reifeprozeß beschleunigt. Deswegen – zweite Voraussetzung – achten Sie besonders auf die Auswahl: Gerbstoffreiche Rotweine wie Bordeaux oder säurebetonte, extraktreiche Weißweine (zum Beispiel gute Spätlesen von der Mosel) sind hier zu bevorzugen; ein leichter, fruchtiger deutscher Spätburgunder oder ein gefälliger Soave kommt weniger in Frage.

Verstauen Sie Ihre Flaschen in einem größeren Behälter, in einer Kiste oder in einer Truhe. Vom Deponieren im Schlafzimmer- oder Wohnzimmerschrank ist abzuraten. Dessen Türen werden nämlich andauernd geöffnet, Licht fällt herein und die Bouteillen werden hübsch durchgeschaukelt. Beides – Licht und Bewegung – muß aber unbedingt vermieden werden, und deswegen stapeln Sie die Ware auch so, daß Sie nicht jedes Mal das ganze Sortiment ausräumen müssen, um an Ihren aktuellen Favoriten zu gelangen. Und: Säubern Sie die nähere Umgebung von Utensilien, die Ausdünstungen irgendeiner Art von sich geben. Sonst riecht Ihr 1985er Pommard in unglaublich kurzer Zeit nach Mottenkugeln. Wer auf Nummer sicher gehen will, unterbindet den Luftaustausch durch gewissenhaftes Verschließen des Flaschenhalses mit geruchsneutralem Siegellack, was im übrigen auch ein Austrocknen der Korken verhindert.

Natürlich hat die Industrie längst die vermeintliche Notlage der Kellerlosen entdeckt und mehr oder weniger taugliche Ersatzlösungen in Form sogenannter Klimaschränke entwickelt, die, je nach Größe, zwischen zwei Dutzend und zweihundert Flaschen aufnehmen. Die Bandbreite reicht vom Kühlschrank-ähnlichen Schlichtgerät bis zum edelholzgetäfelten Nobelbehälter mit unterschiedlichen Temperierzonen, vibrationsfrei gelagertem Kühlaggregat und lichtabweisenden Isolierglasscheiben, womit der Chefarzt sein Eßzimmer ausstaffiert und Inhaber von Luxusrestaurants ihre Klientel beeindrucken, weil sich jeder der darin gelagerten Weine sofort mit perfekter Trinktemperatur servieren läßt. An Investitionen sind Mindestens 1500 Mark für die allerbescheidendste Ausführung erforderlich, Snobs mit Sonderwünschen werden leicht das Zehnfache los. Wer Zeit hat, seinen Chablis 15 Minuten lang in einen eiswassergefüllten Sektkühler zu stellen, verzichtet auf derlei Schnickschnack und investiert das gesparte Geld in den neuen Jahrgang.

Allerdings sind auch Kellerbesitzer nicht vor Anfechtungen dieser Art sicher, denn ideale Lagerbedingungen finden sich nur in seltenen Fällen. Nicht nur im sozialen Wohnungsbau liegt der zugewiesene Verschlag Wand an Wand mit der Heizungsanlage, Drahtgitter lassen die intensiven Gerüche aus dem Farbeimer in der Nachbarzelle ungehindert einströmen, und in der trockenen Luft schrumpfen die Korken. Vor Räumlichkeiten dieser Art sei gewarnt, oft bleibt die Wohnung das kleinere Übel. Die Alternative ist ein Altbaukeller, der sich womöglich in näherer Umgebung anmieten läßt und neben besseren technischen und architektonischen Gegebenheiten auch psychologische Vorteile verspricht: Je größer die Entfernung vom Glas auf dem Tisch zur Flasche im Keller, desto geringer die Gefahr, in vermindert zurechnungsfähigem Zustand – etwa im Verlauf eines größeren Gelages im Freundeskreis – mit der letzten Flasche 1986er *Sassicaia* imponieren zu wollen.

Ist endlich der Glücksfall eingetreten, nämlich die Verfügbarkeit über einen geeigneten Kellerraum, sollte konsequent auf optimale Nutzung hingearbeitet werden. Dazu ist der Kauf zweier Kontrollinstrumente unerläßlich: Sie brauchen ein Thermo- und ein Hygrometer. Die optimale Raumtemperatur liegt etwa zwischen 10 und 15 Grad; Abweichungen nach oben und unten sind aber erlaubt, jahreszeitliche bedingte, also langsam ablaufende Temperaturschwankungen auch. Der Einsatz von Isoliermaterial ist nur bei erheblichen Abweichungen von dieser Norm erforderlich. Zeigt Ihr Hygrometer 80 Prozent Luftfeuchtigkeit an, können Sie sich gratulieren, zehn Prozent nach oben und nach unten machen nichts aus. Ist die Luft wesentlich trockener, schrumpfen die Korken aus, Luft tritt in die Flaschen ein, ein geringer Teil Ihres Weins verdunstet. Hilfsmittel: Kaufen Sie sich einen Luftbefeuchter, oder stellen Sie zwei wassergefüllte Plastikwannen auf, oder verteilen Sie auf dem Boden eine Lage Kies oder groben Sand, den Sie hübsch feucht halten. Das andere Extrem ist unangenehmer: Zu hohe Luftfeuchtigkeit läßt Schimmelpilze wachsen, außerdem fallen Ihnen die Etiketten ab. Bevor Sie sich daran machen, feuchte Außenwände aufwendig zu trocken zu legen, verteilen Sie eine Schicht Sägespäne auf dem Boden. Sie saugt die Nässe auf, muß bei Sättigung aber erneuert werden.

Zuviel Nässe wird auch dann zum Problem, wenn Sie auf Regale und dergleichen verzichten und Ihre Flaschen der Einfachheit halber in Pappkartons aufbewahren. Die bekannten Holzkisten aus Bordeaux sind da nicht nur hübscher anzusehen, sondern auch hilfreicher, weil stabiler. Beide Methoden haben jedoch den Nachteil, daß sich die Behältnisse nur dann stapeln lassen, wenn Sie sich beim Trinken hübsch der Reihe nach von oben nach unten vorarbeiten. Dies ist eher die Ausnahme, erfahrungsgemäß gelüstet es Sie meistens nach einer Bouteille aus der jeweils untersten Abteilung. Man entscheidet sich also für ein eine gewisse Ordnung garantierendes Zubehör, das den schnellen Zugriff auf den Stoff ebenso garantiert wie den Gesamtüberblick. Dazu stehen, je nach persönlicher Vorliebe und/oder finanziellen Möglichkeiten, unterschiedlichste Ausstattungsvarianten zur Verfügung. Puristen ziehen das klassische Holzregal vor, das allerdings wegen der erhöhten Luftfeuchtigkeit zuvor imprägniert worden sein sollte, mit umweltfreundlichem und geruchsneutralem Mittel, versteht sich. Ein zwei Meter breites und 1,80 Meter hohes Element nimmt immerhin bis zu 600 Flaschen auf. Beim Düsseldorfer Spezialisten *Müller-Soppart* ist eine solche Konstruktion ab etwa 480 Mark zu haben, Heimwerker legen natürlich selbst Hand an. Wer individueller gestalten möchte, besorgt sich bei *Mövenpick* in Stuttgart stapelbare Holzkisten, mit Zwischenboden unterteilbar, für rund 20 Mark pro Stück (in eine Kiste passen 20 Flaschen). Größere Kontingente lassen sich in kombinierbaren Elementen aus Bimsbeton unterbringen (von vielen Gastronomen bevorzugt), die Firma *Moskopf* in 5413 Bendorf-Mühlhofen hat eine passable Auswahl parat.

Ziegelröhren – Perfektionisten legen Wert darauf, sie in die Wand einzumauern – sind teurer und nehmen mehr Platz weg. Wer Sekt oder Champagner darin aufbewahrt, kann zudem beim Herausnehmen die sogenannte Vergütung der Flaschen beschädigen, eine Oberflächenversiegelung, die der Hersteller mit einem chemischen Prozeß auf das Glas aufbringt. Folge: Bruchgefahr durch verminderte Stabilität.

Auf Kitsch und Krempel wie weinlaubumkränzte Extra-Flaschenhalter oder schmiedeeiserne Regaltüren wird verzichtet, stattdessen rentiert sich das Anlegen eines Kellerbuchs, in das die Bezeichnung des Weins, Zahl der Flaschen, Jahrgang und Preis eingetragen werden. Ängstliche Naturen setzen es zudem als Kontrollinstrument zur Begrenzung übermäßigen Weinkonsums ein. Es erfüllt aber auch andere, eher motivierende Funktionen, indem es zusätzlich mehr oder weniger ausführliche Verkostungsnotizen aufnimmt. Diese beflügeln einerseits das Erinnerungsvermögen beim späteren Genuß einer zweiten Flasche, liefern aber auch Hinweise zum optimalen Trinkzeitpunkt – »zu jung, noch zwei Jahre liegen lassen« – und schulen zudem ganz einfach die Fähigkeit des Konsumenten, die Qualität eines Weins mit Worten zu beurteilen. Eine einfache Kladde reicht schon aus; besser, weil flexibler zu handhaben, ist ein Zettelkasten. Falls Sie zufällig den einen oder anderen Tropfen im Keller horten, der in den Büchern diverser Weinpäpste oder in einschlägigen Fachzeitschriften besprochen wird, vergleichen Sie diese Notizen mit Ihren eigenen: Überraschungen sind garantiert. Computerfreaks verwalten ihre Bestände mit diverser Weinkeller-Software; wer mit einem normalen PC-Programm umgehen kann, legt sich die entsprechenden Dateien selbst an.

Schließlich das Wichtigste – das wohlsortierte Flaschensortiment. Auf die Gefahr hin, persönliche Vorlieben des geneigten Lesers möglicherweise zu ignorieren, werden folgende Vorschläge unterbreitet, die das Budget des Käufers nicht überfordern sollten:

Klassische Bordeaux lassen sich fast immer längere Zeit aufbewahren. Wenn Sie viel Geduld haben, kaufen Sie 1986er. Zum Beispiel *Chateau Sociando-Mallet*, ein Cru Bourgeois aus Haut-Médoc; der Preis hält sich in Grenzen, der Wein ist extrem lagerfähig. Auch viele 1988er zeigen noch ein deutliches Tannin-Übergewicht. Deswegen: Noch nicht austrinken, sondern einlagern, wie etwa *Chateau Grand-Puy-Lacoste*, ein 5ième Cru aus Paillac. Die hochgelobten Jahrgänge 1989 und 1990 gelten als fruchtiger und deswegen früher trinkreif, beide sind allerdings recht teuer. Alternativen zu den Franzosen: Gutgemachte deutsche Rotweine, Spätburgunder aus Baden etwa. Die Güter *Dr. Heger* (Ihringen), *Bercher* (in Vogtsburg-Burkheim) und

Salwey (in Vogtsburg-Oberrotweil) warten mit ausgezeichneten 1990ern auf, die guten französischen Burgundern in nichts nachstehen. Die Winzer der württembergischen *Hades*-Gruppe legen neben Spätburgundern unter anderem auch Lemberger ins kleine Eichenfaß; Informationen über das Angebot gibt es bei *Graf Adelmann* in Steinheim-Kleinbottwar oder beim Weingut *Drautz-Able* in Heilbronn.

Um auch bei den Weißen im Lande zu bleiben: Hier bieten sich Spitzengewächse von Mosel, Saar und Ruwer an, von der Spätlese aufwärts, möglichst mit Restsüße (die trockene Version reift nicht immer optimal) und mit Vorteil wiederum vom 90er oder vom 92er. Erstklassiges haben die im Großen Ring zusammengeschlossenen Betriebe erzeugt; als Beispiel nennen wir die Weine von Schloß Saarstein in Serrig. Lagerfähig sind ebenso hochwertige Rheingauer aus den erwähnten Jahrgängen; weniger bekannt, aber preiswerter ist die Alternative vom Mittelrhein. Die Winzer Peter Jost und Fritz Bastian etwa produzieren aus den Trauben, die in den Steillagen oberhalb von Bacharach wachsen, rassige Rieslinge mit leicht mineralischer Note. Ein Tip aus Franken: Das Weingut *Hans Wirsching* kelterte eine exquisite 1990er Silvaner Spätlese vom Iphöfer Julius-Echter-Berg, in Duft und Geschmack eine Alternative zu Chablis-Premier-Crus. Der 1992er dürfte sich ähnlich entwickeln. Schon eher – ab 1994 – sind die 1990er Rieslinge vom Roten Hang in Rheinhessen auf dem Höhepunkt, die 1992er brauchen zwei bis drei Jahre länger. Guten Stoff halten die Güter *St. Antony* in Nierstein und *Gunderloch-Usinger* in Nackenheim parat. Zwei Tips aus der Pfalz: Der Riesling-Spezialist *Richard Mosbacher* in Forst und der Großkarlbacher *Rainer Lingenfelder*. Und schließlich eine weniger bekannte Alternative: Auch österreichische Rieslinge, vorzugsweise von der Wachau, lohnen einen Versuch, insbesondere dann, wenn sie aus den Gütern *Knoll, Hirtzberger* oder *Prager* stammen.

Ansonsten: Lagerfähige Weine werden in fast allen Anbauländern produziert. Die Frage, welche Regionen, welche Rebsorten, welche Jahrgänge sich am besten entwickeln, sollte eigentlich immer ein ganz persönliches Kriterium entscheiden: der eigene Geschmack.

Aromatherapeutische und aphrodisische Wirkungen des Weines

Von Guy Bonnefoit

Seit Jahrtausenden gilt Wein als willkommener Befreier von seelischem Druck, der über das Wohlbefinden die Liebeslust weckt – ganz im Sinne der Römer: »Ohne Ceres und Bacchus friert Venus«. Beim Sex liegen die anregenden und lähmenden Auswirkungen des Weines sehr nahe beieinander. Erst die Dosis macht ihn zu Gift. Die Kenntnisse über die Aromatherapie, ihren Einfluß auf Erkrankungen oder Wohlbefinden durch Einatmen von Heildüften sind uralt. Die Ägypter waren bereits vor 5000 Jahren Experten der Parfumherstellung.

Kurz vor unserer Zeitrechnung, als man im Traum noch nicht an Duftsprays dachte, ließ Kleopatra in den Räumen ihres Palastes durch flatternde Tauben, deren Flügel mit Parfums eingerieben waren, Wohlgerüche verbreiten.

Besonders beliebt war der Duft der Rose, Lieblingsblume Aphrodites. Giaccomo Casanova, Meister der Liebe und Verführung, bedeckte bei amourösen Rendezvous' das Lager mit Rosenblüten. Auch verkündete er in seinen Aufzeichnungen, daß Roquefort und Chambertin schwach keimende Liebe befeuern.

Der Grund liegt sicher mit darin, daß der animalische Geruch reifen Schafskäses auf Mann und Frau sexuell erregend wirkt. Vielleicht wollte Casanova eine Ergänzung zum Rosenduft, da der Chambertin nicht nach Rosen, sondern eher nach Weißdorn duftet. Die Verstärkung des Rosenodeurs wäre allenfalls mit Chassagne-Montrachet geglückt. Zahlreiche Weine duften nach weißen, rosa oder roten Rosen, so der Gewürztraminer, der Traminer, Oeil de Perdrix – ein Rosé aus der Schweiz – Rotweine aus dem Piemont, wie Barolo, der Freisa d'Asti, nicht zu vergessen die Roten des Bordeaux.

Rotweine aus dem Côte du Rhône wachsen auf lavendelbestandenen Weinbergen und riechen dementsprechend.

Die Römer liebten Weine, die nach Veilchen oder Schwertlilien duften. Beider Molekülzusammensetzung ist nahezu gleich. Der Natur wurde häufig auch nachgeholfen: Während der Gärung kam zum Most in der Sonne getrocknete und zu Pulver verarbeitete Schwertlilienwurzel hinzu. Chianti, Côte Rotie, Hermitage, also Weine mit starkem Veilchenbukett, kommen aus Regionen, in denen Schwertlilien wild wachsen.

Trüffelaromen tragen alte, rote Weine: z. B. Pommard, Musigny, Clos de Vogeot aus Burgund, und Gewächse aus dem Bordeaux, sofern sie auf eisenschlackigen Böden wuchsen. Im Bordeaux, Hochburg der Cuvée, garantieren hohe Merlotanteile reiche Trüffelaromen, man denke an das Bukett seines letzten Petrus.

Zahlungskräftige Italienfreaks erinnern sich seufzend an die Rechnung des letzten trüffeligen Barolo.

Spargelduft bieten Sauvignonweine wie Sancerre, Puilly Fumé, Entre deux Mers, sowie Rieslinge aus dem westlichen Australien. Sellerie (früher auch einmal Gailwurz genannt) ist aromatisch in der Familie der weißen Burgundersorten präsent (Weißburgunder, Grauburgunder, Pinot Grigio, Pinot Auxerois, auch Schweizer Eremitage). Seine Duftstoffe tragen ebenfalls Sauvignon, Puilly Fumé, württembergische Traminer, Kerner, seltener Samtrot. Einzelne rote Bordeaux lassen Sellerie ebenso schmecken wie Beaune *Clos de Muches*.

Banane, Granatapfel, Haselnuß und Walnuß: Banane häufig in alten Scheurebeweinen und weißen Chardonnays, wenn sie bei niedriger Temperatur vergoren wurden. Typisch nach Bananen schmecken Beaujolais, Côtes Provence rosé, weißer Bordeaux (Graves), Hermitage (weiß und rot).

Die Duft- und Geschmacksstoffe der Frucht Aphrodites, des Granatapfels, begegnen mit Rot-, Roséweinen aus dem Arbois, in Corbière-Rotweinen, in den Rosés der Côte Provence und jungen Côtes du Rhône.

Gepriesen werden erotisches Aussehen und nämliche Wirkung der Haselnuß: Sie ist typisches Geruchsattribut von Chardonnays wie Chablis, Meursault und anderen, vor allem, wenn diese in neuen Barriquefässern ausgebaut werden.

Mehr von unseren Nüssen: Das Walnußaroma verbindet den Grünen Veltliner Österreichs mit dem Vin Jaune von Château Châlon im Jura.

Ich komme zu den Gewürzen.

Pfeffer ist im Duft von alten roten Rioja- und Cabernetweinen enthalten, sofern diese auf Kieselböden wuchsen, darüber hinaus in Pommard, Dôle, rotem Hermitage, Côte Rôtie, Chinon und Bourgueil, Saint Emilion, Portwein (vor allem Ruby), spätgelesenem Gewürztraminer. Nach Anis schmecken eine Vielzahl von Chardonnays, einige Weißweine der Mittelmeerhöhe sowie Rieslinge z. B. von der Saar (Auslesen bis Trockenbeerenauslesen). Zimt soll von den Frauen Oberägyptens eifrig genossen worden sein und bei Sterilität Wunder gewirkt haben. Nach ihm riechen zahlreiche Weißweine aus sehr spät gelesenen Trauben, nota bene Gewürztraminer; Bordeaux aus Saint Julien, Burgunder aus Gevrey Chambertin oder Côte du Rhône aus Châteauneuf du Pape sind ebenso »Zimtweine« wie Brunello di Montalcino und alte rote Penedes. Ingwer gilt als zuverlässig aphrodisisch – nach ihm riechen alte Côte du Rhône und Riojas, Sauternes und Vouvrays moelleux. Die Engländer trinken vor dem Schlafengehen heiße Schokolade – Puilly Fumé läßt Kakao ahnen, auch Sauternes und Beeren-, Trockenbeerenauslesen, Rotweine aus dem Bordeaux mit hohem Merlotanteil, Weine aus Burgund, Piemont, Portugal, Lemberger aus Deutschland.

Austern sind teuer und sollen anfeuern, besonders wenn sie bei Vollmond aus dem Meer geholt werden. Nach Austernschalen duften Muscadets, Vouvrays, Entre deux mers, Weißweine der Côte Jura und der Ribolla Gialla, schließlich Champagner.

Das Wort ›Moschus‹ kommt aus dem Sanskrit und geht auf ein Etym für ›Hoden‹ zurück. In altem Muscat d'Alsace schmeckt man Moschus, in Verbindung mit Zimt in alten hochwertigen Rotweinen. Der ›animalische Ton‹ schließlich ist typisch für Weine aus der Ribera del Duero, aus dem Saint Emilion und vor allem bei Weinen, die einen hohen Anteil an Cabernet Franc enthalten.

Das deutsche Rieslingwunder

Von Bernd Kreis

Als die Pariser Gourmets Anfang des neunzehnten Jahrhunderts sich Johannisberger zu Austern gönnten, sprach keiner von Chablis oder Sancerre. Die frühen Feinschmecker bestellten sich die ausländischen Pretiosen zu Preisen, die mit denen von Romanée-Conti wetteiferten. Sogar die Meursaults und Montrachets mußten im Orchester der großen Weißweine mit Plätzen in der zweiten Reihe Vorlieb nehmen. In den Weinkarten der ersten Nobelrestaurants, gegründet von den arbeitslosen Leibköchen des nun kopflosen französischen Adels, hielten die deutschen Rieslinge wie selbstverständlich beste Positionen. Welch ein müder Abglanz ist von dieser ruhmreichen Vergangenheit übriggeblieben? Mit mitleidigem Lächeln, ja fast peinlich berührt, begegnet so mancher Sommelier der Frage nach den teutonischen Hochgewächsen – und in den Tempeln der kochenden Großmeister jenseits des Rheins? Totale Fehlanzeige! Nichtmal bei Haeberlin, im alemannischen Dreiländereck, haben Sie die Chance, elsäßischen Riesling mit einem aus dem Rheingau oder der Pfalz zu vergleichen.

Dabei hatte alles so hoffnungsfroh angefangen, als man um 1435 erstmalig den Rieslinganbau urkundlich in Rüsselsheim nannte – an diesem traditionsreichen Ort der deutschen Automobilindustrie wird heute kein erwähnenswerter Wein mehr gekeltert. Anders ist es in Worms, wo 1490 Bassermann-Jordan eine »ruszling«-Anpflanzung amtlich bescheinigt wurde. Das berühmte Pfälzer Weingut ist noch immer Garant für große Rieslinge. Hieronimus Bock stellt in seinem »New Kreutterbuch« den Rieslinganbau an Mosel und im Rheingau fest, das war 1551. Schließlich kam dem Benediktinerabt auf Schloß Johannisberg eine gute Idee: Als dort 1716 die erste Weinbergslage in Deutschland absolut sortenrein mit Riesling bestockt wurde, war ein Meilenstein für den Qualitätsweinbau gesetzt. Wegen einer verspäteten Ernteerlaubnis des Fuldaer Bischofs hatte man durch Zufall am gleichen Ort im Jahre 1775 den Wert der späten Lese entdeckt. Aus dieser bahnbrechenden Kenntnis entwickelten die Gottesmänner kurz darauf die Auslese (1787). Der Riesling konnte seinen ungehemmten Siegeszug, vor allem nach Frankreich und England, antreten. Und dann, anfangs des zwanzigsten Jahrhunderts, war plötzlich Stille um den Federgewichtler unter den Weißweinchampions eingekehrt, der Handel mit Frankreich brach ab, das Englandgeschäft lief nur noch stockend. Nicht nur die fatalen, aus Amerika eingeschleppten Rebkrankheiten und die allesvernichtende Reblaus hatten Schuld daran, die spürbare Abkühlung des politischen Klima in der Morgendämmerung des Ersten Weltkrieges war wohl die Hauptursache für den Niedergang des deutschen Weinexports. Auch das selige Angedenken der Briten an ihre vergötterte Queen Victoria, die ja den deutschen Wein verehrte und den Begriff »hock« (Hochheimer) prägte, half da nicht weiter.

Es wurde still um den deutschen Weinbau. Die einzigen größeren, wenn auch sehr zweifelhaften Verdienste in jüngerer Zeit sind die sogenannten Erfolge bei der Rebzüchtung. Hauptsächlich Kreuzungen aus Silvaner und Riesling brachten unzählige Rebsorten hervor, mit denen die Äcker in Rheinhessen und Rheinpfalz sowie die flachen Tallagen an der Mosel bestockt wurden. Sinn und Zweck dieser oenologischen Odyssee war es, in eigentlich total ungeeigneten Lagen möglichst viele Trauben zu produzieren. Diese sollten ein Maximum an Zucker enthalten, denn die Klassifizierung der Weine richtet sich in Deutschland nach dem Zuckergehalt der Moste. Im Idealfall müßten diese Weine dann noch Rieslingcharakter aufweisen. Das schlimmste an der Geschichte ist, daß die deutschen Winzer den Weinbaufunktionären dieses Ammenmärchen abgekauft haben. Die genannten Gebiete gehören seitdem zu den zuverlässigsten Rohstofflieferanten für die Monopolspritherstellung. Und dann noch die süße Welle: seither waren deutsche Weine durchgegoren, was nicht heißen soll, daß sie keinen Restzucker mehr hatten. Kälteeinbrüche brachten die Gärung vor allem in den nördlichen Anbaugebieten schon mal ins Stocken, oder beendeten sie ganz. Das Resultat waren Weine mit einem natürlichen Restzuckergehalt, der die hohe Säure der Rieslinge harmonisiert. In diesem Zusammenhang sei die Charta-Organisation genannt, ein Zusammenschluß Rheingauer Spitzenweingüter, die an die Weine der Mitglieder besonders hohe Qualitätsanforderungen stellt und mit großem Erfolg den klassischen Rheingauer Rieslingtyp pflegt. Gründlich, wie man als Deutscher nunmal ist, wurde der natürliche Harmonisierungsvorgang selbst in die Hand genommen: Die Weinbaufunktionäre überzeugten abermals die Winzer, indem sie ihnen beflissentlich einredeten, deutscher Wein müsse grundsätzlich eine »harmonische« oder »dienende« Restsüße aufweisen, oft um eine höhere Qualität vorzutäuschen – und der deutsche Michel süßte und süßte und süßte... Das führte zu einer Ablehnung der deutschen Weine, sogar im eigenen Land. Außer einigen Traditionsbetrieben war niemandem an erstklassiger Qualität gelegen.

Seit gut zehn Jahren ist das wieder anders, man hat sich frei gemacht von der Bevormundung durch amtliche Stellen und ergreift selbst die Initiative. Das Ergebnis: Der Weinfreund kann sich an erstklassigen Roten und Weißen erfreuen und auch im Ausland wird den deutschen Weinen wieder Respekt gezollt.

Unsere edelste und typische Rebsorte ist der Riesling, er wird in allen deutschen Anbaugebieten kultiviert und zeigt wie kaum eine andere Rebsorte im Wein immer deutlich seine Herkunft. Die Rebe hat die Eigenschaft, ein Maximum an Duft- und Geschmackstoffen aus den unterschiedlichsten Böden zu extrahieren. Am besten gedeiht der Riesling an der nördlichen Grenze des Weinbaus, also in Deutschland, Luxemburg, Elsaß; doch auch in Österreich werden hervorragende Rieslinge gekeltert. Wichtig ist eine lange Wachstums- und Reifeperiode, in deren Verlauf die Trauben nicht nur Zucker, sondern auch die wichtigen Extraktstoffe und eine reife Säure speichern. Ein Glücksfall für die Weinqualität sind dabei die kühlen Spätsommer- und Herbstnächte, sie bewirken, daß die tags gebildeten Traubeninhaltsstoffe erhalten bleiben, in südlichem Klima würden die Beeren nachts einen guten Teil davon veratmen.

Am deutlichsten kann man das in den Rieslingen von Mosel, Saar und Ruwer schmecken, sie stellen die finessenreichsten, leichtesten und elegantesten Weine. Ganz besonders die Saar-Rieslinge seien hier vermerkt, sie verfügen über eine stahlige, rassige Eleganz, die ihresgleichen sucht. Meist werden sie mit etwas Restsüße abgefüllt, um die Säure zu harmonisieren, sie sind ausgesprochen langlebig und brauchen einige Jahre Flaschenlager bis zur Trinkreife.

An der Saar sei der berühmte Egon Müller genannt, seine Spät- und Auslesen erreichen noch immer Preise, die sich in schwindelerregende Höhen, weit über den finanziellen Horizont des Normalbürgers erheben; schon günstiger zu haben sind die Weine von le Gallais (wird von Müller verwaltet). Weitere Spitzenproduzenten: Vereinigte Hospitien, von Hövel, Schloß Saarstein und Zilliken. Etwas körperreicher sind die Weine von der Ruwer, die mit einer typischen, unverwechselbaren vegetalen Note aufwarten. Die besten Weine kommen von der Rautenstrauchschen Gutsverwaltung Karthäuserhof, von der Schubertschen Schloßkellerei und Reichsgraf von Kesselstadt. Nicht zu vergessen die Mittelmosel mit einem Reigen von berühmten Lagen und Erzeugern. Leider hat das deutsche Weingesetz von 1971 besonders hier viele Lagennamen aus der Weinbergsrolle gestrichen und die nun namenlosen Parzellen bekannten, über Jahrhunderten genau abgegrenzten Lagen zugeordnet, so daß viele Weine, die einen bestimmten Lagennamen tragen, nicht aus dem ursprünglich gemeinten Rebberg stammen. Nichtsdestotrotz werden einige Namen angeführt, die der Weinkenner mit Ehrfurcht ausspricht: Dr. Loosen, Johann Josef Prüm, Witwe Dr. H. Thanisch, Fritz Haag, Wegeler-Deinhard.

Die Mosel hinab, an ihrer Mündung in den Rhein, treffen wir auf das kleine Anbaugebiet Mittelrhein. Die Weine stellen sich nicht immer unproblematisch dar, nur in sehr guten Jahren werden erstklassige Qualitäten geherbstet, die sich meist schlank mit sehr kräftiger Säure präsentieren. Besonders reizvoll sind die halbtrockenen Weine. Bester Produzent ist Toni Jost in Bacharach. Weiter südlich, den großen Strom hinab, dort wo er plötzlich seine gewohnte Richtung von Süden nach Norden ändert und für einige Kilometer ziemlich genau westwärts fließt, treffen wir auf den Rheingau, das Paradestück des deutschen Weinbaus. Karl der Große befahl den Weinbau an den südexponierten Quarzit und Tonschieferhängen des Taunus, nachdem immer wieder auffiel, daß dort der Schnee besonders früh schmolz. Der große Aufschwung kam durch die Zisterzienser, die ihre im Burgund gemachten Weinbauerfahrungen im Rheingau umsetzten. Die Rheingauer Rieslinge sind die aristokratischen, sie vereinigen kräftige Säure mit reifer Frucht und vollem Körper zu vornehmen, großen Weinen. Kein anderes deutsches Weinbaugebiet kann ein ähnlich hohes und dichtes Qualitätsniveau bieten wie der Rheingau, deshalb ist es sehr schwierig, die Besten zu nennen. Meine Favoriten: Franz Künstler, J. B. Becker, Schloß Schönborn, Schloß Reinhartshausen, Langwerth von Simmern, Schloß Johannisberg, August Eser, Fritz Allendorf, Georg Breuer, Robert Weil, Johannishof.

Jenseits des Rheins, etwa dort wo er wieder seine gewohnte Flußrichtung nach Norden aufnimmt, mündet die Nahe in den deutschen Strom. An ihren Ufern werden Rieslinge gekeltert, die je nach Lage eher denen der Mosel oder Rheinhessens ähneln. Im großen und ganzen präsentieren sie sich schlank und säurebetont, auch ihnen steht eine dezente Restsüße gut zu Gesicht. Empfehlenswerte Weingüter: Schloßgut Diel, Hans Crusius & Sohn, Staatliche Weinbaudomäne, Hermann Dönnhof, Ökonomierat August E. Anheuser.

Rheinhessen, wohl das größte Opfer der Neuzucht- und Restzuckerkampagnen, hat ebenfalls hervorragendes im Rieslingbereich zu bieten. Besonders zu nennen sind die Rieslinge vom Roten Hang, einem zum Rhein steil abfallenden Rebberg, der sich zwischen Nierstein und Nackenheim erstreckt. Der besondere Weinbergsboden, das Rotliegende, zusammen mit der hervorragenden Lage, direkt am wärmespeichernden Fluß sorgt hier für optimale Wachstums- und Reifebedingungen. Große Weine produzieren Gunderloch-Usinger, St. Anthony, Heinrich Braun, Freiherr Heyl zu Herrnsheim.

Weiter südlich, in der Rheinpfalz, finden wir an der Mittelhaardt beste Voraussetzungen für den Rieslinganbau. Die Weine besitzen ein kräftiges, oft exotisch anmutendes Bukett und eine recht milde, sehr reife Säure. Übrigens werden die Qualitäten der Pfälzer und rheinhessischen Rieslinge weithin stark unterschätzt, deshalb, und wegen der günstigeren Produktionskosten, belastet ihr Kauf den Geldbeutel weit weniger als der von Weinen berühmter Herkunft. Die besten

Weingüter sind: Müller-Catoir, Dr. von Bassermann-Jordan, Wegeler-Deinhard, Dr. Bürklin-Wolf, Koehler-Ruprecht, Lingenfelder.

Baden, auf der anderen Seite des Rheins, gegenüber der Pfalz gelegen, ist eigentlich die deutsche Burgunderhochburg. Die Ortenau bildet da eine Ausnahme. Besonders im Baden-Badener Rebland gedeihen Rieslinge, die vor allem in mittleren Jahren gefallen. Der Urgesteinverwitterungsboden sorgt dabei für beste Drainage. In großen Jahren, mit fast tropischer Hitze, fallen die Weine oft breit und etwas plump aus. Die zweite badische Rieslingbastion ist Durbach, dort heißt er übrigens Klingelberger, nach der Lage Klingelberg, wo er zuerst angepflanzt wurde. Sehr gute Weine von Winzergenossenschaft Neuweier, Nägelsförster Hof, Weingut Fischer, Weingut Eckberg, Winzergenossenschaft Durbach, Andreas Männle, Gräflich Wolff Metternichsches Weingut, Markgräflich Badisches Weingut Schloß Staufenbereg.

Klimatisch besser für den Rieslinganbau geeignet ist der Nachbar Württemberg. Am Neckar werden auf Mergel- und Gipskeuperböden kernige Rieslinge ausgebaut, die eher durch kräftigen Körper als mit opulenter Frucht und Raffinesse auffallen, was sie zu sehr guten Essensbegleitern macht. Feine Weine gibt es bei Graf Adelmann, Graf von Neipperg, Ernst Dautel, Karl Haidle, Drautz-Able, Jürgen Ellwanger, Gerhard Aldinger.

Nordostwärts an Württemberg angrenzend befindet sich Franken, mit seinem Kontinentalklima eine Besonderheit unter den deutschen Weinbaugebieten. Hier brilliert die Silvanerrebe, die andernorts eher einfache Tischweine hervorbringt. Trotzdem gibt es für den Riesling einige Nischen, genannt sei das nordfränkische Hörstein mit ansprechenden Weinen und, vor allem, Würzburg mit seiner berühmten Lage Stein, die große Rieslinge mit typisch fränkischem Charakter hervorbringt. Bester Erzeuger ist das Bürgerspital zum heiligen Geist.

Überquert man vom fränkischen Miltenberg aus den Odenwald nach Westen, stößt man auf das kleine Anbaugebiet Hessische Bergstraße. Klimatisch begünstigt, bietet es sehr gute Voraussetzungen für den Rieslinganbau; anscheinend fehlt es den wenigen Weinbaubetrieben am Willen, die naturgegebenen Mittel auszuschöpfen, so bleibt als einziger nennenswerter Betrieb das Staatsweingut in Heppenheim.

Es soll nicht vergessen werden, daß unsere Dessertweine zu den größten und langlebigsten gehören. Der Weinfreund mag's bedauern, der Winzer reibt sich darüber die Hände, denn sie erzielen auch die höchsten Weinpreise weltweit. So ist es in manchen Jahren keine Seltenheit, wenn man für eine Flasche Trockenbeerenauslese eines erstklassigen Mosel- oder Rheingauwinzers den mehrfachen Preis einer Flasche des berühmten Chateau d'Yquem zahlen muß. Dennoch gibt es für Zeitgenossen, die ein Haushaltsbuch zu führen genötigt sind, die Möglichkeit, vor allem in Rheinhessen und in der Pfalz diese Raritäten günstiger als anderswo einzukaufen. Wichtig ist, daß man den Wein dann entsprechend lange lagert, damit er sein volles Aroma entfalten kann. Wartezeiten bis zu zwanzig Jahren sind dabei keine Seltenheit.

Von der Dienstleistung
Reisenotizen

Von Cora Stephan

Es war wunderschön kürzlich in Amerika, obzwar ich alle naselang gefragt wurde, ob man sich in Deutschland denn noch aus dem Haus wagen dürfe angesichts der täglichen nazistischen Massenaufläufe, womit man wieder einmal sieht, daß historische Gerechtigkeit waltet bzw. die Medien ein oftmals etwas eigentümliches Bild der Realität liefern – wir haben schließlich auch jahrzehntelang geglaubt, in den USA gehe es überall zu wie in der Bronx von New York. Nein, geht es natürlich nicht. Vor allem geht es in den USA anders zu als bei uns, z. B. verdächtig oft freundlicher, distanzierter, höflicher, herzlicher – ich will sofort wieder zurück! Und nie mehr über den schlechten Geschmack der Amerikaner lästern, das viele Übergewicht, das man auf den Straßen sieht oder manch verwahrloste Stätte von Junk Food und Soft Drink.

Zum Beispiel Cincinnati/Ohio. »I'm Bob, your waiter« hat er nicht gesagt, und mir auch nicht nach dem Servieren den gräßlichen Imperativ »Now enjoy!« ins Ohr gebrüllt. Aber sofort das Glas mit Eiswasser gefüllt (voll gechlort – und werden die das mit der Energieverschwendung nie begreifen? Es war schließlich November und kalt draußen!) und tatsächlich! in echt! gelächelt dabei. Und kann man wirklich über amerikanisches Essen maulen, wenn es eines dieser leckeren Sandwichs gibt mit Salat und Zwiebeln und Tomaten und Kresse oder Sojasprossen, die man keineswegs aus der Hand essen kann, weshalb ich es jedes Mal versuche? Er hieß wahrscheinlich auch nicht Walter, hat uns aber streng im Auge behalten, so daß wir um ein weiteres Glas des ordentlichen Chardonnays nicht groß buhlen mußten. Die Sache war preisgünstig und rechtfertigte 20 % Trinkgeld. Downtown Cincinnati, Ecke Main Street/Liberty Street.

Jezebel in Manhattan (630 Ninth Avenue) soll das einzige In-Restaurant sein, das von Schwarzen geführt wird. Mag sein, in ist es jedenfalls, weshalb zu Vorbestellung geraten sei (212/582-1045). Der Laden ist entsprechend voll, dekoriert mit spanischen Schals und viel nettem Krimskrams, und bietet Küche des tiefen Südens, zum Beispiel Schinken in einer Art Zimtsoße. Zum Nachtisch Pecan Pie nicht vergessen – schrecklich süß, aber unweigerlich Kindheitserinnerungen evozierend. Vor allem: die Weinkarte enthält einen guten Meursault und einen Puligny-Montrachet, 1987, der mit 41 Dollars billiger war als man ihn in Burgund vor Ort kaufen kann. Geheimnisvoller Welthandel.

Aber das Schönste war eine Kneipe in Little Italy, die aussah wie eine Garage und eine gutorganisierte Massenabfertigungsstätte für Leute darstellt, die wie bei Mamma essen und von der Bedienung mit »Luv« angesprochen werden wollen. Adresse: unbekannt. Selber suchen gehen.

Lassen wir's dabei bewenden. Ich kann mir kein amerikanisches Restaurant vorstellen, welches das gute alte Ausbeutungsprogramm durchzieht – niedrigste Löhne bei Hoffnung auf hohe Trinkgelder – und damit nicht Erfolg hat. In den USA ackert das Dienstpersonal für sein Geld real hard und wird dafür im wesentlichen von den Objekten seiner Mühen respektiert – und honoriert mit bis zu 20, 25 %. Bei schlechter Behandlung wird abgestraft. Dabei haben sich beide Seiten erzogen: der herummotzende Gast scheint rar zu sein. Es wird ihm ja auch wenig Anlaß gegeben.

Zurück in Deutschland. Warum sind gerade Dienstleistungsbeamte mit ausländischem Akzent so unfreundlich? Weil sie die deutschen Höflichkeitsfloskeln nicht verstehen und deshalb, der Einfachheit halber, »Was willst du?« sagen? Oder weil ihnen ihre deutschen Freunde gesagt haben, daß alle Deutsche Ausländerhasser sind, weshalb man jeden Gast prophylaktisch erst mal fertigmachen muß, damit ihm die Stimme für »O du schöner Westerwald« wegbleibt? Ach, es wird viel einfacher sein: sie sind anpassungsbereiter und integrationswillig, weshalb sie in Windeseile vom weltläufigen deutschen Vorbild das Wesentliche abgekupfert haben: den Gast lange warten lassen. Gelangweilt gucken. Auf Winkzeichen nicht reagieren (bin gar nicht zuständig). Möglichst weder Guten Abend, noch Danke oder Auf

Wiedersehen sagen. (Kann man immer wieder in der ehemaligen Frankfurter Szene-Kneipe *Orfeo*, Hamburger Allee 45, erleiden – seit Spitzenserviceman Martin das Café des Literaturhauses in der Bockenheimer Landstraße übernommen hat, in das man leider nur bis 19 Uhr gehen kann.) Irgend etwas scheint hierzulande beim wechselseitigen Lernprozeß schief gelaufen zu sein, zumal auch das mickrigste Essen noch ziemlich teuer ist, weshalb ich für Frankfurt nur noch konsequent Ebbelwoi-Kneipen empfehle – da stimmt wenigstens das Preis-Leistungs-Verhältnis (z. B. *Gass* in Niederrad, Schwarzwaldstr. 8, oder *Zur Stalburg*, Glauburgstr. 80: im Winter mit bullerndem Kanonenofen.)

Zurück in Deutschland: Jeder USA-Besucher wird es kennen, das Gefühl, aus der internationalen Gastfreundschaft verstoßen worden und unter die Barbaren geraten zu sein. Der *Ratskeller* in Lübeck: nun, nicht die erste Adresse – ich weiß ehrlich gesagt auch nicht, warum ich darauf bestanden habe. Vielleicht, weil ich mir soviel gastronomische Solidität erhoffte wie, sagen wir, im *Wursthaus* (deutsche Küche!) in Boston. Nun, das alte Gewölbe wirkte solide.

Auf meine Bitte nach einem trockenen Rheinpfälzer Riesling (einen anderen Riesling fand ich nicht auf der Karte) fragte die unglückliche Bedienung barsch zurück: »Trocken oder milde?« Als ich den Namen des Weines wiederholte mit dem Hinweis darauf, daß es immerhin der einzige seiner Art auf der Karte sei, gab sie die erhellende Auskunft, Namen seien für sie nicht von Interesse. Hoffentlich konnte sie Flaschenetiketten lesen. Oder kam es darauf auch nicht an? Schreckliche Vorstellung!

Trocken oder milde. Tja. Und das in der Hansestadt Lübeck, die auf eine glorreiche Tradition im Weinhandel zurückblicken kann! Schall und Rauch.

Weshalb ich mich hernach ins *Schabbelhaus* führen ließ, eine angeblich erste Adresse und in der Tat schön anzusehen. Dort wurden wir schon unterm Türrahmen von einem hochnäsigen beschürzten Teenager feindlich gemustert und mit der Uhrzeit bedient – es sei schon 22 Uhr. Nun gut. Die Frage, ob wir wenigstens noch eine Flasche Wein käuflich erwerben dürften, verwies sie nach längerem Zögern an den Oberkellner, der (von irgendjemandem muß sie's ja gelernt haben) hochnäsig guckte, ebenfalls lange zögerte und sich erst sichtlich zusammenriß, als ich ihn fragte, ob er sich denn nicht wenigstens freue, uns zu sehen. Ansonsten war das schöne alte Lübecker Haus wirklich sehenswert.

Zurück in Frankfurt: Der Taxifahrer, der mich vom Bahnhof aus nach Hause chauffierte, sah, soweit ich mich da auskenne, nicht aus, wie man sich einen alten Frankfurter vorstellte. Aber er verhielt sich so: Kein Guten Tag, keine Bestätigung des Reisewunsches, kein Dankeschön, kein Auf Wiedersehen (bedankt man sich für Trinkgeld nicht mehr, wenn man modern sein will? Oder gibt man schon längst keines mehr?) Daß ich die Wagentür besonders laut zuknallte, ist ihm wahrscheinlich gar nicht aufgefallen.

Ein Freund erklärte mir, das amerikanische Lächeln auf der Straße, im Aufzug, im Restaurant, das derjenige unweigerlich erfährt, der einen anderen zu lange anschaut, verdanke sich der reinen Not: Es signalisiert, daß man keine Bedrohung darzustellen wünscht und hofft, daß auch der andere keine ist. Wir sind, angesichts der auch bei uns härteren Zeiten, zu dieser Weisheit noch nicht vorgestoßen: Daß wir, wo Nähe und der damit unausweichliche Streß zunehmen, uns auf die mildernden Regeln der Höflichkeit besinnen sollten. Derzeit bemühen wir uns vor allem, den anderen zu zeigen, daß sie uns eine Last sind, uns nichts als Arbeit machen und uns dauernd im Wege stehen. Dabei ist freundlicher Umgang die beste Erpressung – gerade wo er nicht Menschenliebe entspringt, ein an sich schon unrealistisches Konzept, sondern Einsicht in das Unabänderliche. Und wo, bitte, sollte sich der freundliche Umgang am ehesten erweisen, wenn nicht in den Rudimenten von Gastfreundschaft, die Gastronomie noch enthält?

Ach, mir ist manchmal so fad. Ich glaube manchmal, daß ein Gemeinwesen, das keinerlei Umgangsformen mehr kennt, zum Untergang verurteilt ist. Ich denke, wir sind schon mittendrin.

Warum Mutti nie wieder das Salz vergessen wird. IC Express

Von Jürgen Peters

Jede Katastrophe hat ihre Trailer. Das gehört zu beider Stellenbeschreibung. Ein unübersehbares Vorzeichen war, daß nach und nach die Speisewagen der Schweizerischen Speisewagen-Gesellschaft aus dem deutschen Reiseverkehr abgezogen wurden. Daß Vorzeichen erst erkannt werden, nachdem die Katastrophe eingetreten ist, das gehört wiederum zu *deren* Stellenbeschreibung. Ein anderes, unübersehbares Menetekel: Schon seit Jahren kann man ein anständiges Jackett nicht mehr dann kaufen, wenn man es braucht. Man hat sich im Geschäft einzufinden, wenn die neuen Sachen geliefert werden. Dies gilt insbesondere auch für Schuhe. Früher, als das Wünschen noch geholfen hat, habe ich meine Pointe sicher plazieren können im Laden: »Das ist ja wie in der Ostzone«. Ich als ahnungsloser Prophet.

Mittlerweile hat es bereits die Schnürsenkel getroffen. Unlängst bin ich von Geschäft zu Geschäft gehastet; ein bereits zweimal geknoteter Senkel war gerissen, die Normalgröße von sechzig Zentimetern Länge war nirgends vorrätig. »Wenn Sie schwarze wollen, kann ich Ihnen leider nicht helfen.« Rote Schnürsenkel hätte er gehabt, auch die sechzig Zentimeter langen. Auf einmal war mir klar, warum es kaum noch Jacketts gibt, keine Schuhe wenn man sie braucht, nie Schnürsenkel und überhaupt. Und überhaupt ist das Besohlen der Schuhe mittlerweile so teuer geworden, daß sich viele Leute gleich ein neues Paar kaufen. Nun sind die Schnürsenkel als Sollbruchstelle vorgesehen. Dachte ich. Ich stand in Starnberg, blickte auf den Starnberger See im Herbst, und die heilige Erkenntnis ergriff, jetzt, Besitz von meinem Kopf: Wir erleben in Westdeutschland, wußte ich, einen historischen Umbruch, den man als *Ostzonalisierung* bezeichnen kann.

Es ist ein Großversuch und die Bundesbahn dessen Avantgarde. Mit der Einführung des ICE-Systems ist es gelungen, die Synthese von Plan- und Mangelwirtschaft endlich auch im Westen fest zu installieren; kein Zufall, daß dies just zu dem Zeitpunkt durchgeführt wurde, nachdem östliche Planwirtschaft und Unterdrückung des Individualismus offiziell auf dem Müllhaufen der westlichen Weltgeschichte gelandet waren.

Nun sind wir dran. Die Bahnverantwortlichen haben die Vorstellung nicht aushalten können, daß es immer noch Reisende gab wie mich; Leute, die nicht immer Tage vorher schon wissen, wohin sie reisen werden und wann, auf die Minute genau. Planlose Anarchisten das; Asoziale. Und niemand kann mehr sagen: »Gehen Sie doch rüber in die Zone.«

Deshalb brauchen wir eine eigne. Deshalb hat die Bundesbahn ihr Reservierungssystem planmäßig perfektioniert; Deutsche lieben Reservierungen, das weiß jeder, der vergeblich versucht hat, in einem deutschen Ferienhotel erst nach dem Frühstück einen freien Liegestuhl zu ergattern; überall Handtücher, manche noch feucht vom Morgentau. Es ist wie beim Flugzeug, nur, wenn ein Flugzeug voll ist, dann werden keine Tickets mehr verkauft. Auf den Gängen der Bundesbahn hat es aber immer noch viele Stehplätze. Oder man geht in das Restaurant der DSG. Das sogenannte *Bordrestaurant*, aber darauf komme ich noch. Weil auch das keine Lösung ist. DSG ist die Abkürzung der *Deutschen Service-Gesellschaft der Bahn*. Mögen gemeinhin Genitivkonstruktionen dieser Art Offenheit nach beiden Seiten demonstrieren wollen, hier geht es ausschließlich um den Service der Bahn, nicht des Gastes.

Ich saß gern in den Speisewagen der *Deutschen Reichsbahn*. Ich habe da mein *Radeberger* getrunken. Das war ein exotisches Bier, bis es zu Dumpingpreisen in die Westberliner Billigmärkte geworfen wurde; auch das ein Vorzeichen, das damals niemand zu dekodieren vermochte. Auch die aus Rotkohl bestehende Sättigungsbeilage war etwas Spezielles, für Westler; Hausmannskost eben. Man saß im andern Deutschland und war sicher, man würde wieder aussteigen können. Das kam hinzu. Die Fenster der Speisewagen waren immer verdreckt. Einmal, nur einmal habe ich das einem Kellner mitgeteilt.

»Wem sagen Sie das, mein Herr.«

Der Käse bestand aus Käse, das Schwarzbrot war Schwarzbrot. Im Westen unseres damals vielgeteilten Vaterlandes herrschten andere Sitten. Scheiblettenkäse, Supermarktbrot, Papierservietten, zeitweise Plastikgeschirr. Ich habe es mir seinerzeit angewöhnt, den Pichelsteiner Eintopf zu ordern; der kam, nehme ich an, aus der Bassermann-Dose. Mit dem Öffnen einer Konservendose war kein westdeutscher Bahnkoch ernsthaft überfordert. Daran dürfte sich nichts geändert haben.

Es war unterdurchschnittlicher Kantinenfraß. In einer Werkskantine muß niemand essen. Man muß nur durchhalten, von Hamburg bis München. Ein Lob auf die Speisewagen der Schweizer Speisewagengesellschaft; die wurden früher, lang lang ist's her, auf der Strecke Basel/Hamburg, Hamburg/Basel einmal täglich eingesetzt. HELVETIA. Der Käse bestand aus Käse, das Brot wurde frisch angeschnitten. Es gab Stoffservietten, Schweizer Weine in Auswahl. Champagner. Da war die Karte mit den – wenigen – Routinegerichten, dazu das Gericht des Tages. Nicht billig, aber eben gut. Nicht so gut, daß man seinetwegen extra eine Reise unternommen hätte. Ich habe es immer so eingerichtet, daß ich mit den Schweizern fahren konnte. Und nicht allein ich. Am Montag stiegen in Hamburg immer wieder dieselben Leute zu, man erkannte sich, ohne sich grüßen zu müssen. Auch diese kleine radikale Vereinigung ist zerschlagen worden.

Es gibt fürs Essen keine absoluten Maßstäbe; es kommt immer auch auf die Umstände an. Eine Bratwurst mit Rösti mag ein schlichtes Gericht sein, aber auf *Crocodile Island*, im Mövenpick Hotel in Luxor, am grünen Strand des Nils, stellt dies Gericht eine kleine Kostbarkeit dar. Dazu *Stella local*. Ich erwähne das nicht nur, um mit meinen Ägyptenerfahrungen zu prahlen, ich habe das hierhergesetzt, um meine Vorurteilslosigkeit unter Beweis zu stellen.

Wir müssen uns, fürchte ich, auch mal unappetitlichen Themen zuwenden. Der Gastronomie der Deutschen Bundesbahn. Die Schweizer sind nicht mehr geduldet auf den großen Strecken. Nicht, daß ein überlegener Konkurrent ausmanövriert worden wäre; ich muß doch sehr bitten, wir alle sind für Konkurrenz. Sie ist es ja, die dem Osten gefehlt hat. Man hat die Schweizer schlicht wegrationalisiert; es hat jemand eine sehr berechtigte Angst gehabt und die Hosen gestrichen voll.

ICE. Ich habe keine Platzreservierung; der Zug ist durchreserviert. Ich reise, ich bin kein Frachtgut. Ich muß zum Lückenspringer werden. Die Züge werden schneller, das Reisen wird hektisch. Zugegeben, das Reisen auf der entsprechenden Autobahnstrecke ist noch hektischer; man beachte das Wort *noch*.

Fortschritt. Der sieht so aus: In Hamburg setze ich mich auf einen Platz, der ab Hannover reserviert ist. Zwanzig Minuten nach Fahrantritt werden die Reservierungen ungültig, dann muß ich einen leeren Platz finden, der ab Hamburg reserviert wurde. Bis sagen wir Fulda. Dann muß ich erst in Fulda wieder einen neuen Platz suchen gehen. Spätestens dann wird einem klar, daß die Bundesbahn einen gar nicht haben will. Sie hat mit uns ganz etwas anderes vor.

Ich steige in Altona ein. Heute vorerst kein Lückenspringen, ich habe einen alten Bekannten getroffen. Wir gehen in den Speisewagen. Die Schweizer hatten in Altona bereits gedeckt, die Speisekarte lag auf dem Tisch, ein Kellner kam, da war der Zug noch nicht angefahren. Die drei Kellnerteams waren von ausgesuchter Professionalität; ihnen war bekannt, daß es für den Gang in den Speisewagen ein Motiv gibt: Hunger. Das deutsche Team klappert immerhin schon unsichtbar mit den Tellern. Auf dem Weg zum Dammtorbahnhof beginnt es, die Tische zu decken. Die Karte kommt nach acht Minuten auf den Tisch, da hatte der Schweizer Kollege bereits die Bestellung aufgenommen, der Koch war schon am kochen. Wenn ich kochen sage und braten, dann meine ich kochen und braten.

Es ist vormittags, ich habe die freie Wahl, ein einziges Frühstücksangebot auszuwählen. Zum Preis von fünfzehn Mark und zwanzig. Mein Gegenüber möchte eine Tasse Kaffee trinken. Das geht nicht. Entweder auch er bestellt ein Frühstück, oder. Ich frage den Kellner nach den Gründen. Das sei Vorschrift so, basta. Mein Bekannter hatte nur eine Tasse Kaffee trinken, mit mir reden wollen, nun hat er Vorschriften am Hals. Ich bestelle für mich ein »Zwangsfrühstück«; der Kellner versteht mich. Der Zug ist bereits fünfundzwanzig Minuten unterwegs, da kommen die ersten Sachen auf dem Tisch. Brötchen, Butter, mir wird mein Teller hingestellt. Um diese Zeit habe ich früher schon gegessen, eidgenössisch. Ich frage nach Schwarzbrot, man bringt mir ein paar Scheiben. Frisch aus dem Plastikbeutel. Der Kellner präsentiert die Aufschnittplatte. Neben Schinken (mag ich nicht zum Frühstück) und Wurst (mag ich nicht am Vormittag, diese sowieso nie) eine einzige Käsesorte. Aber immerhin, kein Scheiblettenmüll; man wird dankbar. Ich entferne die bereits im Auftauen befindliche Butter aus der Plastikhülle, verstreiche sie auf dem Plastikbrot, lege eine Käsescheibe drauf. Und schließlich, zweiunddreißig Minuten nach Fahrtantritt, wird mir ein Becher Kaffee hingestellt; eine aparte Art Nachtisch. Fünf Minuten später – als weiteres Dessert – das Rührei. Zum Preis von fünfzehn Mark und zwanzig liefert die DSG noch ein Glas Orangensirupsaft, Marmelade und Honig in Plastik. Als krönender Abschluß Joghurt in Plaste.

Am Nachbartisch ein Mann, der will – gelernt ist gelernt – im Zug sitzen und in Ruhe frühstücken. Er muß offensichtlich Fleisch und Cholesterine meiden, eine Alternative zur Butter gibt es nicht. Dies auf Nachfrage. Also den Honig gleich aufs Brötchen geträufelt. Der Mann will aber – gelernt ist gelernt – sein Mineralwasser zum Honigbrötchen und dann noch einen zusätzlichen Kaffee. Er wird insgesamt dreiundzwanzig Mark und sechzig Pfennige löhnen; ein Solidaritätsbeitrag zugunsten der Bahn. Ein Tisch weiter der Glückspilz. Er rafft – bezahlt ist bezahlt – alles in sich rein, der Mann kommt – inklusive Joghurt – auf seine Kosten. Ein Produkt jener Freßästhetik, die von Fluggesellschaften gnadenlos trainiert wird; der Behaviorismus ist eine Erfindung der Ratten, die auf schnellstem Weg ran wollten an *meatballs* und Käsescheibletten.

Gleich wird der Gute, abgefüllt, zu seinem Großraumabteil gehen, den Kopfhörer auspacken, einen Musikkanal wählen. Bis München wird er, die FAZ lesend, viermal den Walkürenritt hören und viermal auch die Arie des Cherubino, »non so piu«. Klassik, hamburgerhaft portioniert; und er wird davon träumen, das wäre für den eine echte

Steigerung, daß McDonalds eines Tages den Service der Bundesbahn übernimmt. Er kann nicht ahnen, daß dies im Bereich der Schweizer Speisewagengesellschaft seit dem 31. Mai 1992 Wirklichkeit geworden ist, auf den Strecken Basel/Genf und Genf/Brig (und bei der deutschen Bahn bevorsteht).

Fortschritt. In der Zeitung ein Bericht vom Jubiläumskonzert für Bob Dylan im Madison Square Garden. Auftritt einer Sängerin, die einige Tage zuvor den Papst öffentlich wegen seiner Sexualphantasien, die katholische Kirche wegen ihres latenten Antisemitismus kritisiert hatte. Derart abwegige Äußerungen muß sich aber ein gestandener Bob-Dylan-Fan heutzutage nicht mehr bieten lassen. Die Frau – Sinead O'Connor – wird gnadenlos ausgepfiffen, *fuck you bitch*. Altachtundsechziger Dylan läßt sich auf der Bühne nicht blicken; das kann kein Zufall sein. Ich habe den Mann nie gemocht, besitze keine einzige Platte von ihm, nicht mal eine Single. Ich hab ja auch keine Platte von Wolf Biermann.

Mein Gegenüber hat begonnen, Bauklötze zu staunen. Ich versuche, ihm alles zu erklären. Ich rücke mit meiner Theorie der *Ostzonalisierung* heraus. Wir bekämpfen immer Zustände, um sie, sie bekämpfend, erst herzustellen. Bis 1989. Wir bekämpfen unsere Gegner deshalb so erbittert, weil die sich etwas herausnehmen, was wir uns nicht leisten können. Und nun sind wir eine einzige große Zone.

Mein Bekannter widerspricht nicht, meint aber, es handele sich eher um einen Akt der Amerikanisierung. Da ist was dran. Wahrscheinlich ein Amalgam aus beidem. Plan plus Müll. Mein Gegenüber hat noch immer keinen Kaffee, er hat aber sitzenbleiben dürfen; der Speisewagen wird sich erst in Hannover füllen. Der Mann will sich eine Zigarette anzünden. Das darf er auch nicht. Demnächst wird auch das Rauchen auf unseren notorisch zugigen Bahnsteigen verboten sein, aus Prinzip. Es gibt in unserer Gesellschaft zu viele Leute, die glauben zu kurz gekommen zu sein, zu viele auch, die wirklich zu kurz gekommen sind, und vielzuviele, die zu kurz sind; es gibt zu viele Leute, die nichts sind als Nichtraucher; allzugerne treiben die Zucht mit Abhängigen. Ich will nicht sagen, der Haß auf Raucher sei dem auf Ausländer vergleichbar, aber ein rauchender Ausländer möchte ich in diesem Lande schon gar nicht sein. An der Wand informiert ein Schild, daß »mehr als 77 % der Reisenden« das Rauchen nicht wünschten. Das klingt nach 99 %, meint aber, daß es zu 78 % nicht gelangt hat. Da man – angewandte Soziologie – davon ausgehen kann, daß die Umfrage ausschließlich in Nichtraucherabteilen stattgefunden hat, weiß man immerhin, daß mehr als 22 % der Nichtraucher als tolerant einzuschätzen sind. Auf uns Raucher kann die Bundesbahn also verzichten, auch das gehört zum *Plan*. Man will uns nicht. Der Kontrolleur belehrt mich, es sei meine freie Entscheidung, zu rauchen oder nicht zu rauchen. Es ist meine freie Entscheidung, die Dienste der Bahn in Anspruch zu nehmen. Denke ich.

Zwei Tage später teste ich das Mittagsangebot. Tafelspitz. Neuerdings hat die DSG einen Zug ins Feine, man erkennt den an den Preisen. Hübsche Speisekarten. Die erste Scheibe Tafelspitz läßt sich schneiden, immerhin. Bleiche Kartoffeln in einer Sauce, von der sich nur sagen läßt, daß sie nicht von jener eklen Haut überzogen ist, die ansonsten davon kündet, daß die DSG dem Mikrogrill zu tun befiehlt, woran ich leide. Der Kellner räumt meinen fast unberührten Teller ungerührt ab. Zweiundzwanzig Mark fünfzig. Meine Empörung hält sich in Grenzen. Eine schöne Empörung gelingt nur, wenn man kalt erwischt wurde.

Wenn auf dem Weg nach Hamburg hinter Hannover der Lautsprecher verkündet, das Bordrestaurant werde in zwanzig Minuten geschlossen, so ist das keine Drohung sondern ein Versprechen. Hamburg ist nicht mehr weit, die Suppen von Monsieur Gilles Niel warten nur wenige Schritte vom Endbahnhof entfernt. Das ist aber nicht das Problem.

Nicht auszuschließen, daß es werden wird wie früher in deutschen Zügen. Daß die Selbstversorger zuschlagen. Kaum hat sich der Zug in Bewegung gesetzt, da attackieren diverse Gerüche deine Nase. Apfelsinen werden geschält, Eier gepellt, fettiges Pergamentpapier aufgedröselt, »Mutti, wo ist das Salz«. Als Höhepunkt butterdurchweichte Wurstweißbrote im überhitzten Abteil. Dazu Kaffee aus der Thermoskanne. Auch dies ein weiterer Schritt auf dem Wege einer *Ostzonalisierung* der Republik. Dabei ist die nur Mittel zum Zweck, ein

Ablenkungsmanöver. Dahinter steht der *Plan*. Ich habe mich neuerdings wiederholt bei dem Gedanken ertappt, zum ersten Mal in meinem Leben ein Auto anzuschaffen; wahrscheinlich steckt hinter allem die Automobilindustrie.

Sport und Kulinarik
Ein Plädoyer

Von Stephan Opitz

Sie strecken ihre Ganzkörperprofile der Sonne entgegen, schwitzen und setzen ein graues Plastikfläschchen mit gelbem Verschluß an den Mund: Energiebilanz wiederhergestellt, Fitneß marsch. Das Zeug schmeckt grauenhaft, ich habe mehrere Selbstversuche ohne abweichendes Ergebnis hinter mir. Sie schleudern ihre Beine über hüfthohe Hindernisse, am Ende der Bahn lauert ein Mineralballastvitaminriegel auf sie: Kalorienzufuhr erledigt, ab zur nächsten Dopingrunde. Sie verschanzen sich morgens hinter Trennkostfrühstücken oder Müslinäpfen und halten es wahrscheinlich für den kulinarischen Gipfel, wenn sie zweierlei gegrilltes Fleisch zu sich nehmen. Ist der Wettkampf oder gar die Saison vorbei, dann beginnen viele sofort ziemlich hemmungslos zu saufen, der Frust darüber, daß man doch ein Zentimeterchen schlechter war als der Gegner, macht es möglich.

Beobachtet man unsere Breitensportler – Junisonntag, 70 km Fahrradrennen, Durchschnittsalter 44, Ausrüstung top, Magnesiumwässerchen im Halter –, dann ist das kulinarische Resultat auch nicht besser: Zur Feier des schönen Sonntags gibt es nach dem Rennen Sauerstoffzelte und rote Würste (Fleischwurst einfach – jeder weiß, was das medizinisch bedeutet) vom Rost, Bier; Kaffee und Kuchen haben die truppenversorgenden Ehefrauen mitgebracht. Was sich in den Berghütten, in denen engagierte Kletterer einkehren, verpflegungstechnisch abspielt, ist ein Graus, was professionelle Segelcrews zu sich nehmen, kann mit aus bürgerlichen Kochbüchern herstammenden Begriffen nicht beschrieben werden. Die Verpflegung in den olympischen Dörfern ist fast food der teureren Sorte (woran auch, gut unterrichteten Zeugen zufolge, mitreisende Spitzenköche nichts ändern, die haben genug mit dem Bekochen der kulinarisch teilweise aufgeweckten Funktionäre zu tun) und das Fernsehen zeigte in diesem Sommer einen Gewichtheber (Schwergewicht) hinter seinem Eßtisch: Es ist viel Platz auf Mutter Erde für ihre vielgestaltigen Söhne & Töchter. Dies Bild vor Auge behaupte ich, auf die Gefahr hin, angefeindet zu werden: Eine Straßburger Gans wird angenehmer ernährt. Das hat gute Gründe, sie soll dermaleinst Kulinariker erfreuen. Und genau das sollen Sportler nicht, stimmt.

Werden Sportler durch kulinarischen Verzicht mit einem langen, angenehmen Leben belohnt? Von Joghurt würde man unerträglich alt, wußte der große Hildesheimer; führen umgekehrt Kulinariker ein kurzes, aber angenehmes Leben? Vor diesen Fragen und ihren vielfältigen Mischungen haben bislang alle medizinischen Statistiken versagt – die Beobachtung zeigt uns fidele, wache, fette Kulinariker in der Höhe der 80er (ja, ja, natürlich meine ich auch Churchill), rotweinzermürbte Wracks diesseits der 50, athletische Olivenölverkoster um die 65, hantelnde Greise mit immer noch zu hohem Cholesterinspiegel, 55jährige Ruderinnen mit zauberhaften Figuren, alzheimergeschüttelte 45jährige Boxer, 35jährige Olympiacracks mit in toto desolatem Knochenbau, bereits morgens um 10 Uhr lallende Wachtelesser, kaviarschlabbernde Dumpfmeier von 52 Jahren und sportbraune Sensibelchen im Zwei-Meter-Format, die zwei Gramm Fett zuviel auf den Rippen an einer angenehmen ›Sexualbrotzeit‹ (G. Polt) hindern, wofür sie sich bei nächster Gelegenheit durch eine ebenso plumpe wie erfolgreiche MannbleibtMann-Anmache einer gleichgearteten Schönen rächen. Niemand kann behaupten, daß absolutely no sports irgendeinen lebensverlängernden oder gar lebensverbessernden Effekt haben (und auf letzteren käme es ja besonders an, wenn wir hier en passant eine erste kleine kulinarische Übereinstimmung herstellen wollen); umgekehrt ist die sportlich tätige Mitmenschheit vor keinem Ennui, keiner Depression, körperlichen Unbill und Siechtum gefeit.

Doch damit Klarheit herrscht: Heutige Hochleistungssportler nehmen bewußt Siechtum und Verfall in Kauf und sie können behaupten, noch nicht einmal partiell freundlich sich ernährt zu haben. Und durch ein nur noch mit dem Attribut *bescheuert* zu beschreibendes Leistungsverhalten beschränken sie ihre Intelligenzpotentiale sträflich –

anders können Wettkampfergebnisse als Resultate menschlicher Bewegungen, die mit 1/100 oder 1/1000 sek zu messen sein, im nächsten Jahr auf dieser Meßbasis verbessert und dann noch bluternst genommen werden sollen, nicht kommentiert werden.

Ich plädiere – ohne den medizinischen Wert der Bewegung für das menschliche Leben weiteren Fragen auszusetzen – für eine Zusammenführung von Sport und Kulinarik. Ich will damit nicht der Ausrüstungsindustrie ein neues Tätigkeitsfeld eröffnen, das allerdings geschmackvoller aussehen könnte als die rosa Seidenballonsportanzüge mit der Aufschrift *winners wear*, mit denen sie uns bislang plagt. Ich plädiere – Kurzform! – für Sport und friedliche Mahlzeiten. Damit müßte sich auch etwas gegen die zerquälten Gesichter der Jogger morgens entlang des Boston River oder sonstwo in der fitneßverstrahlten Welt machen lassen. Statt der eingangs beschriebenen Flüssigkeiten in den grauen Plastikflaschen möge man wie der griechische Marathonläufer 1896 einen Schluck Wein vor, zwischen und nach dem Rennen zu sich nehmen – wenn er nicht aus den Stahltanks der Europäischen Gemeinschaft in Brüssel stammt, dann sind alle notwendigen Mineralstoffe in ihm enthalten. Statt rohe Karotten zu kauen, können sie auch leicht angedünstet oder in Butter geschwenkt verzehrt werden, ein Tischtuch sei unter dem Teller, ja, auch im Trainingslager. Man zähle keine Joule, bewege sich gern, ernähre sich freudig, lasse vom Sport sich nicht abhalten zu denken! Und auch der Kulinariker bewege sich! Er wird feststellen, daß seine Dankbarkeit gegenüber den Speisen nach selbstbestimmter Bewegung, welche den Sport ausmacht, groß wird. Dankbarkeit ist die Grundlage der kulinarischen Zufriedenheit und diese wiederum ist eine mindere Form des Glücks, wenn wir insoweit Th. Mann folgen wollen.

Die hier mitgeteilten Nachrichten und Vorschläge haben ihre Geltung in Deutschland, den USA, den skandinavischen Ländern, Großbritannien. Franzosen und Italiener, im kulinarischen Wettkampf hoffnungslos überlegen, weil sie ihn gar nicht erst führen, sind als Sportler bekennende Kulinariker – dafür stehe das folgende.

Im südöstlich gelegenen Ostberliner Stadtteil Grünau fand im Sommer 92 eine internationale Langstreckenruderregatta (10 km) für

Cracks ab 27 Jahre und älter statt. Es fuhren Vierer und Achter; die italienische Vierermannschaft des Durchschnittsalters 36 Jahre (Centro sportivo universitario di Pavia) ruderte ein passables Rennen auf einen dritten Platz. Abends gab es in einem am Müggelsee gelegenen, zu DDR-Zeiten wohl Erholungsobjekt geheißenen Budenensemble laute Musik, zu essen und zu trinken; zähes Schlangestehen mit sächsischem/berlinschem Anpfiff *(mr genn ooch nich häxn, kolleje kommt jleich, wa)* nach dünnem Bier, Zigeunerschnitzeln, Broilern, holzkohlevergrillten Nackenstücken, Kartoffelsalaten usf. war angesagt – ein leichtes Verzweiflungssaufen aus von den Russen mitgeschleppten Wodkaflaschen griff bei den ca. 800 Ruderern aus ganz Europa, auch Australien und USA um sich. Doch mitten im Gewoge – erfreulich immerhin die Clubjacken der englischen Mannschaften – das italienische Boot: Vier inzwischen elegant gekleidete, freundliche, athletische Herren und ihr ebenso freundlich schauender, zartgliedriger Steuermann saßen an einem Tisch, man hatte fünf weiße Servietten ausgebreitet, aufgeschnittene Tomaten mit Basilikum und Mozzarella standen in der Mitte, kaltes Fleisch in üppiger Vinaigrette ebenfalls, dazu Brot. Zwei Rotweinflaschen bewachten die Szenerie, Scherze und Kommentare wurden ausgetauscht, der Schlagmann rauchte parlierend eine Zigarette. Woher sie die kulinarischen Essenzen angeschleppt hatten, war rätselhaft; lächelnd beschieden sie den schüchtern Fragenden, daß ins Zentrum Europas für einen echten uomo atletico die rechten Speisen mitzubringen schiere Notwendigkeit sei. Doch morgen wolle man zu *Mario* gehen (Ecke Niebuhrstraße/Leibnizstraße, Berlin-W), vor dem Rennen habe man sich mit ihm telefonisch verständigt, es gäbe Kalbsbries, Feldsalat und Pfifferlinge, danach vielleicht ein Stückchen Steinbutt.

Leberwurst
Ein Werkstattbericht

Von Ezzelino von Wedel

Eigene Würste herzustellen verlangt nicht nur, über richtiges Werkzeug und gute Rezepte zu verfügen. Vielmehr sind zu Beginn religiöse und psychologische Fragen zu bedenken. Beginnen wir mit der Religion.

Vor der eigentlichen Produktion ist Besinnung nötig. Denn im Gegensatz zum normalen Fleischverzehr konfrontiert uns die Herstellung eigener Würste mit der Entscheidung, ob wir die Schlachtung wurstrelevanter Tiere bejahen oder nicht. Ein Schnitzel etwa macht es uns mehr oder weniger leicht, dieser Frage aus dem Weg zu gehen. Künstlich eingerötet, kunstfertig zur Scheibe geschnitten und unlebendig kühl im Eisschrank aufbewahrt, erinnert es nur von fern an das, was es einmal war: lebendiges Fleisch. Und noch ferner entrückt ist die Erinnerung an den Tötungsakt, der in unserer Pfanne zum herrlichsten Genuß kulminiert.

Dem Wurstproduzenten hingegen bieten sich solche Fluchtmöglichkeiten erst gar nicht. Er hat ein berufsbedingtes Intersse an frischem, und das heißt an noch warmem Fleisch. Könnte er nur, würde er an jedem Schlachttag mit Wannen und Eimern erscheinen, um die dampfende Ware mit höchster Geschwindigkeit nach Hause zu transportieren. Ohne klares Bekenntnis zum Fleischverzehr mit allen moralischen und religiösen Konsequenzen wäre diese Hemmungslosigkeit gefährlich eingeschränkt und würde im Ernstfall nicht nur zu Gewissensskrupeln, sondern, was noch viel schlimmer ist, zu schlechten Würsten führen.

Von etwas leichterem Gewicht sind die psychologischen Aspekte, die zu Beginn der Wurstproduktion in Bedacht gezogen werden sollten. An erster Stelle steht die Frage nach der Motivation. Warum, in Gottes Namen, unterziehen wir uns diesem gewaltigen Aufwand, wo doch gerade unser Land eine Wurstvielfalt sondergleichen anbietet?

Die dümmste, wenngleich häufigste Antwort auf diese Frage lautet: der Gesundheit wegen. Dumm ist sie deswegen, weil es keinen wissenschaftlichen Beweis dafür gibt, daß Fabrikwürste ungesünder sind als selbstgemachte. Wahrscheinlicher ist vielmehr das Umgekehrte. Da wir alle seit unserer Kindheit an Gifte gewöhnt sind, könnte der Körper empfindlich auf entgiftete Nahrung reagieren.

Wie dem auch sei, die zweithäufigste Antwort lautet: des besseren Geschmacks wegen. Das klingt schon überzeugender, und außerdem stimmt es.

Aber der wirkliche Grund, warum es sich lohnt, eigene Würste herzustellen, ist durch und durch oberflächlicher Natur: der Zugewinn an Sympathie, Prestige und Status ist schier überwältigend. Wurstproduzenten werden auf Anhieb für ökologisch verantwortliche Mitmenschen gehalten, obwohl ihnen doch, wie oben angedeutet, eine an Brutalität grenzende Bedenkenlosigkeit zu eigen ist. Freilich erlaubt ihnen just diese Bedenkenlosigkeit, die Kluft zwischen Schein und Sein zu überspielen und den Glauben der Umwelt nicht zu erschüttern.

Das erklärt auch, warum immer mehr Würste aus akademischen Küchen hervorquellen. Denn das, woran es Akademikern am meisten mangelt und was sie sich mit allen Mitteln zu besorgen trachten, ist weder Gesundheit noch schmackhafte Nahrung, sondern ein solides Selbstwertgefühl. Wie dies auf dem Umweg über selbst produzierte Deidesheimer Leberwurst hergestellt werde kann, soll nun im einzelnen geschildert werden.

Leberwürste gehören zu der Gattung der Kochwürste, d.h. sie werden mit gekochtem, gebratenem oder gebrühtem Fleisch sowie Speck, Schwarten und Gewürzen zubereitet. Für die Leberwurst brauchen wir:

1. einen großen, mindestens zehn Liter fassenden Topf,

2. zweieinhalb Liter Salzwasser, 1 Liter kochenden Weißwein, zwei mit Nelken gespickte Zwiebeln, 2 Bund Suppengrün, 2 Lor-

beerblätter, einen Eßlöffel Wacholderbeeren, 1 Teelöffel Nelken, je einen Zweig Majoran und Rosmarin, zwei Zweige Thymian und 2 Eßlöffel Pfefferkörner,

3. 1 kg Schweinebauch ohne Schwarte, 600 g Schweinebacke, 250 g mageres Schweinefleisch, 800 g Schweineleber, 3 Eßlöffel Schweineschmalz, 400 g Zwiebeln, einen halben Teelöffel Nelkenpulver, 1 kleines Glas grüne Pfefferkörner, 1 Teelöffel Muskatnuß, 2 Bund feingehackte Petersilie, 5 cl Weinbrand, Salz,

4. einen guten Fleischwolf. Bitte nicht ein Zusatzgerät für Küchenmaschinen. Das sind Kinderspielzeuge, die das Fleisch mehr zerreißen als schneiden,

5. eine große, mindestens fünf Liter fassende Schüssel,

6. 13 bis 14 250-ml-Einmachgläser inklusive sterilisierter Gummiringe. Am frischesten ist das Fleisch am Dienstag, da montags geschlachtet wird.

Nun bringen wir den Sud zum Kochen. Währenddessen waschen wir Schweinebauch, Backe und Fleisch und schneiden sie in grobe Würfel. Sobald die Flüssigkeit kocht, geben wir Gemüse und Zutaten dazu und lassen den Sud etwa fünf Minuten köcheln. Danach muß das gewürfelte Fleisch bei mäßiger Hitze eine Stunde garziehen.

Dieser längere Zeitraum lädt sehr zum erwartungsvollen Alkoholgenuß ein. Aber er sollte unbedingt enthaltsam gestaltet werden, um die Geschmacksnerven nicht zu früh zu betäuben. Als Ersatz bietet sich an, die Petersilie zu hacken und die ebenfalls feingehackten Zwiebeln im Schweineschmalz goldgelb zu rösten.

Das gegarte Fleisch lassen wir nun gut abtropfen und drehen es mitsamt der rohen Leber durch die mittlere Scheibe (6 mm) des Fleischwolfs, und zwar in die große Schüssel. Wer ein größeres Modell mit Vorschneidemesser, zwei Gangarten und Rückwärtsschalter besitzt, kann diesen Schritt überspringen und gleich vollstrecken, was die Unterprivilegierten nur nach dem ersten Durchgang dürfen: Das Fleisch mitsamt den gerösteten Zwiebeln im langsamen Gang durch die feinste Scheibe (2 oder 3 mm) drehen.

Nun rühren wir die Masse mit etwa einem Viertelliter Kochsud glatt. Das Ergebnis sieht zwar bedenklich flüssig aus, aber das soll uns nicht beirren. Beim Einmachen wird sich alles aufs Schönste verfestigen.

Höchste Sorgfalt sollte aufs Abschmecken verwendet werden. Keine Angst vor zu viel Salz! Farbe und Geschmack der rohen Masse rufen zwar das eingangs erwähnte religiöse Dilemma ins Gedächtnis zurück, aber wichtiger als jeder Trost ist, ausreichend zu salzen und den Weinbrand nicht zu vergessen. Wenn Sie der fertigen Wurst ein rosarotes Aussehen verleihen wollen, benutzen Sie Pökelsalz.

Nun müssen wir die Masse noch in die Gläser füllen – nicht über zwei Drittel, da sie sich ausdehnt. Der Rand soll sauber bleiben, sonst schließt sich das Glas nicht. Und das wäre höchst ärgerlich.

Die fertigen Gläser werden zum Abkühlen in lauwarmes Wasser gestellt. Alle paar Minuten müssen sie bewegt werden, damit das Fett sich gleichmäßig verteilt.

Der Gesamtaufwand für diese wunderbare Wurst, die etwa anderthalb Stunden bei 100 Grad sterilisiert wird, ist nicht unbeträchtlich. Jedes einzelne Glas wird Ihnen ans Herz wachsen, und da viele Menschen nach dieser Wurst geradezu lechzen, werden Sie bald Ihren kostbaren Besitz gegen unverschämte Ansprüche verteidigen müssen.

Vor einiger Zeit lud mich ein schon recht alter, hochangesehener Professor zum Abendessen ein. Ich schlug ihm vor, besagte Wurst mitzubringen, er solle Brot und Wein bereitstellen. Mit schmatzender Freude sagte er zu. Als ich ankam, zeigte ich ihm das Glas, welches ich im Rucksack verstaut hatte, verpackte es aber wieder. Wir setzten uns nieder. Doch zu meinem Erstaunen servierte der alte Herr weder Brot noch Wein, sondern lange und umständliche Geschichten aus seiner Jugend. Meine genetisch einprogrammierte Höflichkeit verbot es mir, nach der Mahlzeit zu fragen. Gegen Mitternacht erhob ich mich, um zu gehen. »Aber die Wurst!«, rief der Professor aus, »Sie wollten mir doch eine Wurst mitbringen!« Ich ahnte sofort, daß der gierige alte Herr die Wurst alleine verzehren wollte. »Wurst?« fragte ich verblüfft. »Welche Wurst meinen Sie?« »Aber Sie haben mir doch ein Glas mitgebracht, ich habe es selber gesehen!«

Ich leugnete bis zum Schluß und verließ einen sehr verwirrten alten Mann, der an seiner Wahrnehmungsfähigkeit zweifelte. Wie ich höre, ist er vor kurzem gestorben. Glauben Sie mir, nur eine sehr gute Wurst kann unsereinen zu solcher Niedertracht hinreißen.

Von denen Würsten

Nachrichten, aus dem Großen Zedler gezogen

Wurst ist ein gefüllter Darm, so dem Menschen zur Speise dienet. Wie nun das, so darein gefüllet wird, unterschiedlich ist, so bekommen auch die Würste davon besondere Zunahmen. Als Bratwürste, Hirnwürste, Leberwürste, Blut- und Schweißwürste, Knackwürste, Cervelatwüste, u. d. g. Die Bratwürste werden aus Schweinefleisch, Speck, und allerhand Gewürtze zubereitet. Darzu nimmt man vom Schweine die Lendenbraten, und das kurtze Halßfleisch, hacket dieses durch einander gantz klein, mischet würflich geschnittenen Speck, halb gar gestossenen Pfeffer, geriebene Citronenschalen, und ein wenig Wein drunter, und saltzet zugleich was recht ist; nimmt ferner Schweinsdärmer, streiffet solche sauber aus, auf daß sie fein helle werden, füllet das zubereitete Gehackte durch einen Wurstbügel hinein, machet sie drey Viertel Ellen lang, und hängt sie hernach zusammen gebunden an ein Stänglichen auf, damit sie trocknen. Oder man nimmt zwey Theile mager Schweinfleisch, einen Theil mager Rindfleisch, hacket es gar klein, und saltzet es wohl, thut hernach klein gestossenen Zimmet, Nelcken, Muscatennüsse, Muscatenblumen, und gröblich zerstossenen Pfeffer, wie auch würflich geschnittenen Speck dazu, mischt es wohl unter einander, benetzet es mit Wein, und füllet es in die Bratwurst-Därme, daß kein leerer Ort bleibe. Wenn sie feste eingefüllet, bindet man sie hernach zu, und hanget sie auf, daß sie trocknen. Man kan auch unter die Würtze Cardamomen, Roßmarin und Majoran nehmen. Diese Würste werden entweder auf einem Roste über Kohlen, oder in einem Tiegel in Fett oder Butter gebraten, und also genossen, oder mit einer Senff- oder Citronen-Brühe, oder auch mit sauren Rahm und Capern zugerichtet und aufgetragen. Die kleine Art der Saucisses oder Bratwürstgen bereitet man meistentheils aus jungen Schweinefleisch, auch welches besser, aus etwas Kalbfleisch, und Fett von Schweinen, welches alles sehr klar unter einander gehackt, und mit Saltz, Pfeffer, Nelcken, Muscaten u. s. f. nebst Citronenschaalen gewürtzet und in dünne Hammel-Därme, daß sie ohngefehr nur Fingers dicke seyn, gestossen werden muß. Man reibet auch wohl vorhero nur beschriebene Fülle mit ein paar Löffel voll gutem Rahm, und einem rohen daran geschlagenen Ey gehörig ab. Dergleichen Würstgen legt man zuförderst in kochende Milch, und lässet sie nur einen Aufwall thun, alsdenn thut man sie entweder in den Potage-Kessel und Casterol, worinnen Potagen eingerichtet stehen, lässet sie nur also mit kochen, da sie hernach zum Garniren gedachter Potagen dienen können; oder man nimmt dieselben aus der Milch, legt sie auf einen mit Butter bestrichenen Bogen Papier in eine Tortenpfanne, setzet sie in einen geheitzten Backofen, daß sie darinnen braten. Wenn dieses geschehen, richtet man sie auf eine Schüssel an, giesset das Fett aus der Pfanne, darinne sie gebraten haben, darüber her, bestreuet sie mit würflicht geschnitteten Citronenschaalen und geriebener Semmel, und trägt sie also auf; man garniret auch mit dergleichen gebratenen Würstgen die Potagen; so dienen sie auch als Beylagen zum Braunkohl, grünen Kraute, welcken Rüben, durchstrichenen Erbsen, gehackten Sauerkraute, Kumpskraute und dergleichen. *Hirnwürste* zu machen, nimmt man von des Schweins Gehirne die Adern heraus, hacket solches klein, würtzt es mit Saltz, Muscatenblüthen, Ingber, Pfeffer und Saffran, rühret Corinthen oder kleine Rosinen, ausgekörnte und in Stücklein zerschnittene Zibeben oder grosse Rosinen, länglicht geschnittene Mandeln, ein paar Eyer und ein wenig Milch darunter, füllet es in das gereinigte Schweins-Gedärme und bindets auf beyden Seiten zu. Solche Würste brühet man etwas in Wasser, bräunet sie hernach auf einem Roste schön ab, bestreichet sie mit Butter und bringet sie also warm zu Tische. Zu den Leberwürsten, ob sie schon von der Leber allein den Nahmen haben, werden gleichwohl auch das Hertz, die Miltz, Gurgel und Lunge genommen, alles in Wasser ein wenig übersotten, denn durch einander, nebst etwas Speck, klein gehackt, hernach Saltz, Ingber, Pfeffer, und Würtznägelein daran gestreuet, in saubere Därme gefüllet, auf beyden Seiten zugebunden, im Wasser mit Saltz gesotten, und folgends entweder kalt, oder, wie die Hirnwürste, abgebräunt, verspeist. Oder, hacket eine zuvor übersottene Schweinsleber klein, siedet in guter Milch eine Hand voll gerieben weiß Brod oder Semmeln, dicklicht, wie ein Mus oder Brey, werfft ein Stücke Butter hinein, rühret, wenn es kalt, die gehackte Leber, nebst Saltz, Pfeffer, Muscatennuß, Nägelein, etwas zerschlichener Butter und zehen Eyer darunter, füllets in die Gedärme, und last sie nur eine halbe Stunde lang im Wasser oder Fleischbrühe kochen, so kan man sie gleich sammt ihrer Brühe zu Tische geben. Die *Blutwürste*, auch *Roth-* und *Schweißwürste* genannt, werden von Schweinsblut mit geschnittenem Speck und Fleisch vermischt, gemacht, und hierzu die Magen oder stärcksten Därme genommen. Der Schweiß oder das Blut vom Schweine wird erstlich wohl durch einander gerühret, hernach das Halßfleisch vom Schweine, nebst dem Speck, Miltz, Hertzen, und Leber abgekochet, solches würflich geschnitten, mit Ingber, Pfeffer, Saltz, Nelcken, und ein wenig Majoran bestreuet, und wohl durch einander gemischet. Nach diesem giesset man ein halb Nössel Wasser über den Schweiß, nimmt alsdenn abgeschnittene Därmer, und füllet das Geschnittene darein, so daß der Darm halb voll werde; auf dieses giesset man von dem Schweiß hinein, und machet damit den Darm bey nahe voll, speilert ihn oben zu, schüttelt das Fette, so inwendig, wohl durch einander, daß es nicht auf einen Klumpen beysammen bleibt; verfertiget also Schweißwürste, so viel man will, und siedet solche in einem Kessel ab. Ehe man aber selbige siedet, so muß man mit einer Spicknadel, oder mit einen spitzigen Holtze Löcher hineinstechen, sonsten zerspringen sie. Wenn sie genug gesotten, so thut man sie heraus in kaltes Wasser, und leget selbige auf rein Stroh, daß sie abtrocknen. Einige nehmen so viel Milch, als sie abgerührten Schweiß haben, oder aber eben so viel Wasser, werffen Saltz, Ingber, Pfeffer und ein gut Theil würfflich geschnittenen Speck und Kümmel darein, rühren es wohl durch einander, und füllen so denn das grosse Gedärme damit an. Diese Würste können frisch verspeiset oder geräuchert werden. Die *Knackwürste* werden gleich den Bratwürsten bereitet, etwas stärcker gewürtzt, und den andern Tag, nachdem sie gemacht worden, wieder etwas nachgestopffet, daß sie recht derb werden, denn sonst bekommen sie Lücken. Man kan auch etwas Salpeter drunter nehmen, daß sie roth davon werden. Endlich werden sie in den Rauch gehängt, und wenn sie genug geräuchert, auf den Sommer verspart. Die *Cervelatwürste* kommen aus Italien, sind kurtz und dick, von Schweinfleisch und Speck gemacht, wohl gewürtzt, derb gestopfft und geräuchert. Man genieset sie entweder als rohe oder schneidet sie in Scheiben, und garniret damit die Schüsseln, oder brauchet sie mit unter Italiänischen Salate. In Niedersachsen, im Reiche und an andern Orten sind auch bekannt die *Rindswürste*; auch sind in Niedersachsen bekannt, die sogenannte *Grützwürste*, welche sie aus Gerstengrütze und aus Rinds- oder Schweinefett zubereiten, und hernach als eine gemeine Haußkost bey dem Gesinde anzuwenden pflegen. *Fricandellen* heissen eigentlich die sogenannten *Netzwürste*, so von gehackten Kalbfleische in lange Streiffen von dem Kalbsnetze gewickelt, und wie Würste formiret werden; es können aber unter demselben Nahmen begriffen werden, alle die Arten kleiner Würste, so von Kalbslebern oder Gekröse, von Krebsen, Capaunen, Spanferckeln, frischen Morgeln oder Spinat schmackhafft zubereitet, in zugerichtete Schöpsendarme mittelst einer Wurstspritze gefüllet, und entweder allein, oder in Pasteten und Potagen gebrauchet werden. Man machet auch Würste von frischen Speck und Eyern, Reiß und andern Sachen, welche hernach mit guten Sossen aufgesetzet und verspeisset werden. In grossen Küchen verfertigen die Köche auch gewisse Arten der Würste, die sie entweder zum garniren gebrauchen, oder als ein delicates Essen mit auftragen lassen. Unter selbigen sind sonderlich berühmt, die *Fricandelles* oder *Netzwürste*, und die *Saucises*, oder *kleinen Würstgen*. Sie machen auch Würste von allerhand Fleisch, Speck, Krebsen, Reis und andern Sachen mehr, die sie hernach mit guten Sossen aufsetzen und verspeissen. Von dergleichen Würsten sind folgende Beschreibungen: *1) Würste von gehacktem Kalbfleische.* Nehmet drey Pfund derbes Kalbfleisch von den Keulen, thut das Geäder heraus, und schneidet es gantz klein. Darnach nehmet frischen Speck drey Viertel Pfund, und schneidet ihn erst mit einem Schneidemesser, stosset solchen hierauf mit ein paar hartgesottenen Eyerdottern in einem Mörser, und schüttet ihn zu gehackten Kalbfleische; würtzet beydes ab mit Saltz, Muscatenblüten, Ingber, Cardamomen und Zitronenschaalen, mischet ein wenig gantz klein geschnittene Zwiebeln darunter, schlaget ein rohes Ey daran, giesset ein paar Löffel dicken Rahm hinein, schüttet auch ein Viertel Pfund Speck, der gantz klein und würfflicht geschnitten worden, darzu, und reibet es zusammen. Wenn dieses geschehen, so nehmet Därmer von einem Schaafe, schleimet diese sauber, streichet sie mit einem Messerrücken, oder einem darzu gemachten Holtze gantz dünne aus, daß sie als eine Blase werden. Hernach zieht von den ausgeputzteten Därmen an den Schlauch einer Wurstspritze ein Stück von einer, zwey bis drey Ellen, oder so lang ihr wollet; füllet alsdenn von dem abgeriebenen Gehäcke in die Spritze; ziehet vorne über den Schlauch an der Spritze den Darm etwan eines Querfingers lang herunter, nehmet hierauf den zur Spritze gehörigen Stempel, und fanget an zu stossen, so wird sich der Darm nach und nach selbst herunter ziehen, und zur Wurst machen; Hiermit sollet ihr fortfahren, bis das Fleisch alle und ihr der Würste gnung habet; Streichet sie endlich fein glatt zu, so sind sie fertig, und möget sie hernach sieden oder braten. Sollen sie gebraten werden, so verfahret damit also: Setzet Milch in einer Casserole aufs Feuer, und wenn solche kochet, so leget die Würste drein, und lasset sie nur einen Aufwall thun; nehmet sie hernach wieder heraus, beschmieret einen Bogen Papier mit Butter, leget diesen in eine Tortenpfanne, und die Würste drauf; setzet sie alsdann in einen beheitzten Backofen, auf daß sie darinne braten mögen. Ist dieses geschehen, so richtet sie auf eine Schüssel an, giesset das Fett aus der Pfanne, darinne sie gebraten haben, darüber her, bestreuet sie mit geriebener Semmel, und gebet sie hin. Mit dergleichen Würsten garniret man nicht nur die Potagen, sondern man thut auch solche, wenn sie beschriebener massen in der Milch abgesotten sind, in den Potagenkessel, oder in die Casserole, worinne Potagen eingerichtet stehen, hinein, lässet sie nur mit kochen, und alsdenn werden sie auch zum Garniren gebrauchet. Ingleichen dienen sie auch als eine Beylage und Garnitur zum Braunkohle, grüen Kraute, welcken Rüben, durchgestrichenen Erbsen, gehackten Sauerkraute, Kumpskraute und dergleichen, wenn sie nemlich nach obiger Art gebraten werden. *2) Würste von Kalbfleisch ohne Darm.* Schneidet ohngefehr anderthalb Pfund ausgebrochenen Nierenstollen gantz klein; schlaget zwey Eyer dran, schüttet ein paar Hände voll geriebene Semmel darzu, und thut es zusammen in einem Mörsel. Ferner leget ein Stückgen ausgewaschene Butter, als ein Ey groß, drein, würtzet es mit Muscatenblüten, Ingber, und Zitronenschaalen, und stosset es klar ab; thut es nach diesem wieder heraus in eine Schüssel, und machet kleine Würstgen, etwan eines Fingers lang, daraus. Hernach müsset ihr in einer Pfanne oder Casserole Schmaltz auf dem Feuer lassen heiß werden, und darinne die gemachten Würstgen, nachdem ihr sie vorher erst ein wenig mit Mehl bestreuet habt, fein goldgelb herausbacken, die ihr hernach entweder gleich essen, oder nur zu Potagen brauchen möget. 3*) Würste von Kalbslebern.* Die Kälberlebern müssen erst ein wenig abblanschiret, ausgeädert und abgehäutelt, hernach aber gantz klein geschnitten, und mit drey Viertelpfund gantz klein würfflicht geschnittenen Specke vermischet werden. Nach diesem weichet man Semmel in Milch ein, drücket diese wieder trocken aus, und thut sie, nebst Ingber, Pfeffer, und geschnittenen Majoran, auch dazu; saltzet es zur Gnüge, schläget ein paar Eyer dran; wirfft noch ein paar Hände voll geriebene Semmel hinein, und menget alles wohl untereinander. Diese Fülle füllet man hernach in Bratwurst-Därme, vermachet an denenselben die Enden wohl, damit nichts herauslauffe; blanschiret sie in Milch, bratet sie ab, wie die ersten vom Kalbfleische, und bedienet sich ihrer zur Beylage und Garnitur. *4) Würste von frischem Specke mit Eyern.* Nehmet anderhalb Pfund guten frischen Speck, löset alle Haut davon ab, schneidet ihn hernach klein, und werffet ihn, nebst drey hartgesottenen Eyerdottern in einem Mörser, und stosset beydes klar ab. Schüttet es hierauf in einem Asch oder erdenen Schüssel; würtzet es mit Muscatenblüten, Cardamomen, Ingber und Zitronenschaalen, werffet in Milch eingeweichte und wieder ausgedruckte Semmel dazu, schlaget vier gantze Eyer und sechs Dotter drein, thut Saltz und geschnittene Pistacien darunter, und rühret es wohl unter einander. Ist etwan das Abgerührte nicht gar zu dünne, so giesset ein halb Nössel guten dicken süssen Rahm drein, füllet das Abgerührte in Schweins-Därme, die aber nicht gar die kleinesten seyn sollen, und bindet sie endlich oben und unten zu, so sind sie fertig. Diese Würste könnet ihr hernach brauchen, zu was ihr wollet; doch werden sie meistentheils in einer Pfanne gebraten, es mag eine eiserne oder irdene seyn, die muß man mit Butter beschmieren, die Würste drein legen, und in eine Röhre oder Backofen schieben. *5) Würste von frischem Speck anders.* Nehmet ein oder auch zwey Pfund Speck, nachdem ihr viel Würste machen wollet, und hacket selbigen gantz klein; schüttet ihn in einen Reibasch, und thut in Milch eingeweichte Semmel, vier bis fünff Eyer, geschnittenen Schnittlauch, Muscatenblüten, Ingber, Pfeffer und Saltz darzu, rühret dieses zusammen ab, füllet es in Därme, und bereitet die Würste auf vorherbeschriebene Art. *6) Würste von Kälbergekröse.* Nehmet ein oder zwey Stück Kalbsgekröse, und kochet diese sauber ab, kühlet und drüset sie hernach aus, schneidet sie mit einem Schneidemesser klein, werffet ein halb Pfund würfflicht geschnittenen frischen Speck, nebst Muscatenblüten, Ingber, Saffran, eingeweichter Semmel, gehackter grüner Petersilie, kleinen Rosinen und ein wenig Saltz dazu, schlaget fünf bis sechs Eyer dran, thut dieses alles zusammen in einen Tiegel, oder Casserole, und rühret es mit einander ab. Hieraus bereitet diese Würste, wie die Würste von gehackten Kalbfleische, und verbrauchet sie nach Gefallen. *7) Würste von Spinat.* Lasset in einem Kessel Wasser auf dem Feuer kochen, und werffet alsdenn gelesenen Spinat, nebst ein wenig Saltz darein, auf daß er fein grün bleibe. Wenn er nun genung gesotten, so seiget ihn ab, und drucket ihn aus; schneidet ihn alsdenn gantz klein, und thut ihn, nebst Semmel, so in Milch eingeweichet, und wieder ausgedrucket worden, ingleichen Muscatenblüten, Pfeffer, wie auch kleinen Rosinen, in einen Reibasch, rühret sechs Eyer, und schüttet diese, nebst ein wenig Saltz, gleichfals darzu, welches ihr denn alles klar untereinander reiben müsset. Ferner nehmet ein halb Pfund Speck, schneidet solchen gantz klein würffelicht, und rühret ihn mit darunter; füllet alsdenn von diesem Gehacke in die Därme, und bereitet sie, blanschiret sie in Wasser oder Milch ab, bratet sie, wenn es beliebig, auf Papier, und hernach könnet ihr sie entweder zu Potagen, oder absonderlich zu Kräutersuppen gebrauchen. *8) Würste von Spinat ohne Därmer.* Verfertiget diese, wie die vorher beschriebenen, nur daß ihr die geriebene Semmel in Schmaltz rösten müsset, damit das Gehäcke ein wenig dicke werde. Darnach machet lange Strietzelgen daraus, als wie bey den Kälberwürsten ohne Därmer ist gelehret worden, bestreuet sie ein wenig mit Mehl, und backet sie aus heissem Schmaltze fein rösch heraus, so könnet ihr sie entweder trocken zu Garnitur brauchen, oder aber zur Potage legen, und mit kochen lassen. *9) Würste von Krebsen.* Machet eine Krebsfarce, unter selbige menget noch gantz klein geschnittenen würfflichten Speck, und treibet es durch die Wurstspritze in die Därmer. Darnach blanschiret die Würste in Milch, nehmet sie wieder heraus, und paßiret sie in Krebsbutter. Solche Würste könnet ihr brauchen zur Garnitur der Potagen, oder auch zu verspeisen auftragen lassen, und kan man unter die Farce klein geschnittene Pistacien mengen, davon sie auch noch angenehmer werden. Wer was besonders haben will, der machet wohl zwey bis dreyerley Würste an einem Darme, und zwar erstlich von den Kälberwürsten weiß, darnach von Krebsen roth und vom Spinat grün, und kan man solche als ein besonderes Essen auftragen, oder nach Belieben auf eine Potage legen. *10) Würste von frischen Morcheln.* Dazu muß man frische Morcheln lesen, selbige sauber putzen, etliche mahl auswaschen, gantz klein schneiden, und in Butter paßiren, daß sie weich werden. Darnach nimmt man sie wieder aus der Butter heraus, und schneidet sie noch kleiner; setzet ein Pfund guten Nierentalck zum Feuer, und wenn er gekochet, so schneidet man ihn ebenfalls klein, und schüttes beydes, nebst in Milch eingeweichter und wieder ausgedruckter Semmel, Muscatenblüten, Ingber, Pfeffer, und geschnittener grüner Petersilge, zusammen, schläget vier bis fünff Eyer dran, setzet und rühret alles wohl durch einander; schneidet letzlich ein halb Viertelpfund Speck gantz klein würfflicht, und rühret solche auch darunter. Ist es satt gerühret worden, so bringet man es durch eine Wurstspritze in die Därmer, blanschiret die Würste in Wasser, bratet sie, und lässet sie warm zu Tische tragen. *11) Würste von Reis.* Nehmet ein halb Pfund Reis, und leset diesen rein; kochet ihn hernach nur halb gar in Milch, daß er recht dicke wird, thut solchen wieder heraus in einen Mörsel, und nachdem ihr ihn gantz klein gestossen habt, so schüttet ihn in einen Reibasch, werffet ein Pfund gantz klein geschnittenen frischen Speck, Muscatenblüten, Zimmet und Saffran dazu, schlaget zehen Eyer, aber nur von vieren das Weisse dran, und reibet es wohl unter einander. Ist dieses geschehen, so menget nicht gar zu kleine geschnittene Pistacien darunter, thut es in die Wurstspritze, und stosset es in die Därme auf die Art, wie schon gelehret worden. Endlich könnet ihr diese Würste in Milch blanschiren, selbige auf Papier braten, und nach Gefallen brauchen. *12) Würste von Cappaunen.* Die Brüste von Cappaunen, oder auch von alten Hünern müsset ihr nebst einem halben Pfunde frischen Specke, gantz klein schneiden und beydes in einem Mörsel mit einem Eye recht klar abstossen. Darnach thut es heraus in einen Reibasch, würtzet es mit Muscatenblüten, Cardamomen und geriebenen Zitronenschaalen, werffet in Rahm geweichte und wieder ausgedruckte Semmel dazu, und saltzet es ein wenig. Ferner schlaget von sechs Eyern die Dotter darein, rühret es recht klar ab, und dafern es von den sechs Eyerdottern nicht dünne gnug werden solte, so lasset ein paar Löffel voll Mehl daran lauffen. Wenn es nun satt abgerühret worden, so füllet es durch die Wurstspritze in die Därmer. *13) Würste von einem Spanferckel.* Einem abgebratenen Spanferckel ziehet die harte Haut herunter, löset selbigem alles Fleisch ab, hacket solches klein, und thut es zu drey Viertelpfund gantz klein würfflicht geschnittenen frischen Speck, würtzet es mit Ingber, Pfeffer, Cardamomen und Saltze; schlaget ein paar Eyerdotter dran, giesset ein wenig Rahm hinein, reibet von einer Zitrone die Schaale drein, und rühret es wohl unter einander; das Abgerührte bringet in die Därmer und verfahret damit, wie oben bey den Würsten vom Kalbfleisch-Gehäck ist gelehret worden. Hierbey ist zu mercken, daß man das Fleisch von einem Spanferckel nur roh nehmen kan, welches alsdenn muß gehacket, mit Speck und den vorher beschriebenen Sorten abgemachet werden; nur darff man keinen Rahm darunter giessen, sondern statt dessen ein paar Löffel von guten Wein, und ein wenig Thymian dazu schütten, und es letzlich also in die Därmer bringen.

Saucisses sind kleine Bratwürstlein, welche aus klein gehacktem Schweinefleisch, würfflich geschnittenem Speck, Würtze, Saltz und dergleichen, verfertiget, in kleine Därmer gefüllet, hernach mit Eßig, Citronen-Schalen und gantzen Zwiebeln eingemacht, und auf besondere Manier zugerichtet werden. Man hacket nemlich Schweinefleisch klein, schneidet Speck würfflicht, und thut beydes zusammen; schüttet Pfeffer, Coriander, Citronen-Schalen, ein wenig Thymian und Saltz daran, und rühret alles wohl unter einander. Oder man nehme sechs Pfund mager Schweinen-Fleisch, und vier Pfund dergleichen Rind-Fleisch oder Schaaf-Fleisch, in welchem alle keine Sehnen oder Häutlein seyn, hacke es wohl unter einander, doch nicht allzuklar, menge darunter anderhalb Pfund Speck, würfflich geschnitten, ein halb Pfund Saltz, vier Loth gestossenen Pfeffer mit ein wenig geriebener Muscatennuß, und knete alles wohl unter einander. Hernach nimmt man kleine Därmer, etwan von Schöpsen, und schleimet dieselben sauber; füllet die gemachte Fülle in eine Wurst-Sprütze, und zühet den Darm oben an die Spitze, so viel als man auf einmal daran bringen kan, lässet aber ein Ende vom Darme oben über die Spitze von der Sprütze vorgehen; darnach stösset man mit einem Stempel das Fleisch vorne zur Röhre heraus, so wird sich die Wurst selber machen. Wenn dieser Würste so viel, als man nöthig hat, fertig sind, so leget man solche in einen Topf, und güsset Eßig darauf, thut auch etliche gantze Zwiebeln hinein, damit sie also recht sauer werden. Hierauf machet man in einem Tiegel oder Casserole Butter auf dem Kohlfeuer braun, rühret nach diesem geriebene Semmel darein, welche auch braun werden muß. Ist dieses geschehen, so güsset man Fleischbrüh, Wein und Eßig daran, würtzet es mit Nelcken, Zitronenschalen, und Scheiben, auch Zucker, welches alles zusammen kochen muß. Hernach nimmt man von den Würsten, so viel als man deren hinein legen will, lässet solche auch ein wenig mitkochen, aber nicht lange, weil selbige ohne dies mürbe sind, richtet sie an, und bestreuet sie mit Zitronenschalen. Will man sie mit einer Sardellenbrühe zugerichtet haben, so machet man in einem Tiegel oder Casserole Butter auf Kohlen braun, rühret ein wenig Mehl darein, und lässet es goldgelb werden; nimmt hierauf fünff gewässerte Sardellen, thut diese darein, und rühret es durch einander, güsset gute Fleisch- oder alte Hünerbrühe und Wein daran, und wenn es aufgekocht, lässet man es alsdenn durch einen Durchschlag in einen andern Tiegel oder Casserole lauffen, würtzet es mit Muscatenblüten, Ingber, Zitronenschalen und einer gantzen Zwiebel, leget endlich die Würste darein, und lässet solche ein wenig mit kochen. Zu diesen Würsten mag man eine Brühe machen, welche man will, nur daß dieselbe allezeit etwas scharf schmäcke, weil die Würste in der Säure gelegen, als Champignons, eingelegte Capern- Pomerantzen- Oliven- Zitronen- Limonien- Zwiebel- und Kirschbrühe.

Kaffee, Tee, Zucker für die einfache Landbevölkerung?

Eine Debatte aus dem Jahre 1839

Von Helmut Schenkel

Mitte November des Jahres 1839 erhält der Distriktsdeputierte des Kieler adeligen Güterdistrikts, Herr von Bülow zu Westensee, ein Reskript der Königlichen Schleswig-Holsteinischen Regierung auf Schloß Gottorf, in dem er aufgefordert wird, Auskunft über den Handel mit Genußmitteln und über deren Verbreitung bei der einfachen Landbevölkerung einzuholen. In dem Schreiben heißt es:

»Von den Behörden verschiedener Landdistricte ist, darauf angetragen, daß Kaffee, Thee und Zucker unter denjenigen Waaren, deren Feilhaltung den Landhökern gestattet ist, aufgenommen werden mögen, weil diese Artikel nunmehr als tägliches Bedürfniß der Landbewohner anzusehen, und ein bedeutender Theil derselben nicht im Stande sei, solche in größeren Quantitäten aus den Städten und Flecken zu beziehen. In dieser Veranlassung wünscht die Schleswig-Holstein-Lauenburgische Kanzelei eine Nachricht darüber, inwiefern das gedachte Bedürfniß allgemein in den Landdistricten sich gezeigt habe.

Wir ersuchen demnach die Deputation des Kieler adeligen Güterdistricts, uns hierüber, so weit es den dortigen District betrifft innerhalb vorschriftsmäßiger Frist mit Bericht und Bedenken in duplo versehen zu wollen…«.

Erläutert sei, daß die Schleswig-Holstein-Lauenburgische Kanzelei in Kopenhagen die oberste Regierungsbehörde für die drei Herzogtümer des heutigen Schleswig-Holstein war. Der Distriktsdeputierte, in unserem Fall der erwähnte Herr von Bülow, war das Bindeglied zwischen den Regierungen in Kopenhagen und auf Gottorf sowie den übrigen Gutsbesitzern seines Distriktes. Zucker ist auf der Warenliste des Höker-Reglements von 1755 nicht verzeichnet und war auch im Jahre 1839 noch ziemlich unerschwinglich.

Der Deputierte waltet seines Amtes, d.h. er bringt ein Rundschreiben auf den Weg zu seinen Gutsbesitzerkollegen; in diesem *»werden die unten genannten adeligen Güter hiemittelst ersucht, sich über den Inhalt desselben bei der Insinuation dieses Circulairs gefällig zu äußern und dasselbe baldthunlichst befördern zu wollen.«* Die Obrigkeit des bekannten und wohlhabenden Gutes Emkendorf ist erste Adressatin, und da sie eine dezidierte Position vorzutragen versteht, werden die Antworten der nachfolgend Befragten in eine Richtung gelenkt, die womöglich beabsichtigt war. Aus Emkendorf heißt es: *»Obgleich die genannten Artikel sich immer mehr als tägliches Bedürfniß der Landbewohner hervorthun, dürfte es dennoch bedenklich sein, daß das Feilhalten derselben den Landhökern gestattet würde, im Gegentheil mögte es wünschenswerther scheinen, daß der Verkauf dieser Artikel auf dem Lande untersagt würde, da sich dann noch hoffen ließe, daß bei strenger Handhabung der Hausirverordnung der gefährliche Gebrauch mehrgedachter Artikel, wenn auch nicht ganz unterdrückt, doch mehr zurückgedrängt würde«.*

Die meisten Auskünfte schließen sich dieser Meinung an, manche geben noch eins drauf: *»Luxusartikel… zum Ruin der Untergehörigen«* heißt es aus Kronsburg. Oder: *»Keineswegs ist Kaffee, Thee und Zucker als tägliches Bedürfnis der Landbewohner anzusehen und gehören diese Waaren ganz besonders zu den Luxus-Artikeln, welche den Wohlstand der geringeren Landbewohner untergraben…«*, bekundet die Obrigkeit von Gut Steinwehr. Oder Osterrade: *»…theilt in jeder Hinsicht die ausgesprochene Ansicht des adelichen Guts Emkendorff…«.* Oder Marutendorf und Hohenschulen: *»…für diese beiden Güter wird die in Rede stehende Frage, die Ansicht des adel Guts Emkendorf beigestimmt.«* (Tut mir leid, so schrieb der Adel damals!). Geradezu liberal klingt der Kommentar von Gut Schwartenbeck, welches nahe der Stadt Kiel liegt (Stadtluft macht frei):

»Da es sich nach meiner Erfahrung ergiebt, daß namentlich Kaffe allerdings als tägl. Bedürfnis derjenigen der arbeitenden Klasse angesehen werden kann, welche keine Kuh halten und häufig keine Milch für Geld erhalten können, …so scheint mir… jede Erleichterung zur Erlangung desselb. richtig, so wie ich überall der Meinung bin, daß da weder Erleichterung noch Erschwerung des Ankaufs den Verbrauch vermindern wird…«.

Dem Manne möchte man beipflichten. Das kann aber so nicht durchgehen, weswegen Herr v. Mesmer-Saldern, der immerhin drei Gutsbezirke (Blockshagen, Annenhof und Schierensee) zu vertreten hat, nochmal zur Sache kommt:

»Da ich aus vielfältiger Erfahrung sattsam weiß, daß, für geringe Landbewohner der tägliche Gebrauch von Kaffee, Thee und Zucker nicht nur ein Luxus, sondern auch das wahre Verderben solcher Leute ist, indem, unter anderen Folgen dieses Übels, sogar die beste Hauptnahrung, die Butter, meistens von den Weibern, der darbenden Familie, auf geschickte Weise, größtentheils entzogen wird, um sich, dafür, die fragl. schwächenden Getränke verschaffen zu können…« – na undsoweiter.

Das klingt doch alles recht bedauerlich, gäbe es da nicht die Stimme von Wilhelm Hirschfeld auf Groß Nordsee, der als einer der frühen wissenschaftlichen Landwirte Deutschlands gilt und der einer der wenigen bürgerlichen Rittergutsbesitzer im Kreise seiner adligen Kollegen war. Er schreibt:

»Ich hätte erwartet, daß dergleichen Fragen auf anderweitige Weise verhandelt worden wären als pr Circulair. Ich muß mich gegen die Ansicht der obigen Herren erklären, denn meine Ansicht ist dem inneren wie jeglichem Verkehr möglichst wenige Hindernisse in den Weg zu legen! Wer Kaffe trinken will, kann auch auf andere Weise welchen bekommen als von den Landhökern, und eine gute Polizei wird schon danach sehen daß gesunde und preiswürdige Waare gegeben wird…«.

Die Haltung des Herrn Hirschfeld – alle Achtung! Zum einen kritisiert er das umständliche, zum Chorgesang verleitende Verfahren der Befragung. Zum andern – und das ist das Moderne, Bürgerliche an seiner Position – verlangt er den freien Zugang zu Waren für jedermann und die staatliche Kontrolle (die ja geregelte Steuereinnahmen einschließt). Was würden die adligen Herren geschrieben haben, wäre es um Bier und Schnaps gegangen…? Keine Ahnung. Zum Glück hatten wir Herrn Hirschfeld.

Prost, Landbevölkerung!

Von den Erwartungen der Restaurantgäste und den Zuständen der Gastronomie

Von Vincent Klink

Im Restaurant ist es wie im Haushalt, wenn man Freunde einlädt. Die Aufregung ist erheblich, nur kommen nicht zwei oder drei zum Abendessen, sondern fünfzig oder sechzig Gäste: jeden abend, mittags die Hälfte. Es kommen nicht nur die brav und bescheiden erzogenen Familienangehörigen, nicht nur Freunde, sondern auch autoritäre Geschöpfe mit enormer Erwartungshaltung und Ansprüchen oft monströsen Ausmaßes. Der eine oder andere will da für hundert Mark ungeniert den Gegenwert von zweihundert.

Feines Interieur muß her und natürlich Dienstboten, aber nicht irgendwelche illegalen Knechte oder Gärtner, denen schnell weiße Handschuhe über die rissigen Hände gestreift wurden, wie das der verarmte Adel sich vielleicht leisten mag.

Nein, Fachleute legen Hand an: Sommeliers kredenzen in schweres Kristall, schwarz gekleidete Herrn, Damen in weiß Gestärktem sind mit poliertem Silber zugange. Der Kunde darf alles, kann alles fragen und heißen, sogar seinen Frust abladen, und endlich mal in der ersten Reihe auf den Putz hauen. Alles, ohne Mehrkosten, bei optimaler Contenance des Personals.

Herrgott, wo sind wir?! Ist das ein Märchen aus vergangenen Zeiten feudalistischer Herrschaft? Speisen wir beim Hochadel? Nein, *der* kann sich das heute auch kaum mehr gönnen.

Wer dann?

Es gibt noch eine exotische Spezies, die sich den Aufwand beharrlich und stetig leistet. Es sind in Deutschland gut vier bis fünf Dutzend Wirte: Untergattung Nobelwirte, von Desinformierten beneidet, von Insidern als hirnverbrannte Idioten verhöhnt.

Diese Starrköpfe haben Freude am Beruf und schaffen nicht nur Essen an, sondern müssen dazu auch noch die angemessene Umgebung liefern. Alles sollte doch bittschön wenigstens so wie das Zuhause der Gäste sein, wer will schon den Abstieg. Und wahrlich, es ist gar nicht leicht gegen den deutschen, gut verdauenden Normalverbraucher anzukacheln. Zum Beispiel die Toiletten: Marmor hat heut schon jeder, also muß doppelt Marmor rein. Einige wenige Wirte haben den Mut und wollen sich ins Gegenteil retten. Toiletten in Minimal Art, cool durchgestylt, nichts Überflüssiges. Am Schluß stellt sich heraus, daß das sparsam gestylte Designklo auch nicht billiger war. Ebenfalls ist es egal, ob man die Gäste in Teppichen ertränken will oder ob der Granit aus dem Spezialsteinbruch aus dem Appenin her muß. Was schön ist, wird teuer, noch schöner, noch teurer.

Wie soll sich da ein junger, begabter Koch selbständig machen können? Auf der einen Seite die immer teurere Ausstattung der Restaurants, auf der andern sagt sich selbst der wohlmeinende Gast, ein Filetsteak kostet beim Metzger acht Mark und beim Wirt dann vierzig? Die Kosten für Speisen, das sei hier deutlich gesagt, sind im Restaurant der billigste Teil. Sechzig Prozent kostet das Drumherum – Personal, Miete oder Zinsen, oder beides. Dann Ausstattung, wie Kücheneinrichtung, Wäsche, Silber, Stühle, Vorhänge, dann Heizung und am Schluß eine bald unüberschaubare Latte an Steuern, Gebühren, Beiträgen und und und. Bis auf die Kosten des Filetsteaks will so mancher Gast zum Nulltarif am Tisch sitzen.

Die einzige Null – so scheint's – ist der Wirt, der dann mit gesenktem Haupt die Bank betritt und seine Jahresbilanz still vorlegt und selbst dabei noch nicht merkt, daß bei seinem Erscheinen die Palmen im Foyer zu welken beginnen.

Das Gerücht hält sich hartnäckig, daß Wirte zu viel Geld verdienen. Glauben Sie mir, lieber Leser, schätzen Sie sich glücklich, wenn Ihr Lieblingswirt über die Runden kommt, Sie umsorgt und nicht dicht macht. Sie mögen anführen: »Von was kauft man sich denn eine teure Rolex und den halbvergoldeten Fünf-Liter-Mercedes, ausschließlich von Schwarzgeld?« Bestimmt nicht, aber es ist Tatsache, Wirte haben wenig Freizeit, führen also ein, wenn auch unfreiwillig, sparsames Leben, und manch einer hat von der Kocherei schon so ein Hirnrindenvakuum, daß da keine andere Idee mehr ist, als am Herd zu stehen und zu rühren und einmal im Jahr ausgepumpt sich in den Sand Gran Canarias zu legen.

Allerdings, der Inhaber eines Feinschmeckerrestaurants wird sich auch, was sein Auto betrifft, tunlichst nicht über seine Gäste erheben. Ganz anders der oft finanziell erfolgreichere Kneipier, dem meistens nichts anderes übrigbleibt, als abzuheben, wenn schon die Kundschaft ganz am Boden ist. Man könnte fast sagen, die gleiche Berufsbezeichnung mit reziproken Inhalten und Ergebnissen.

Es gibt auch Feinschmecker, die dem Trugschluß, Kochen sei schöner als Essen, erliegen. Nichts dagegen, in Deutschland (West) gehen jährlich achtzigtausend Küchenfreunde, Optimisten mit unterschiedlichster Ausbildung, an Bord des bruzzelnden Dienstleistungsgewerbes. Trotzdem ist Gott sei Dank die Statistik zum Stillstand gekommen, die gleiche Anzahl macht auch jährlich wieder dicht und wirft den Löffel. Bank, Fiskus, Sozialamt. Die Dreifelderwirtschaft der kochenden Jungfilmer.

Es wird zu wenig verdient, und man kann nur schwer zu diesem Beruf raten. Man müßte bei Existenzgründungen Dutzende Kostenfaktoren addieren und würde am Schluß doch einige ungenannt lassen. Der Autor käme in den Verdacht der Beihilfe zum Bankrott, denn jeder gastronomische Beginn hat als »Ostinato des vorsätzlichen Ruins« einige Stolperdrähte der Fehlkalkulation. Kalkulation? Wer sich jetzt immer noch zum professionellen Gastgeber berufen fühlt, macht's am besten wie alle bewirtenden Verdrängungskünstler. Man lerne von seinen Kollegen, notiere sich dort die Preise. Keine Angst, Kollege kalkuliert auch nicht. Er richtet sich nach der Belastbarkeit der Klientel. Mit der ist es aber nicht weit her, der Gast und Gourmet ist vom ›Way of Life‹ und den Forderungen der täglichen Alltagsbewältigung bereits völlig ausgelutscht. Da ist nichts mehr zu holen: Wer sich z. B. eine Wasserhahndichtung zu wechseln beim Klempner leisten muß (mit Anfahrt 84,60 DM inkl. MwSt.), der muß sich einen Teil seines Appetits versagen. Jedenfalls in Deutschland. Der Franzose und Italiener lebt komfortabel – mit tropfendem Hahn.

Wenn der Gast schon nicht lebt, um zu essen, so soll er wenigstens essen, daß die Wirte leben können. Mancher hält sich daran, und so gibt es genügend begeisterte Köche und Gastronomen, die zurechtkommen und mit Freude gerade in den letzten zehn Jahren Deutschland zu einem kulinarischen Kulturland gemacht haben. Im Grunde ist beruflicher Fortschritt in einem kreativen Beruf wie dem des Kochs wahres Künstlertum, nicht ausschließlich der Kreativität wegen, sondern durch die Besessenheit und das Weitertreiben einer Idee: nämlich der, daß Kochen eine der ursprünglichsten Kulturleistungen ist.

Balthazar Grimod de la Reynière

Von Vincent Klink

Geboren am 20. November 1758 in Paris, stammte er aus sehr reichem Hause. Der Großvater summierte ein Vermögen; er war Generalpächter und trieb Steuern für die Krone ein, gab davon aber längst nicht alles weiter. Geld war also genug vorhanden und die abendlichen Soupers gerieten zur reinen Wollust. Großvater erstickte an einer Gänseleber.

Im Aufzehren des Erbes wuchs der Enkel zu einsamer Größe. Am 1. Februar 1783 leistete er sich ein Abendmenü, zu welchem die Einladungsbilletts auf Todesanzeigen gedruckt wurden. Von Särgen wurde gegessen. Nach neun Gängen und zwei Tischreden war sein Geist dermaßen erfrischt, daß er sich als Verteidiger des Volkes feiern ließ und den Kernsatz des Abends ins leise Tellerklappern rief: »Vor dem Gesetz und bei Tische haben alle gleiche Rechte und gleiche Pflichten. Die Tafel macht uns alle gleich.«

Mit einem ähnlichen Pamphlet verlor er seine Advokatur und galt fortan als Verfolgter des Ancien Regime. So gehörte er zu den vielen adligen Vorreitern der Revolution und mag sie auch deshalb ungeschoren überlebt haben.

Der zum Demokraten mutierte Großpächtersohn verschrieb sich in anschließenden Jahren ganz der Demokratisierung der Genüsse und richtete über die vergangene Monarchie: *»Die Vorfahren aßen um zu leben, die Nachfahren scheinen zu leben um zu essen.«*

Er berief eine »Jury dégustateur« ein und begutachtete Nahrungsmittel, Rezepte und Gerichte. Im fünfundvierzigsten Jahr seines behüteten Lebens war er reif für das gedruckte Wort.

Sein Hauptwerk waren der in periodischen Intervallen veröffentlichte *Almanach des Gourmands* (1803–1812) und die praktischen Anleitungen für Gastgeber und Gäste *Manuel des Amphytryons* (1808).

In seinem *Tribunal Gastronomique* wurden Restaurants überprüft und bewertet. So wetterte er in düsterer Vorahnung der Restaurants von heute für eine gut ausgeleuchtete Tafel: »Licht ist der Prometheus-Funke auch für den Speisenden«.

Sein »Almanach des Gourmands« wurde aufgelegt, um Leuten ein »Vademecum zu bieten, die nicht wissen, wie sie ihrem Vermögen Ehre machen sollen«.

Zu Einladungen bemerkte er: »Nur schwere Krankheit oder Tod sind die einzigen annehmbaren Entschuldigungen.

Der Geladene wird sich also in sauberer Kleidung zur bestimmten Stunde in das Haus des Gastgebers verfügen, und zwar ausgerüstet mit einem Appetit, der dem Rufe der betreffenden Tafel entspricht, und in einer leiblichen, geistigen und seelischen Verfassung, wie sie für die Einnahme, den Zauber und die Annehmlichkeit eines Festmahles unbedingt vonnöten ist.«

Bei der Lektüre des Kapitels »Von der Bedienung bei Tisch« bedenke und berücksichtige man, daß Grimod adeligen Geblüts war und zu jener Zeit Dienstleistung längst nicht so ein rares Gut war wie heute: »Es stände sehr zu wünschen, daß man während des Mahles die Anwesenheit der Bediener entbehren könne, oder daß sie dabei wenigstens immer nur im Gefolge des Haushofmeisters erschienen und sich dann ungesäumt wieder entfernten, anstatt wie Automaten hinter dem Stuhle jedes Gastes aufgepflanzt zu bleiben. Ihr leerer Magen, ihre gierigen Blicke und ihre gespitzten Ohren machen diese Beharrlichkeit zu einer wahren Marter für die Tischgenossen und für sie selbst. Die Gegenwart der Lakaien hat noch einen anderen Nachteil, sie ist sozusagen ein Protest gegen die Dauer des Mahles, dessen Länge diese Leute innerlich von Herzen verwünschen.«

In seinen Ausführungen über Tischgespräche geht de la Reynière noch härter zur Sache: »Auch bei Tisch werden Dumme nicht gescheit. Wer sich nicht entblößen will, flüchte sich in ein Lied.«

Er empfahl dem Gastgeber, sich über die Interessen der Geladenen zu informieren, um die Gespräche in eine wünschenswerte Richtung zu kanalisieren. Selbst heutzutage wäre es zumindest nicht von Nachteil, seinem Verbot Folge zu leisten und Gespräche über Religion und

Politik zu untersagen: »Eine lebendige Unterhaltung während des Mahles ist ebenso gesund wie angenehm, sie ist die richtige Therapie für schnelles und gesundes Essen, sie fördert und beschleunigt die Verdauung. Theologische oder moralische Fragen werden selbst für den nur mit einiger Klugheit ausgerüsteten Mann von Welt zu Steinen des Anstoßes.«

Grimod rät zuletzt auch, nicht allzuviel über das Essen zu reden: »Man kompromittiere sich nicht, durch allzu freie Bemerkungen über mangelhafte Teile des Mahls das Mißfallen des Wirts zu erregen, um dann noch ausgleichend gegen seine Überzeugung reden, schlechte Weine loben, nichtsnutzige Ragouts zu preisen, und halbgeschmolzenes Eis in den Himmel erheben zu müssen u. s. w.«.

Als Napoleon aufs Altenteil nach St. Helena gezwungen wurde, war auch für Grimod Zeit, sich auf sein Landgut zurückzuziehen. Ohne die Konventionszwänge der Stadt und die Nachbarn lebte er entschlossen seinem Spleen. So hielt er sich als Hausgenossen ein Schwein, das täglich an seiner Tafel teilnahm.

Eine Traueranzeige des 7. Juli 1818 rief nach Villiers-sur-Orge um 16.00 Uhr. Zahlreiche Trauergäste machten sich auf den Weg, um Grimod de la Reynière mit dem letzten Geleit zu beehren. Die Trauernden fuhren im Hofe seines Guts am geschlossenen Sarg vorbei und wurden in einen schwarz verhangenen Salon geführt. Nach einigem Warten öffnete sich die Tür zum Speisesaal, und am Ende der festlich gedeckten Tafel verkündete der scheinbar Verblichene mit fester Stimme, man solle sich rasch setzen, er schätze es nicht, kalt zu speisen.

Es folgten noch viele tafelfreudige Tage, bis endlich der allerletzte Digestif genommen wurde. Am 25. Dezember 1837 fiel Grimod die Gabel aus der Hand.

Balthazar Grimod de la Reynière war der erste, der die Eßkritik zur literarischen Disziplin erhob und sie der Kunstkritik ebenbürtig betrachtete. Wohl wissend, daß wir uns längst in einer anderen Zeit befinden, kann angemerkt werden, daß für Kulinarik und feine Lebensweise die letzten anderthalb Jahrhunderte keine allzugroßen Fortschritte gebracht haben. Mit erhobenem Finger sei auch erwähnt, daß Grimod im Gegensatz zu heutigen Journalisten wirklich unabhängig von Verlegern, Anzeigeninteressen etc. war. Er scholt weniger die Köche, sondern setzte die oft verletzende Feder zuvörderst bei den Lesern, den Feinschmeckern, an.

Zuerst kommt der Wunsch nach gutem Essen, dann erst der Koch. Oder anders, ohne gelernte Gäste auf Dauer keine gute Küche. Und nun nochmal eins drauf: In der Gastronomie ist Diktatur angesagt. Ein guter Koch ist streng zu seinen Gästen und beugt sich nicht gegen seine Überzeugung jedem Wunsch und Trend. Er muß seinen Gästen das Beste antun, zur Not auch ohne deren Einsicht.

Grimod de la Reynière zeigte als einer der ersten, daß Gourmandise eine beharrlich zu erlernende Kunstform ist, wie ja alle Lebenskunst nicht angeboren, sondern durch Erfahrung erworben werden muß: »Es ist viel leichter, ein Vermögen zu erlangen, als es mit Anstand zu genießen.«

ZWEITER TEIL

Essen mit leuchtenden Augen

Von Keto von Waberer

Der Dramatiker sitzt über seinen Teller gebeugt, seine Miene düster, seine Bewegungen agressiv. Er reißt große Fetzen aus dem Semmelknödel, harpuniert die Steinpilzscheiben, zerquetscht alles im Sahnepetersilienschaum. Rasch. Er muß seinen Mund frei machen, ein großer Schluck vom Wein – hinunter damit. Er muß sprechen. Die Inszenierung halbherzig, lau, die Bühne? Man glaubt, sie wollten das Weiße Rössl geben in Augsburg, was sagt er, in Bad Birnbach, und dann Martoni für den Patriarchen, also bitte, ein bösartiger Fehlgriff, er hat das gesagt von Anfang an, hat prophezeit... aber... und dann schreibt dieser Rieger, dieser Mensch, der sich immer noch an Brecht orientiert, schreibt in der ZEIT...

Eine zweite Portion. Mehr Wein. Die Dramatikergattin wirft mir, der Gastgeberin, jene flehenden Blicke zu, die besagen: So ist er! Sie will ihm ein gutes Wort über das Essen abringen. Er nickt rasch, und weiter geht's: die Tauben in Pfeffersauce, der Apfelgratin, der Espresso.

Man versteht ihn ja, aber kann man gänzlich und herzlich auf sein abortives Werk und die damit verbundenen Schmerzen eingehen, wenn man selbst sein eigenes Werk, in Form von wohlgelungenen Speisen, so gänzlich mißachtet sieht? Natürlich wird man ihn wieder einladen, man liebt und schätzt ihn, aber vielleicht sollte man dann Käsebrote für ihn bereitstellen? Fischstäbchen? Wienerwürstchen?

Wenn man wie ich großen Genuß aus der Nahrungsaufnahme zieht, aus der Zubereitung derselben, aus dem Leuchten im Auge der

Esser, aus den wohligen Seufzern, aus den Gesprächen, die sich beim Essen einzig ums Essen und zwar um *dieses* Essen drehen sollten, so leidet man, wenn die Gaben der kulinarischen Gottheiten, zu deren demütigem Handlanger man sich gemacht hat, vergeudet scheinen. Ich möchte hier nicht in epischer Breite auf das Beispiel Paarhufer eingehen, denen man statt Eicheln ganz anderes vorgeworfen hat.

Es geht hier nicht nur um die narzistische Kränkung des Kochs. Zeuge solcher Mißachtung zu werden, selbst ohne eigene Kreativität geopfert zu haben, ist nicht meine Sache.

Der schwäbische Journalist etwa, der mir gegenüber bei einem Empfang in Schloß Christiansborg/Kopenhagen diesen zarten, silbriggefleckten Fisch (man hatte uns zuvor genau geschildert, in welchem entlegenen Fjord er zu finden sei) zerhackte, als habe er eine Currywurst vor sich. Er diskutierte mit seinem Nachbarn, einem Franzosen, über die Qualität von Freudenhäusern ›gestern und heute‹ (als Freier muß er, wenn man Schlüsse aus seinen Tischmanieren ziehen wollte, die Pest gewesen sein). Und dann die Dame mit dem sehnigen Hals, die vor meinen Augen eine safrangewürzte Spargeltimbale zu einem klebrigen Brei zermantschte und am Ende doch nur das Salatblatt der Dekoration wiederkäute. Sie trank dazu vier Flaschen Perrier.

Es fällt mir schwer, bei solch ketzerischen Akten zusehen zu müssen. Ich muß mich beherrschen. Ich würde gerne aufstehen und solchen Leuten den Teller wegnehmen, um ihnen ein geöffnetes Plastiknäpfchen mit Fertigsuppe hinzustellen. Vielleicht übertreibe ich. Es ist nur so, ich selbst genieße mein Essen erst wirklich dann, wenn mir jemand gegenübersitzt, den die Gaumenlust in einen ähnlich paradiesischen Zustand versetzt wie mich. Ein so empfindsamer und voyeuristischer Fresser wie ich hat es schwer, sich aus anderen Tellern herauszuhalten. Ich habe mitgelitten bei diesem feinen älteren Herrchen, gewiß romanischer Herkunft – er trug ein lachsfarbenes Cashmerewestchen unter seinem Anzug. Er saß, mit einer jungen Frau, Tisch an Tisch und unangenehm dicht neben mir. Wohl wahr, die junge Dame ihm gegenüber hatte er aus selbstsüchtigen Gründen auf die Weide jenes feinen Restaurants geleitet. Seine Mimik, seine Gesten ließen keinen Zweifel daran, daß er nach Hummerschwänzen und Rehnüßchen SIE zu verspeisen gedachte. Irgendwie aber rührte er mich bei diesem von Anfang an erfolglosen Unterfangen: eine Szene, die mir sonst eher Schadenfreude verursacht hätte. Vielleicht deshalb, weil mir beim ersten Blick klar wurde, daß seine kulinarischen Bestechungen nicht wogen auf der Waage seiner Angebeteten. Er selbst aß mit der Naivität und der Konzentration des Genußmenschen. Man konnte sehen, daß er gewohnt war, Speise und Trank als verläßlichen Helfern beim Liebeswerben zu vertrauen. Die junge Dame aber, sie war hübsch auf eine gesunde, etwas stutige Art, schaufelte, was immer auf ihrem Teller lag, in sich hinein, ohne es besonders anzusehen, warf ab und zu einen Blick auf den jungen italienischen Ober, der diskret um sie herumbalzte, betrachtete ihre Uhr (neu), besah ihre Beine, gähnte und prüfte den Zustand ihres Nagellacks, gähnte verstohlen.

Nun hatte ich mitangesehen, daß der Weinkellner mit großem Aplomb ganz zu Anfang des Mahles eine behutsam in einem Körbchen herbeigetragene Flasche Rotwein dekantiert hatte und diese unter den liebevollen und begehrlichen Blicken des Galans auf dem Tisch stand. Als er sich endlich daran machte, die dunkelrote Köstlichkeit auszuschenken, verlangte sie eine Cola. Dafür habe ich sie fast gemocht, ich muß es gestehen. Es war ein Akt der Anarchie und ging eigentlich über alles hinaus, was mich bis dahin gegen sie eingenommen hatte. Im Gesicht ihres Gegenübers malte sich die ungeheure Verblüffung darüber, daß diese überaus sinnliche Attacke auf ihre Standhaftigkeit fehlgeschlagen war.

Ich gebe zu, es gibt Momente im Leben einer Frau, in denen sie selbst zu diesem gaumenlosen Steinzeitmenschen wird, den ich hier soeben bejammerte und bloßzustellen trachtete.

Das köstliche Wildessen im Hause künftiger Schwiegereltern ist mir als solch ein Augenblick in Erinnerung. Dort nämlich, nach der Fasanenbrühe und noch vor den Wildenten auf Wildreis, wurde mir mit einemmal eisig und fürchterlich klar, daß ich meinen bis dahin Auserwählten – er saß unter einem ausgestopften Wildschwein, in dessen Rücken ein Kandelaber steckte – keinesfalls zu ehelichen gedachte. Ich erspare Ihnen die unaufhaltsam weiterrollende Speisefolge: Aller Augen ruhten wohlwollend auf mir. Ich hatte nicht die Größe, nach Cola zu verlangen, ja nicht einmal den Mut, etwas stehen zu lassen. Ich aß verzweifelt, ich besiegte jedes neue Gericht, ich kämpfte mich durch die vollen Weingläser, lobte gleisnerisch die Nachspeisen und Liköre. In meinem Mund wurde alles zu Sägespänen.

Hubertus, denn er hatte nichts mit dem Wildschwein in seinem Rücken gemein, bemerkte dies alles sehr wohl und nannte mich später eine kulinarische Banausin. Über unsere Trennung war er trotzdem untröstlich. Er hatte sich Hoffnungen gemacht, mich zu erziehen und in die Sinnlichkeit guten Essens und anderer Dinge einzuführen. Er hatte mich bis dato nur in der Mensa essen sehen. Der Ahnungslose.

Gelegentlich, wenn er und dieser Abend mir einfällt, tue ich ihm Abbitte. Heute weiß ich, was er durchgemacht haben muß.

Brief an einen Freund, die Absage eines Frühstücks betreffend, und was hernach passierte

Von Joseph von Westphalen

Lieber Freund, im Rückziehermachen war ich schon immer gut. Erst habe ich zugesagt – nun sage ich ab. Und schon fällt mir ein, daß dringend die Philosophie des Rückziehers geschrieben werden müßte. Wir hätten längst das Paradies auf Erden, wenn die Kunst des rechtzeitigen Rückziehers (Rückzug ist mir zu militärisch) beherrscht würde. Viele Kinder wären nicht gezeugt worden. Die Atomenergie wären wir längst los. Die französische Revolution hätte schon hundert oder zweihundert Jahre früher angefangen, der Zar wäre nicht 1917, sondern vielleicht schon 1789 abgesägt worden, Stalin hätte es auch nicht gegeben und die rechten Historiker, diese Regierungsschleimer, könnten sehn, was sie zu tun kriegten ohne die Theorie von Hitler als Antwort auf Stalin. Hitler wäre schon im Gefängnis von Landsberg um die Ecke gebracht worden, weil einem aufmerksamen Bewacher der Blödsinn nicht geheuer war, den der Zwangsneurotiker dort zu Papier brachte.

Sie werden nicht bestreiten, daß an dieser Überlegung etwas dran ist. Deswegen sage ich heute Hüh und morgen Hott, wobei mir schleierhaft ist, wie sich dieses feine Paar aus der Kutschersprache immer noch halten kann. Wie kann etwas, das so bar jeder Anschauung ist, sich so lange halten. Wenn Hüh und Hott überleben, dann wir doch wohl um so mehr. Das ist der Preis des ewigen Lebens – man bleibt erhalten, aber keiner weiß, was von einem zu halten ist.

Zur Sache: Ihre Einladung zum Frühstück, morgen, sage ich heute – kurzfristig – ab. Neulich habe ich zugesagt, ehrlich gesagt nicht so freudig, wie ich vielleicht geklungen habe. Der Grund dieser Zusage war nicht das Frühstück mit Ihnen, sondern das Treffen, das ich nach dem Frühstück mit einer Dame haben würde. Ich brauchte einen Grund, das Haus zu verlassen. Es ist immer gefährlich, das Haus zu verlassen, um ein Liebesziel anzusteuern. Die schönste Liebe ist die drangehängte. Nach einem Geschäftstreffen belohnt man sich mit einem Liebesabenteuer. Ich hätte zehn Minuten mit Ihnen über Geschäfte geredet, dann wäre ich verschwunden. Die Liebe ist entspannter, wenn man sagen kann: Ich war gerade in der Nähe. Ich hatte hier zu tun. Die Liebe will gar nicht, daß man wie ein Irrer auf sie zugeht. Man muß sie umkreisen. Nachdem ich eine Teilwahrheit verraten habe, könnte ich Ihnen nun sagen: Wie Sie sehen, kann ich Ihrer Frühstückseinladung nicht folgen, weil meine Liebste eine Erkältung hat. Mit ihrer roten Feuchtnase will sie nicht von mir gesehen werden. Folglich will ich Sie auch nicht sehen, haben Sie bitte Verständnis dafür, mein lieber Freund.

Würden Sie mir diese Ausrede verübeln? Ich hoffe nicht. Sie sind ein Mann von Welt, Sie verstehen das. Vor allem mit dieser letzten Benennung mache ich Sie machtlos. Doch seien wir ehrlich: Als Sie neulich anriefen und mich fragten, ob ich am soundsovielten morgens um zehn Zeit hätte, wir könnten die Angelegenheit beim Frühstück im Hotel besprechen, da dachte ich, jetzt fängt das Arschloch auch schon mit den Frühstückseinladungen an. Sie sagten zwar, ich erinnere mich, Sie könnten diese abendlichen Geschäftsessereien mit Saufen etc. nicht mehr ertragen – schon gar nicht mit angenehmen Leuten wie mir. Nett von Ihnen und gemein von mir, dann so zu denken. Trotzdem: Die neuerliche Frühstücksmode übersteigt meine Kraft. Das Frühstück, genauer das deutsche Frühstück, war früher das letzte Terrain, das noch nicht von der deutschen Gemütlichkeit erfaßt war. Man schlang und schlürfte und verließ hastig das Haus. Wunderbare Kulturlosigkeit. In den Hotels gab es zwei dieser unglaublich glatt abgeschnittenen Graubrotscheiben, einen Klecks ekelhafte Marmelade und irgendein Kaffeegesöff. Ich habe eine Scheibe Brot mit dem kleinen Stück Butter bestrichen, das für eine Scheibe gut ausreichte, etwas Salz darauf, hap, hap, und weg. Dann Kaffee und die Schlagzeilen in der Zeitung, fertig.

Mit den frischen Brötchen fing der Niedergang an. Und der Deutsche – es ist eine deutsche Fatalität! – hat im Laufe der Jahre auf seinen Reisen festgestellt, daß alle besser frühstücken als er. Die Engländer! Unglaublich, was die alles futtern. Die Amis. Die Franzosen mit ihren Croissants und die Italiener mit ihrem Cappuccino. Die Reisenden in das, was früher Sowjetunion hieß (das Wort ist schon älter als Hüh und Hott), schwärmten von üppigen Frühstücken mit Suppen und Würsten in Moskauer Hotels. Das Dummvolk der Deutschen in seiner bescheuerten Perfektionssucht hat nun alle auf einmal nachgeahmt. Die Amis mit ihren Hotelketten haben geholfen und das Ergebnis sind 27 oder 17 Meter lange Frühstücksbüfetts, Sie wollen bitte verstehen, daß ich mir diese absurde Zahl nicht merken will.

Ich will mich am Morgen nicht entscheiden. Ich will irgendetwas in mich hineinstopfen, damit ich den Kaffee besser vertrage. Den Kaffee trinke ich nur, damit ich gut kacken kann. Halten Sie mich ja nicht für einen analen Charakter, ich warne Sie. Die Wertschätzung morgendlicher Verdauung ist allgemein als nichtneurotisch akzeptiert. Ich interessiere mich am Morgen für die Nachrichten in der Zeitung, meine Verdauung, meine Zigarette und das Kinoprogramm vom Abend, manchmal auch für preisgünstige CD-Player-Angebote. Ich will weder eingeladen werden, noch Leute zum Frühstück einladen. Lachs und Krabben und Avocados am Morgen: Ich will sie nicht. Keine Entscheidungen, es lebe die Ungemütlichkeit, das Frühstück im Stehen, die Hast.

Meine Liebste hat keine Erkältung. Ich werde sie wie verabredet morgen um viertel nach zehn aufsuchen. Ich brauche Sie nicht als Grund, um das Haus zu verlassen. Meine Frau hat zum Frühstück Leute eingeladen. Immer, wenn sie das tut, fliehe ich. Wahrscheinlich hat sie lauter Liebhaber eingeladen. Kommen Sie doch hierher. Es wird entsetzlich viel zu fressen geben, aber wenigstens kein Büfett.

Offen gestanden ist mir egal, was Sie machen. Lassen Sie mich morgen meine Butterschnitte vertilgen und mich dann meiner Wege gehn. Rufen Sie mich an, man kann die Sache telefonisch erledigen. Nieder mit den Angriffen auf die letzten Bastionen des Privatlebens! Nieder mit der Internationalisierung des Frühstücks! Sofortige Festnahme aller angeblich Studierenden und sonstigen Langschläfer, die sich am frühen Nachmittag in Modecafés schleppen und gähnend ein großes Frühstück bestellen, das es bis 18 Uhr gibt, wie die Frühstückskarte augenzwinkernd verrät.

Ich will mit diesem ganzen Schmarrn nie wieder was zu tun haben. Ich bin kurz davor, auch noch andere Mahlzeiten zu verbieten. Sie glauben nicht, wie ich mich dafür hasse, mir in Lokalen immer eine Rechnung geben zu lassen. Ich bin gezwungen, dieses Absetzspiel mitzuspielen, ich habe keine passenden Ausgaben außer diesem dämlichen Essen. Was ich wirklich zum Arbeiten brauche, sind täglich drei neue Schallplatten (ich nenne die kleinen, neuen Silberhostien hartnäckig so), das aber kapiert das Finanzamt nicht. Also setze ich Fressen ab, der einzige Grund, weswegen ich mit meiner Familie von Lokal zu Lokal ziehe. Und die akzeptieren das! In jedem meiner Bücher schreibe ich, daß ich noch nie in meinem Leben einen Menschen zum Geschäftsessen eingeladen habe, aber jährlich tausende absetze. Nobelpreisträger aller Länder habe ich schon eingeladen. Das ist absetzbar. Was ich wirklich zum Überleben brauche, ist Bessie Smith' Blues, denn sie denkt nicht ans Essen: I need some sugar in my bowl, I need a little hot dog in my roll. Sie verstehen, daß ich diese Platte sofort besitzen muß. Morgen um zehn, wenn der Laden aufmacht und Sie einsam vor Ihrem Büfett sitzen, werde ich dorthin gehen und viertel nach zehn wird der Blues woanders erklingen, während Sie immer noch nicht den Ober erwischt haben, der Ihnen den Kaffee eingießen soll. Denn mit Getränken klappt erst recht nichts an den idiotischen Büfetts. Lassen Sie sich deswegen so einen Hotelwichtigtuer kommen und fragen Sie ihn, was das für ein Sauladen sei. Es grüßt Ihr Frühstücksfeind

Joseph W.

Lieblingsrezept

Von Peter Rosei

Auch ich esse Spaghetti und Kartoffeln lieber als Klapperschlangenragout, aber daß es überhaupt gegessen wird, fasziniert mich mehr als der Kartoffelstock«, schreibt Daniel Spoerri in seinem *Gastronoptikum*.

Vor vielen Jahren, als ich mich vor dem Großstadtleben auf ein Dorf im salzburgischen Flachgau, unweit der bayerischen Grenze, verzogen hatte, wurde mir zwischen allen den Barockkirchlein, Kühen und grünen Hügeln schrecklich langweilig – so kam ich aufs Kochen. Ich begann mit Rezepten einer volkstümlichen Küche, soweit sie nur komplex genug waren, mich Stunden oder Tage zu beschäftigen. Ich beherzigte die Regel, wonach der Einkauf das halbe Kochen ist, fuhr erst in eine nahegelegene Provinzstadt, und so mir dann noch etwas an Ingredienzien fehlte, in die Landeshauptstadt, ich war mit einem Mal ein vielbeschäftigter Mann.

Ein typisches Rezept aus dieser Zeit ist der sogenannte *Fliegerrostbraten*, den ich allein seines Namens wegen gerne zubereitete. Flieger – mit diesem Wort verband sich mir und einem gleichgesinnten Kreis von Freunden, die dann auch meist anreisten, um die von mir komponierten Speisenfolgen zu verzehren, die Vorstellung von einem Menschen und, daß ich's nur zugebe, insbesondere einem Mann, der, von weiblich gedachten Flugzeugträgern da und dort aufsteigend, in der blitzblauen Luft seine tollkühnen Pirouetten vollführt.

Der *Fliegerrostbraten*: 4 dünngeklopfte Rostbraten mit Salz und Pfeffer einreiben und auf der einen Seite mit Senf bestreichen. – 4 Schweinsschnitzel ebenfalls sehr dünn klopfen, salzen und mit Paprika bestreuen. – Ein paar Gramm Speck, 2 geputzte Sardellen, einige Kapern und Sellerieblatt oder Petersilie fein hacken, durcheinandermengen und auf die Schweinsschnitzel streichen, diese auf die Rostbraten legen, alles zusammenrollen und -binden. Die solcherart geschaffenen Rouladen ins erhitzte Fett geben, schön braun anbraten. Schon vorbereitete feingehackte Zwiebel in passender Menge dazugeben, kurz durchrösten, aufgießen. Alles zusammen 1–11/2 Stunden weich dünsten.

Die fertigen Rouladen in eine vorgewärmte Kasserolle; den Bratsaft mit Rahm und Mehl binden, über die Rouladen gießen. – Mit Nockerln oder Knödel auftragen. – Bier dazu servieren.

Als sein Freund Drury 1940 einrücken mußte und sie sich auf einem Pier in Liverpool voneinander verabschiedeten, schenkte ihm Wittgenstein mit den Worten: »Water tastes so much nicer out of silver« einen silbernen Trinkbecher.

Seit ich mein Landleben aufgegeben habe und in die Metropole zurückgekehrt bin, habe ich keine Zeit mehr und komme nicht mehr zum Kochen.

Mein Leben erinnert micht jetzt öfter an die Anekdote, die uns Redmond O'Henlon überliefert: Er steht mit seinem Kumpel an der Zollkontrolle irgendwo in Malaysia, und als der Zöllner entdeckt, daß sie nach Borneo wollen, ruft er: »Was?! Da wollen sie hin?! Das sind doch Menschenfresser.« – Worauf Redmond lacht und zu seinem Kumpel sagt: »Let's have a few more drinks! Just in case.«

Geschmaxache

Von F.W. Bernstein

Satt an der Sprachgrenze
I
Es schmeckt ein Hirsch wie Donnerhall!
II
Zwei Flammen schlagen oben aus
meinem Reisbrei raus.
Die eine heißt ICHWEISSNICHTWIE
die andere MANWEISSESNIE;
Soviel zum Herrn G. Schmack,
dem Sack!
III
Schleck:
Nudel meckt SCHMATZ und der Huhn meckt sehr gut;
mmmmm – das tut!
NJAM meckt Freund Supp, Herr Hecht BÄH meckt schlecht;
doch der Weiwein meckt fein, da geht er ULP rein.
das zeigt:
worüber man nicht reden kann muß man schmecken, ja?
Oder nein: wenn Du was Du schmeckst und ich
will mal sagen: Also das schmeckt!
Aber wie?
KIKERIKI!
IV
Kotlett rein und Wort heraus:
WRABF! HPHHHHHHHHHH – ÖB!
Tschuldigung!
Hat gut geschmeckt?
Ja danke. Zahlen.
Mir noch einen trockenen Schwein. Ist der auch durch?
Schreck!

Ein eduardisches Wochenende

Von Harold Nicolson

Das Zeitalter Eduards VII. wird wohl – wie wir annehmen dürfen – als ein Zeitalter der Bequemlichkeit in die Geschichte eingehen. *Das ist nicht richtig.* Es war ein Zeitalter des fieberhaften Luxus; gleichzeitig war es das Zeitalter einer absonderlichen menschlichen Abgeschmacktheit. Die Menschen legten damals falsche Wertmaßstäbe an und versuchten – zum Glück erfolglos – diese Wertbegriffe ihren Kindern aufzuzwingen. Das ganze glitzernde Jahrzehnt verstrich in einer Atmosphäre gesättigten Überflusses. Es ist an der Zeit, die Jadeschnitzereien und den Hummer der eduardischen Epoche an den Pranger zu stellen.

Erst einmal aßen die eduardischen Menschen unmäßig und um die Wette. Kein Zeitalter seit dem Neros kann einen so unbegrenzten Zuwachs an Gerichten aufweisen. Die Menschen dieser Epoche wurden um achteinhalb Uhr morgens von ihren Kammerdienern geweckt. Diese stummen, aber feindseligen Bedienten kamen mit einer blanken Messingkanne in ihrer linken und einem blanken Messingtablett mit Tee, Toast und Biskuits in ihrer rechten Hand herein. Der Eduardier kaute, unter seiner rosaseidenen Eiderdaunendecke liegend und mit seinen übersättigten Augen blinzelnd, mit vollen Backen die Biskuits und nippte an dem Tee. Hierauf brachte er sein Gebiß in Ordnung, richtete sein Haar, schlüpfte in seinen afghanischen Morgenmantel und schlürfte gelangweilt den Gang entlang ins Badezimmer. Wenn er Gast in einem reichen Hause war (und in der eduardischen Periode waren alle Häuser reich), so fand er im Badezimmer den von seinem Vorgänger hinterlassenen Parfümgeruch vor, die halbvollen Fläschchen (»Flakons« hieß das damals gebräuchliche Wort) mit Hammar Bouquet von Monsieur Penthalicon. Der Gast goß seine Essenz in die Wanne, welche sein Diener bereits von den Schmutzflecken, der Seifenlauge und den anderen *disjecta membra* des vorhergehenden Benützers gesäubert hatte. Das Wasser war lauwarm. Eduardisches

Badewasser war immer lauwarm. Auch die Seife war lauwarm. Sein Vorgänger hatte seinen Siegelring in der Seifenschale zurückgelassen. Durch den Duft von Hammar Bouquet drang langsam der Geruch von Lavendelsäckchen und Sanitas. – Verdrießlich und geplagt von schlechter Verdauung fuhr der Eduardier mit seinem Bad fort. Er rasierte sich im Bad sitzend. Alle Eduardier – im Grunde genommen ein schmuddeliges Völkchen – taten das.

Wenn er über den roten rauhhaarigen Läufer, mit dem die endlose Gleichförmigkeit des Korridors belegt war, in sein Schlafzimmer zurückkehrte, fand er, daß die Fenster inzwischen ein wenig geöffnet und seine Kleider auf dem mit Chintz bezogenen Plaudersofa für ihn zurechtgelegt worden waren. – Während er seinem Fabergé-Etui eine Régie-Zigarette entnahm, betrachtete er diese Kleider mit Befriedigung. War er ein guter Eduardier, so bestanden sein Hemd und sein Kragen aus einem Stück. Ein weißes Hemd, das vorne auf der Brust etwas gefältelt und gestärkt war, endete in einem steifen, engen, hochgestellten Kragen. Hart und rund, lag dieser Kragen bereit, bald seinen Hals zu umfangen. Andernfalls lag ein ebenso steifer Piccadilly-Kragen auf dem Toilettentisch für ihn bereit. Schwarzer Anzug, eine grauseidene Krawatte, eine hübsche Smaragd-Krawattennadel, die einen Fasan darstellte, der langsam von links nach rechts stelzte; ein Batist-Taschentuch, ein Spritzer Eau-de-Cologne, sein Geldbeutel, sein Visitenkartentäschchen, ein Geruch nach Euchrisma, wie er nun sein Haar bürstete. Dann stieg er über die mit einem roten Teppich belegten Treppenstufen hinunter zum Frühstück.

Nur die wirklich unschicklichen Eduardier frühstückten in ihrem Zimmer. Die anderen trafen sich, an diesem Sonntagmorgen, im Eßzimmer. Der Geruch nach dem Portwein vom vorhergehenden Abend war dem Geruch der Spiritusbrenner von diesem Morgen gewichen. Reihen kleiner Spiritusflämmchen wärmten Reihen großer silberner Schüsseln. Auf einem Tisch rechts zwischen den Fenstern gab es verschiedene Schinkensorten, Zunge, zarte kalte Fleischgerichte in Gelee, kalte Schnepfe, kalten Fasan, kaltes Rebhuhn, kaltes Schneehuhn. Keine eduardische Mahlzeit war vollständig ohne Schneehuhn. Kalt oder warm. Aber immer war es Schneehuhn. Auch gab es da einen kleinen zarten Würfel Corned Beef aus dem Laden von Monsieur Benoist. Auf einem anderen Tisch, links zwischen den Türen, standen Früchte unterschiedlichen Umfangs, Krüge mit kaltem Wasser und solche mit Limonade. Ein vierter Tisch war dem Zubehör zur Hafergrützen-Zubereitung vorbehalten. Auf einem fünften standen Kaffee und Kannen mit indischem oder chinesischem Tee. Die Teekannen waren voneinander durch kleine Bändchen unterschieden, gelb (bedeutete China) und rot (bedeutete, ohne Hintergedanken, unser indisches Reich). Der mittlere Tisch, der für dreiundzwanzig Personen gedeckt war, stand bereit mit Gartennelken und Toaströstern. Zeitungen waren zu diesem Zeitpunkt noch nicht erlaubt.

Um neuneinhalb Uhr herrschte in dem eduardischen Eßzimmer eine ausgesprochen gewagte Atmosphäre. Ein angenehmer Hauch von Verschwörung und Sünde hing über dem Geruch der Spiritusflämmchen. Denn waren sie nicht alle dazu erzogen worden, an der Morgenandacht teilzunehmen? Und hatten sie sich nicht alle dieser Verpflichtung entwöhnt? Freilich, um neun Uhr hatten sich zwar der Gastgeber und die Gastgeberin mit ihrer Nichte in die Hauskapelle begeben, um den Butler eine kurze Tagesandacht vorlesen zu hören. Aber die Gäste waren ihrerseits dieser aus der viktorianischen Zeit stammenden Verpflichtung aus dem Wege gegangen. – Dieses kollektive Fernbleiben verlieh dem Zusammensein eine prickelnde Atmosphäre. Es war nichts Unechtes an der aufgeschlossenen Munterkeit, mit der sie einander begrüßten, mit der sie besprachen, wie dieser oder jener geschlafen hatte. »Ein wenig Gemüsesalat, Lady Maude?« »Oh ja, bitte, Mister Stapleton«. Offensichtlich ging alles glänzend.

Ein eduardisches Frühstück war keineswegs eine hastige Angelegenheit. Der Haferflockenbrei wurde so nebenher verzehrt, während man herumging und zusah, wie der Regen auf den italienischen Garten herunterrieselte. Dann kamen geräucherte Fische, Omelettes, gewürzte Nieren und Fischsalat in Muschelschalen. Dann Zunge und Schinken und ein Stück Schneehuhn. Dann warme Brötchen mit Honig und Marmelade. Und danach eine kleine Melone, ein Pfirsich oder zwei, und nur eben eine oder zwei von diesen köstlichen Riesenhimbeeren. War es soweit, dann zogen sich die Männer ins Rauchzimmer zurück. Die Damen blieben müßig im Salon und sahen zu, wie der Regen auf den italienischen Garten herunterrieselte. Derweilen war es zehn Uhr dreißig geworden.

Wenn das Haus keine eigene Musikkapelle aufwies (nicht alle eduardischen Häuser hatten eine eigene Kapelle), dann »versammelte man sich in der Diele«. Dort waren Bediente mit kokardengeschmückten Zylinderhüten und langen lederfarbenen Mänteln mit goldenen Knöpfen geschäftig. Man fand eine gewisse Lustigkeit darin, zu entscheiden, wer im offenen Wagen, wer im Landauer, wer in der Kutsche und wer im Zweisitzer fahren – und wer zu Fuß gehen sollte. Die letzte Kategorie ergriff Schirme und Regenmäntel. Die Menschen rollten in den Wagen davon, ihre Gebetbücher und eine halbe Krone für die Almosenspende in den Händen. Aus einer Seitentüre erschienen mit großen Augen und frisch gewaschen die Kinder mit ihren Gouvernanten. Sie gingen durch den Park zu der hinter dem Pförtnerhäuschen gelegenen Kapelle.

Diese Eduardier sangen mit Inbrunst die Psalmen und die Hymnen, mit Andacht lauschten sie den Erzählungen aus dem Alten Testament. Der Geruch nach Leder und nassem wasserdichtem Mantelstoff durchdrang die dumpfige kleine Kapelle. Dann und wann fiel polternd ein Regenschirm von einem der Kirchenstühle auf die Erde. Der Schlußsegen ergoß sich über eine Schar gebeugter Häupter. Die Damenhüte waren reich geschmückt mit künstlichen Blumen; die Köpfe der Männer dufteten reichlich nach Euchrisma. Unter triefenden Bäumen hindurch wanderte man zurück zum Mittagessen.

Die halbe Stunde vor dem Essen wußten die Eduardier nichts Rechtes mit sich anzufangen. Die Frauen zogen sich in ihre Zimmer zurück und richteten ihr Haar und ihre Gesichter. Die Männer versammelten sich im Lesezimmer, wo sich bald der Geistliche oder gegebenenfalls der Hauskaplan zu ihnen gesellte. Ein schüchterner kleiner Mann, der alle diese Londoner Leute nicht kannte und nicht genau wußte, welche Tonart er ihnen gegenüber anschlagen sollte. Die jüngeren Männer kamen später, nachdem sie sich umgekleidet hatten.

Große Vasen mit Orchideen und Chrysanthemen standen auf den Tischen. Da gab es Silberschalen mit weißen Rosen und Kristallvasen mit roten Rosen. Die Gastgeberin ging von einer Gruppe zur anderen, nestelte mit ungeduldigen, von Smaragden übersäten Fingern an diesen Blumen und rückte sie zurecht. Dann ging man zu Tisch. Der Geistliche, der als letzter kam, blieb im Hintergrund.

Eduardische Mahlzeiten waren anstrengend und prachtliebend. Es gab eine Theorie, wonach eine gute Gastgeberin »ihre Gäste ins Gespräch ziehen« sollte. Das bedeutete, daß sie einen Gesprächsköder über den großen Tisch auswerfen mußte und nicht erst wartete, ob der Fisch auch anbiß. »Oberst Westmacott, Sie müssen uns unbedingt vom Sambesi erzählen« und »Ach, Klara, ist es wirklich wahr, daß der liebe Evy nach Nauheim gehen muß?« Ein allgemeines Stimmengewirr setzte ein. Es war nur ein Gewirr.

Nach dem Essen machte man einen Rundgang durch den Park. Die Ställe besichtigte man nicht. Seit dem Aufkommen der Automobile waren die Ställe viktorianisch geworden. Die älteren Teilnehmer der Gesellschaft fuhren in einem offenen Daimler nach Stonehenge hinüber. Sie erschienen, betagt und aufgeregt, in gebleichten Autoschutzschleiern. Oberst Westmacott, in schottischem Kragenmantel und Gamaschen, stiefelte mit Lady Moira los, um die Steinbrüche zu besichtigen. Hauptmann Fairfax nahm Miß Sinclair auf eine Fahrt in seinem De Dijon mit. Professor Steinholz machte ein Schläfchen.

Der Tee wurde im blauen Salon gereicht. Es gab kleine Ingwer-Biskuits, die man nur aus Biarritz beziehen konnte und von denen man einen Vorrat für den Fall bereithielt, daß der König kommen sollte. Alle eduardischen großen Häuser bewahrten einen Vorrat an Dingen wie Ingwer-Biskuits, Auberginen, französische Süßigkeiten und Badesalze für den Fall auf, daß der König kam. Und er kam auch. Er kam immer wieder. Und am Montagmorgen lasen die anderen Leute alles diesbezügliche in der *Morning Post*. Nur wenn der König wirklich kam, ging man soweit, Hummersalat zum Tee zu reichen. Sonst gab es nur eben kleine weiche Weizenmehlkuchen, Eier-Sandwiches und belegte Sandwiches, Schokolade- und Nußkuchen und Kaffee- und noch andere Kuchen. Auch waren da kleine Teller mit Messern, die einen dazu passenden Porzellangriff hatten, um Tiptree-Fruchtgelee auf Toast oder Brioches zu streichen. Der Butler, der Kammerdiener, der zweite Butler und die Diener reichten die Platten herum. Aber in den besten Häusern (und die meisten eduardischen Häuser waren die besten) blieb die Dienerschaft beim Tee nicht da.

Nach dem Tee standen im roten Salon die Bridgetische bereit und die Männer spielten nicht selten Billard. Das Abendessen fand um achteinhalb Uhr statt. Die Damen zogen sich eine Stunde vorher zurück, um ihr Teekleid mit den anderen Dingen zu vertauschen, die sie zum Abendessen trugen. Die Männer zogen sich in noch griesgrämigere und steifere Anzüge um, als die waren, die sie den ganzen Tag über getragen hatten. Die Gäste versammelten sich wieder in dem gelben Salon. Der Gastgeber hatte mittlerweile seine Gesellschaft schon ein wenig satt bekommen und gab leise ungeduldig an, wer wen zu Tisch führen sollte. Umständlich hielt er ein Stückchen Papier in der Hand und ging umständlich von einem Mann zum anderen. Langsam betraten die Frauen nach und nach das Zimmer und führten so ihre Toiletten vor. Dann kam das Abendessen. Schneehuhn und Champagner. Champagner und Schneehuhn. Die Gastgeberin bemühte sich beim Abendessen nicht, eine allgemeine Unterhaltung zustande zu bringen. Das tat man nur bei der Mittagstafel. Beim Abendessen unterhielten sich die Leute mit ihren Tischnachbarn, indem sie höflich den Oberkörper zur Seite neigten. Um neun Uhr fünfundvierzig rauschten die Damen, indem sie Seitenblicke zurückwarfen, aus dem Zimmer. Der Gastgeber nahm sein Glas Portwein, indem er es mit gezierten Fingern oben am Rande ergriff und setzte sich auf den leer gewordenen Platz seiner Frau. Um zehn Uhr fünfzehn gesellte man sich zu den Damen im Musiksalon.

Wieder Bridge. Und um Mitternacht gab es im Holbein-Zimmer gewürztes Huhn und noch mehr Brötchen und jede Sorte von Akohol und Mineralwasser, die ein Mann und eine Frau sich nur wünschen konnten. In den Gängen lungerten die Zofen verdrossen gähnend herum. Ein Feuer knisterte in den Kaminen und spiegelte in dem Messingbettgestell und den Spiegeln wider. Die rosaseidenen Leselämpchen brannten neben den Betten. Auf dem Nachttisch standen Flaschen mit Vichy und anderem Mineralwasser, dazu zugedeckte Teller mit Sandwiches. Eine mit einem breiten durchgezogenen Band verzierte Decke aus Schwanendaunen war über das Sofa drapiert. Der Teekessel über dem Kaminfeuer summte.

Am nächsten Morgen packten die Kammerdiener der Eduardier deren Eno's Fruchtsalz und die Jagdklappstöcke ein. Dann kehrten die Eduardier mit dem Zug nach London zurück. Am Paddington-Bahnhof wurden sie von ihren Wagen erwartet; die Pferde kauten ungeduldig die Zäume. – Noch bevor der Zug einlief, lasen die Teilnehmer der Wochenendeinladung in der *Morning Post* eine Liste der Gäste der Wochenendeinladung. Sie kehrten in die Curzon Street zurück und fühlten sich in der Tat recht geschmeichelt. Und am nächsten Sonnabend würde alles wieder von vorne anfangen. Verglichen mit der anstrengenden gesellschaftlichen Disziplin, die sich diese mutigen Menschen selbst auferlegten, mag unsere eigene Laxheit ein wenig dekadent erscheinen. Wer unter uns Heutigen würde sich wirklich für die Kirche umkleiden und dann zum Mittagessen und zum Tee und wieder zum Abendessen? Wer von uns besäße die Ausdauer, alle diese Mahlzeiten zu überstehen, allen diesen Schnickschnack über sich ergehen zu lassen? Wer würde sich heute etwas daraus machen, ob er nach Upyatt Lacy oder nach West Warren eingeladen wurde oder nicht? Wer druckt oder liest heute noch die Liste der Einladungen von Samstag auf Montag? Der Krieg wurde nicht umsonst ausgefochten. Wir sind von diesen falschen und anspruchsvollen Forderungen befreit worden. Wir haben unsere Strickwesten, unsere Cocktails und unsere Freiheit. Wir können in der Bond Street Pfeife rauchen und im Juni graue Flanellhosen tragen. Ich bedauere nicht, alt genug gewesen zu sein, um noch den Ausklang des eduardischen Luxus mitbekommen zu haben. Aber ich danke dem Schicksal, daß ich auch jung genug war, um die größeren Freiheiten unseres nachfolgenden Zeitalters genießen und an ihnen teilnehmen zu können. Seien wir ehrlich: Die Eduardier waren bis zu einem gewissen Grade gewöhnlich. Ihnen mangelte der Stil. Sie kannten nur den harten Glanz ihres eigenen elektrischen Lichtes: eines Lichtes, das mitleidlos herabstrahlte auf Courmacher, Schneehühner, Bridgetische, Emaildöschen und

Platten und Schüsseln voll erlesener Gerichte. Ihnen fehlte die Einfachheit, und ihr Aufwand war kostspielig, aber wertlos. Ich für meine Person ziehe den weiten Kreis unseres einfacheren Horizonts vor, wenn er auch durch die Wogen der Ungewißheit in Unordnung geraten ist. Auch kann man, alles in allem genommen, den Eduardiern nicht ihr grundlegend falsches Wahnbild verzeihen. Denn niemals kam ihnen in den Sinn, daß Geist von irgendwelchem Wert sein könnte.

Traum

Von Ernst Orvil

Ich bat den Diener in Perpignan
mir ein Entrecôte zu bringen dazu
eine einigermaßen temperierte Verblüffung.

Aber da der Traum mir etwas
zu trocken schien, rief ich erbost:
Mehr Artischocken, zum Teufel.

Da sagte Gott: Hast du
mich gerufen? Ich sagte: Nein Herr,
ich wollte nur etwas Salat.

Deutsch von Werner Lewerenz

Linkshänders Lamento

Von Rosemarie Farkas

Linkshänder, so lese ich in regelmäßigen Abständen in den populärwissenschaftlichen Rubriken diverser Zeitungen und Magazine, sind ganz besondere Menschen. Sensibler und flexibler seien sie, phantasiebegabter und kreativer, origineller halt als der Durchschnitt. Belegt wird das mit Beispielen von Leonardo bis Paul McCartney. Das schmeichelt mir, denn – der Leser ahnt es schon – auch ich bin Linkshänder und identifiziere mich nur allzu gern mit soviel Wahrem, Schönem, Gutem.

Aber, heißt es weiter, die Linkshänder haben eine geringere Lebenserwartung, sie verunglücken häufiger und begehen öfter Selbstmord, kurz, sie seien die unglücklicheren Menschen. Woher das kommt, kann ich erklären: Es liegt an der Verschwörung, welche die Rechtshänder in puncto Nahrungsaufnahme gegen die Linkshänder angezettelt haben und die gerade in der feinen Küche mit vollendetem Sadismus betrieben wird!

Bei einem Besuch im Münchner *Tantris*, das damals noch drei Sterne hatte, wurde mir endgültig klar: Man gönnt uns Linkshändern das gute Essen nicht. Quälend noch immer die Erinnerung an einen köstlichen Petersfisch, der auf zweierlei Saucen gebettet war. Der extra flache Saucenlöffel, der rechts von meinem Teller bereitgelegt war, funkelte wie höhnisch. Ich ergriff ihn mit der Linken – wobei das Weinglas ins Wanken kam – und versuchte, ein wenig von der Champagnermousseline aufzunehmen. Ein Fehlschlag. Denn diese sogenannten Saucenlöffel haben auf ihrer rechten Seite einen geschwungenen Einschnitt, der vorgibt, dekorativ zu sein, in Wahrheit aber nur der Belustigung der Rechtshänder dient, die sich daran weiden können, wenn einem Linkshänder wieder und wieder durch die Einkerbung hindurch die Sauce auf den Teller zurückfließt. Dann der Augenblick der tiefsten Demütigung: Im verzweifelten Bemühen, der Sauce doch noch habhaft zu werden, greife ich resigniert mit der Rechten nach dem Löffel (wieder wackelt das Glas) und mit halb spastischen Bewegungen versuche ich, den Löffel mit der »guten« Hand zum Mund zu führen. Muß ich eigens erwähnen, daß das meiste auf der frisch gebügelten Seidenbluse landet, ein kleinerer Teil den Ärmel meines Samtjacketts bekleckert und mir nur noch bleibt, zutiefst beschämt den bereits leeren Löffel abzulecken?

Wehe aber dem Linkshänder, der versucht, sich nach diesen erniedrigenden Erfahrungen mit einer Tasse guten Kaffees zu stärken! Das Gefäß, Marke Rosenthal, in welchem das Tantris dieses Getränk verabreicht, ist dazu angetan, einen Linkshänder in tiefste Depressionen zu stürzen – handelt es sich doch um die Ausgeburt der teuflischen Phantasie eines Linkshänder-Hassers. Diese Art Tasse besitzt keinen Henkel in der üblichen Form, der von Rechts- wie Linkshändern gleichermaßen gut zu nehmen ist. Vielmehr erstreckt sich ein Streifen Porzellan von rechts oben nach links unten über die Tasse. Beim ersten Versuch, eine solche Tasse zu ergreifen, rutscht sie uns Linkshändern unweigerlich aus der Hand, und die heiße Brühe ergießt sich über die bislang intakt gebliebenen Kleidungsstücke der unteren Körperhälfte. Rock, Strümpfe, Schuhe sind ruiniert, die Oberschenkel erleiden Verbrennungen zweiten Grades. Es gibt nur eine – wenig zufriedenstellende – Möglichkeit für uns, den Kaffee zu trinken, ohne körperlich Schaden zu nehmen: abwarten, bis er kalt ist und dann die Tasse beherzt mit der Linken um den Corpus fassen.

Doch muß ein Rechtshänder nicht unbedingt dreihundert Mark für ein Essen ausgeben, um sich am Mißgeschick eines Linkshänders zu ergötzen. Mit etwas Glück kann er das zu bescheidenem Preis in jedem Kaffeehaus. Haben Sie schon einmal eine herkömmliche Kuchengabel betrachtet, und ist Ihnen dabei die Asymmetrie dieses dreizackigen, mißgestalteten Werkzeugs aufgefallen? Linkerhand besitzt so eine Kuchengabel eine breite, flache Seite, die dazu dient, festere Kuchenböden wie mit einem Messer zu durchteilen. Uns Linkshändern steht zum gleichen Zweck nur der stumpfe Zinken der rechten Gabelseite zur Verfügung. Was Wunder, wenn da schon mal die harten Kuchenbrocken nach allen Seiten davonstieben, platschend im Kaffee landen oder auch im Dekolleté. Jetzt wissen Sie wenigstens, warum Linkshänder in der Öffentlichkeit stets nur labbrige Sahnetorten essen.

Die grausamste Mißhandlung aber, die Rechtshänder ihren empfindsameren Mitmenschen zufügen, findet unter Ausschluß der Öffentlichkeit statt, die Opfer sind zarte Kinderseelen. »Lernlöffel« oder ähnlich pädagogisch verbrämte Bezeichnungen versuchen, den wahren Zweck des Folterinstruments zu verschleiern, mit dem bereits die kleinen Linkshänder gequält werden. Dabei handelt es sich um einen Löffel, dessen Stiel im rechten Winkel von der Schalenform abgeht. Für das gute, brave, rechtshändige Kind eine Erleichterung beim Essen: Der Brei kommt geradewegs auf das Mündchen zu. Für das andersartige, das linkshändige Kind aber bedeutet dieser Löffel schlicht Nahrungsentzug. Denn das Essen wendet sich ab vom Kind. Versucht es dennoch, den Löffel zum Mund zu führen, so landet der Brei auf Tisch und Lätzchen – wie dreißig Jahre später die Sauce zum Fisch auf der Seidenbluse.

Martinos schönster Platz

Von Erich Maletzke

Man muß Martino sitzen sehen, um zu begreifen, wie Ruhe, Zuversicht und Abklärung verkörpert werden können. Und da Martino weiß, daß seine Stärke im Sitzen liegt, daß es seine ohnehin große Autorität weiter stärkt, dazu seinen Wohlstand und zusätzlich die Zufriedenheit mit sich selbst und seinem Dasein, deshalb pflegt Martino das Sitzen mit einer Ausdauer, der man nur Bewunderung zollen kann.

Kaum ist am Morgen die Sonne über die nahen Berge geklettert, und seine Mitbürger in Casanova Lerrone erheben sich, um irgendeiner Beschäftigung nachzugehen, dann steht Martino auf, um sich möglichst schnell wieder zu setzen. Nicht etwa hinter einen Schreibtisch oder ein Lenkrad, sondern Martino nimmt den aus seiner Sicht schönsten Platz der Welt ein. Und der liegt direkt vor seiner Haustür. Diese Tür gehört nicht zu einem ganz gewöhnlichen Haus, sondern zu einem ›Ristorante‹, und dessen Besitzer ist – man ahnt es schon – kein anderer als Martino.

Damit ist die Kulisse des schönsten Platzes der Welt genannt. Aber wenn Martino am Morgen vor die Tür tritt, mit dem Ärmel den Tau und den Staub von einem der rostigen Rohrstühle wischt und sich vor Zufriedenheit ächzend niedersetzt, so daß sich die Stuhlbeine wie die Räder eines überladenen Autos spreizen, dann gönnt er seinem Ristorante natürlich nur den Rücken. Welcher Schauspieler würde sich von seinem Zuschauer abwenden – und Martinos Auditorium ist die an seinem Sitzplatz vorbeiführende Straße.

An dieser Stelle könnte ein streß- und lärmgeplagter Tourist die Frage stellen, wie eine staubige, stinkende Straße den schönsten Platz der Welt darstellen könne. Man kann nur hoffen, daß er nicht mehr italienisch spricht als die zum Überleben notwendigen Worte: vino, birra, cappuccino und polizia. Es ist nämlich nicht auszuschließen, daß Martino die Kränkung seines schönsten Platzes der Welt nicht mit dem beschriebenen Gleichmut hinnehmen könnte, geht doch das Gerücht, er sei in jungen Jahren ein rechter Heißsporn gewesen, dem keiner ungestraft etwas sagen durfte.

Wahrscheinlicher aber ist, daß Martino nur »pazzo« murmelt, es sich auf dem bedenklich knarrenden Stuhl noch ein wenig bequemer macht und mit den Überlegungen beginnt, ob er wohl schon über die erforderliche Energie verfügt, wieder aufzustehen, die Straße etwa dreißig Meter schräg in Richtung Berge zu überqueren und beim Panettiere Gianfranco zwei große Brötchen abzuholen. Das eine belegt mit einer nicht zu dünnen Scheibe Prosciutto cotto, das andere mit einer suppentellergroßen Scheibe Mortadella.

Dieser erste Versuch, so kurz nach dem Aufstehen ein zweites Mal auf die Beine zu kommen, schlägt meistens fehl. Dafür gibt es mehrere Gründe. Schon wenn jemand aufstehen will, während ihn etwa drei Zentner Körpergewicht auf den Stuhl drücken, dann gehört dazu eine gewisse Willensstärke. Wenn sich aber jemand bei gleichem Gewicht eigentlich gar nicht richtig erheben möchte, dann wird aus dem Auf-die-Beine-Kommen eine wirkliche Herkules-Arbeit.

Da Martino den für ihn schönsten Platz der Welt besonders liebt, plagt ihn bei aller Zuversicht und Zufriedenheit doch ein wenig Angst, es könnte sich angesichts des ständigen Wandels in der Welt auch vor seiner Tür etwas ändern. Daher prüft er jeden Morgen zunächst aufs neue, ob sich gegenüber dem Vortage etwas geändert hat.

Wie gründlich diese Kontrolle durchgeführt wird, läßt sich von einem Außenstehenden verständlicherweise nur erahnen. Genaue Auskunft könnte allein Martino geben, aber auf eine solche Schilderung müßte man mindestens bis zum Anbruch der Ewigkeit warten oder gar länger. Denn erstens sitzt Martino lieber als er spricht, zweitens redet er schon gar nicht über Bereiche, die kurz vor der Philosophie liegen, und drittens weiß er vermutlich gar nicht, daß er jeden Morgen seine Umgebung auf Veränderungen absucht.

Man muß sich diesen Kontrollblick auch nicht so vorstellen, daß Martino ganz gezielt erst geradeaus schaut, um festzustellen, ob der sich den Berg hochziehende Kiefernwald noch vorhanden ist, und dann den Kopf dreht, um zu prüfen, ob das seinem Ristorante schräg gegenüberliegende, gelbabblätternde Rathaus vielleicht durch ein nächtliches Wunder den seit fünfzig Jahren notwendigen neuen Anstrich erhalten hat.

Er blickt vielmehr einfach aufs Geratewohl über die zugegeben nicht sehr schöne Straße mit der vielleicht meterhohen Steinmauer, hinter der es mäßig steil hinab ins Tal geht und vor der einige Bäume unbekannter Abstammung ums Überleben kämpfen. Sollte er den Kopf unbewußt etwas heben, sieht er den Kirchturm, der aus der Ferne mehr verspricht als der Ort aus der Nähe hält; wandert sein Blick ziellos nach rechts, sieht er die Straße im Schutze einer haushohen Betonwand Richtung Bergwelt abbiegen.

Obwohl Martino noch sehr viel mehr sieht, verstreicht doch höchstens eine Sekunde, bis er weiß, ob sich irgendetwas verändert hat. In aller Regel ist das nicht der Fall; er lehnt sich dann erleichtert zurück, blickt beinahe zärtlich auf die Katzen, die um die leeren Weinflaschen streichen, als wollten sie sich am süßlichen Duft des Bodensatzes berauschen, betrachtet die trockenen Geranien in den Blumenkästen liebevoll, als wären es taufrische Rosen, stört sich weder an den halbaufgelösten Kartons, noch an den löchrigen Stoffresten, die sich in besseren Zeiten Handtücher nannten.

Da Martino schon seit einigen Jahrzehnten auf seinem Stuhl sitzt, müßte eigentlich gar nicht erwähnt werden, daß er jeden Menschen kennt, der die nicht allzu befahrene Straße passiert. Sei es als Fußgänger, sei es im Auto oder auf dem Fahrrad. Und ›kennen‹ heißt nicht etwa nur mit Namen, Beruf und Wohnort vertraut zu sein; es sind gläserne Wesen, die Martino bei jedem ›buongiorno‹ vor sich sieht. Er kennt die finanziellen Verhältnisse, und er kennt die großen und kleinen Sünden aller Verwandten. Es geht oder fährt daher nicht nur ein Mensch an Martino vorbei, sondern eine ganze Familiengeschichte mit ebenso vielen dramatischen Höhepunkten, wie sie das nie abgestellte Fernsehgerät im Ristorante bietet.

Und wie Martino beim morgendlichen Rundblick in einer Sekunde erkennt, ob sich die Welt verändert hat, so reicht die Zeit vom Erscheinen eines ihm gut bekannten Menschen bis zu dessen Verschwinden hinter der Straßenbiegung, um dessen gesamte Familiengeschichte mit allen Höhen und Tiefen vor seinem geistigen Auge ablaufen zu lassen, und obwohl er die Geschichten alle kennt, scheinen sie ihm bei jedem Vorbeiziehen wieder so neu, als habe er sie gerade zum ersten Mal erfahren. Und da am Tag mehrere hundert Menschen an Martino vorbeiziehen, kann man sich vorstellen, warum er auf dem Stuhl vor seinem Ristorante am aufregendsten Platz der Welt sitzt.

Etwa eine Stunde mag sich Martino seinen Lieblingsbeschäftigungen, dem Sitzen und dem Sehen, gewidmet haben, dann werden die Versuchungen aus Gianfrancos Panetteria immer verlockender. Es sind ja nicht nur diese angenehmen Düfte, die herüberwehen; die Verführung ist auch sichtbar: Ein halbes Dutzend glänzend herausgeputzter Schulkinder ist schon aus dem Verkaufsraum gekommen, mit Brötchen fast so groß wie der Schulranzen, aber nicht etwa trockene, sondern der Prosciutto cotto oder die Salame oder die Mortadella hängen weit über die Ränder. Eigentlich sollte aus dem »panino imbottito« ja ein Pausenbrot werden, aber warum soll man den Rucksack überladen, wenn im Magen viel Platz ist.

Was Martino veranlaßt hat, ziemlich plötzlich aufzustehen und die Straße in Richtung Prosciutto, Salame, Panini und Focaccia zu überqueren, könnte natürlich nur er selbst erklären. Zu vermuten ist, daß er sich mit einem kleinen Trick wieder in Bewegung gesetzt hat, nämlich dadurch, daß er sich einredete, es würde gleich ein Bus um die Ecke biegen, hundert Schulkinder freilassen, die alle zu Gianfranco stürzen, um in drei Minuten sämtliche Brötchen, den gesamten Schinken und sogar die Riesensalami aufzukaufen. Diese imaginäre Katastrophe will verhindert werden.

Wenn Martino mit seinem Riesen-Panino und der mit weiß glänzenden Fettpunkten blaßrosa hervorquellenden Mortadella-Scheibe wieder an seinen Platz zurückgekehrt ist, dann ist dies das Zeichen für die offizielle Öffnung des Ristorante: Die ersten Gäste kommen. Zwei Männer, einer von rechts, der andere von links. Sie scheinen wie auf ein geheimes Kommando zu einem Morgenspaziergang aufgebrochen zu sein, treffen wie zufällig am Eingang zum Ristorante aufeinander, murmeln sich und Martino ein »giorno« zu und sind im Halbdunkel des Schankraumes verschwunden. Für Martino ist das der Beginn des Arbeitstages.

Man muß den Blick gesehen haben, mit dem er sich von der Außenwelt verabschiedet: Lebt wohl, ihr grünen Hügel, ihr Flaschenberge, ihr Katzen und ihr Blumentöpfe. Bedauert mich, den nun die Pflicht ruft.

Völlig unbegründet sind allerdings Vermutungen, Martino müßte jetzt hinter der Theke stehen oder schwere Bierkrüge umhertragen. Der Beginn des Arbeitstages besteht lediglich darin, daß er seinen Sitzplatz von draußen nach drinnen verlegt. Für die Bedienung der Gäste ist seine Frau zuständig. Klein und grau, in Socken und Filzpantoffeln, dazu von Arthrose geplagt, füllt sie ein und trägt aus, während Martino sitzt, ein Gläschen mittrinkt, den Lauf der Welt im allgemeinen und die Neuigkeiten von Casanova Lerrone im besonderen erörtert, gleichzeitig durch die geöffnete Tür die Straße beobachtet, jedenfalls so lange, bis ihm die Augen zufallen. Da seine Sitzhaltung dabei unverändert bleibt und sich der große Kopf mit dem vollen weißen Haar nur unwesentlich nach vorne neigt, fällt kaum auf, daß Martino sich kurzfristig in sich selbst zurückgezogen hat. Spricht ihn während dieser Ruhepause jemand an, zuckt er nicht etwa wie ein ertappter Sünder erschrocken zusammen, sondern antwortet so, als habe er sämtliche Gespräche mitverfolgt, und zwar nicht nur die an den Tischen geführten, sondern auch die aus dem Fernsehgerät dröhnenden. Einiges spricht dafür, daß Martino nur dann den Untergang seiner schönen Welt vermuten würde, wenn das ohrenbetäubende Geschrei auf dem Bildschirm plötzlich verstummen sollte.

Da Martino nicht nur ein in sich ruhender und damit Zuversicht verbreitender, sondern auch ein gutmütiger Mensch ist, den man nicht unnötig kränken mag, ist es kein Zufall, daß erst jetzt, da der Padrone seine nach langem schweren Sitzen verdiente Ruhepause einlegt, ein vorsichtiges Wort über die Qualität des erwähnten Ristorante gesagt wird.

Schon die Bezeichnung ›Ristorante‹ ist einigermaßen geschmeichelt, denn gegessen wird dort außer den von Martino geholten Schinkenbrötchen nur bei besonderen Anlässen. Etwa dann, wenn zum Jahreswechsel zwei Dutzend bleicher und ausgemergelter, aber reich mit Schmuck behängter Signore und Signori einfallen und ein rauschendes Fest feiern. Es sind ehemalige Dorfbewohner, die im verpesteten Milano als Kürschner oder in anderen ungesunden Berufen zu Geld gekommen sind und einmal im Jahr wie die reichen Verwandten aus Amerika den Daheimgebliebenen den vermeintlichen Erfolg vorführen.

In Körben und Eimern schleppen sie Salate, Würste, Brote und Schinken herbei. Martino holt ein halbes Dutzend Drei-Liter-Flaschen vom bernsteinfarbenen herbmilden »Pigato« aus seiner Cantina, dazu einige Liter selbstgebrannten hochprozentigen Grappa; der eiserne Ofen, dessen Abzugsrohr sich wie eine schwarze Riesenschlange durch den Saal schlängelt, wird mit Olivenholz gefüttert, bis er glüht, und die Unterhaltungen erreichen eine Lautstärke, die einen draußen vorbeigehenden Nordeuropäer sofort die Carabinieri alarmieren lassen würde, da er glauben müßte, im Inneren nähere eine Massenschlägerei sich ihrem blutigen Höhepunkt.

Martino liebt diese Feste mit seinen »amici« so sehr, daß er in solchen Nächten nur selten auf seinem Stuhl einschläft und sogar vergißt, die nächtliche Straße im Auge zu behalten, um genau zu wissen, wer zu so später Stunde noch kommt und geht.

Und an diesen ausgelassenen Abenden erzählt Martino dann auch gerne die Geschichte, wie er das hinter der Kirche gelegene Castello einem nach England ausgewanderten reichen Landsmann abgekauft habe und wie er dort einmal eine in Casanova gestrandete Striptease-Truppe untergebracht hat und wie die Damen notgedrungen in Naturalien, sprich mit einer Show für geladene Gäste aus der Umgebung gezahlt haben. Aber derart fröhliche Feste bleiben die Ausnahme.

An einem gewöhnlichen Abend sitzen nur drei oder vier Männer in dem kleinen Schankraum vor dem etwas größeren Saal mit dem nie benutzten Billardtisch, den Kalendern mit den unbekleideten Damen, mit den kunstlosen Bildern örtlicher Künstler und mit den Jagdtrophäen. Als Martino das Sitzen noch nicht zu seiner Lieblingsbeschäftigung erkoren hatte, da war er ein begeisterter Jäger. Und was für Kochtopf und Pfanne ungeeignet war, das nagelte er an die Wand oder stellte es ausgestopft ins Regal. So lauern zwischen den Amaretto-Flaschen verstaubte Marder, droht über dem Gefrierschrank ein Bussard auf das Gelato zu stürzen, scheint der Wildschweinkopf noch immer nicht bemerkt zu haben, daß ihm der Rest des Leibes abhanden gekommen ist.

Es wäre ungerecht zu behaupten, im namenlosen Ristorante mangele es an Sauberkeit. Nicht zu übersehen ist allerdings, daß sich Martinos Wunsch, die Welt möge bleiben wie sie ist, an seinem Arbeitsplatz gründlich erfüllt hat.

Man muß daher ziemlich lange suchen, um etwas zu finden, was weniger als zwanzig oder dreißig Jahre zählt. Den Fernsehapparat und einige andere offenbar unvermeidliche Anpassungen an den Fortschritt natürlich ausgenommen. Aber alle anderen Einrichtungsstücke müssen so lange stehen, bis sie umfallen.

Auch bei der Garderobe hinkt Martino der Mode so weit hinterher, daß sie ihn schon wieder eingeholt hat. Seine buntkarierten Hemden etwa erinnern an das Outfit eines Landedelmannes aus dem vergangenen Jahrhundert, und er muß zehn oder zwanzig von genau der gleichen Art besitzen, anders ist es kaum zu erklären (jedenfalls nicht, ohne einen anrüchigen Verdacht auszusprechen), daß er zwei, drei Wochen lang haargenau die gleichen Farben trägt.

Wer dagegen Martinos Schuhe sieht, der könnte meinen, er habe in ihnen schon dreimal den Erdball umwandert. Vom täglichen Marsch zum Panettiere Gianfranco können sie jedenfalls diesen ausgetretenen Zustand nicht angenommen haben. Es liegt somit die Vermutung in der Luft oder genauer gesagt, sie steht mit beiden Sohlen auf der Erde, daß Martino doch nicht nur ständig auf seinem Stuhl sitzt, sondern heimliche Ausflüge unternimmt. Vielleicht sammelt er am Tag sitzend nur Kraft für ein verbotenes Nachtleben? Oder hat er, wie viele seiner Landsleute, möglicherweise einen zweiten Beruf?

Nichts dergleichen trifft zu, der Herbst lüftet das Geheimnis: Eines Morgens ist der Stuhl auf dem schönsten Platz der Welt verwaist und Martino verschwunden, zusammen mit seinem roten Renault, der nur von Beulen zusammengehalten wird und innen größer sein muß als außen. Nur ein Ortsfremder aber würde erschrocken und das Schlimmste befürchtend die Frage stellen: Wo ist Martino?

Er ist natürlich in der Campagnia, auf seinen Weinfeldern, die auf den Terrassen der sanft ins Lerrone-Tal abfallenden grünen Hügeln liegen. In aller Frühe, zu einer Zeit, in der er an anderen Tagen mühsam den Weg vom Bett zum Stuhl findet, ist er plötzlich unternehmungslustig mit einigen Helfern aufgebrochen, schneidet die grünen und roten Trauben schneller als jeder andere, schleppt die schweren Plastikkörbe, daß ihm der Schweiß über den nur mit einem ehemals weißen Unterhemd bedeckten Oberkörper fließt, läßt keine Pause zu, ehe die letzte Rebe geerntet ist, steht bis zum späten Abend in seiner Cantina von der Größe einer Tiefgarage, säubert die ihm merkwürdig ähnlich sehenden Holzfässer, dreht hier eine Kurbel, füllt dort neue Fässer, probiert, was aus dem Zapfhahn läuft, lädt jeden Vorbeigehenden ebenfalls zum Begutachten der neuen Ernte ein und kümmert sich nicht im geringsten um den Lauf der Welt.

Ein bis zwei Wochen dauert die Vendemmia nebst Verarbeitung. Nicht eine Minute sieht man Martino in dieser Zeit sitzen oder gar schlafen.

Als erster ist er morgens auf den Beinen, als letzter steigt er abends die Treppe seines großen Hauses zur Wohnung über dem Ristorante hinauf.

Und eines Tages ist plötzlich alles so, wie es immer war. Die Sonne steigt über den Berg, wirft ihre wärmenden Strahlen auf Martino, der auf seinem Stuhl sitzt, als habe er sich nie von der Stelle bewegt. Er blinzelt in die Welt, die sich nicht verändert hat, er beobachtet die Katzen, die über die Steinmauer spazieren und die Schulkinder, die sich Prosciutto- oder Salame-Brötchen holen, und er ist eigentlich auch hungrig, aber fühlt sich der Anstrengung, die mit dem Aufstehen verbunden wäre, einfach noch nicht gewachsen.

Frühstück mit Leiche

Von Gisbert Haefs

»Anpacken.« Genenger schob den schweren Sessel von der rechten Bettkante fort und gab Anweisungen. Jorinde entfernte den Lehnstuhl, der links vom Bett stand. Genenger zog die Decke weg. Osiris K. war vollständig angekleidet. Matzbach faßte ihn bei den Füßen, hob ihn an und hielt ihn, bis Genenger das verfärbte Laken unter dem Leichnam herausgerupft und ein großes dunkles Wachstuch zwischen Matratze und besudelte Beinkleider geschoben hatte.

»Sag doch was.« Jorinde, die sich zum Sekretär zurückgezogen hatte, blickte Matzbach flehend an; dann machte sie sich zwischen den Papieren des Toten zu schaffen.

»Ausziehen, waschen, schneiden, umlegen«, sagte Matzbach. »So etwa? Heinrich, ihr graut vor dem. Sag Bescheid, wenn du mich nicht mehr brauchst; ich geh dann in die Küche, um uns ein Frühstück zu bereiten. Soll ich mir etwa die Hände waschen?«

Genenger grinste stumm; Jorinde sagte: »Gah.«

»Ich nehme das als Zustimmung. *Mon dieu*, nicht mal sechs Uhr früh. Zuerst vor dem Schlafen aufstehen, dann vor dem Frühstück Leichen waschen. Man gönnt sich ja sonst nichts. Ich will euch eine Geschichte erzählen, ihr Lieben. Sie handelt von einem alten Feinschmecker.«

»Gah«, sagte Jorinde; sie raschelte mit Papier. »Lauter Poesie.«

»Sag ich doch.« Matzbach nahm

Was bisher geschah:
Balthasar Matzbach und seine Freundin, die Profihexe Jorinde Seyß, halten sich an der mittleren Ahr auf, wo der Bestatter Heinrich Genenger einen bizarren Privatfriedhof betreibt. Genenger trommelt sie eines frühen Morgens aus dem Bett, weil er Hilfe und Gesellschaft am Totenlager eines Heimatdichters braucht.

die Waschschüssel entgegen, die Genenger aus der abgründigen Tasche zog, und ging ins Bad. Während das warme Wasser floß, schwieg er; als er mit der gefüllten Schüssel zurückkam, räusperte er sich.

»Also, dieser alte Feinschmecker kommt durch eine entlegene Straße von Paris, in einer Gegend, die er zum letzten Mal vor zwanzig Jahren auf der Suche nach Eßbarem durchstriffen. Es gibt dort, zu seiner freudigen Überraschung, inzwischen ein neues Restaurant. Das Etablissement hat aber keine Speisekarte ausgehängt. Er geht trotzdem hinein und setzt sich erwartungsfroh an einen Tisch. Die Tischdecke ist rotweiß kariert.«

»Ist das wichtig?« Genenger blickte von seinem Hantieren mit Seife, Waschlappen und Körperteilen auf. Jorinde machte ein Würgegeräusch und wühlte weiter in den Schubladen.

»Nur atmosphärisch, aber das gehört dazu. Ein Kellner in blütenweißer Livree tritt zu ihm und sagt: ›Monsieur?‹ Monsieur hüstelt und sagt: ›Ich hätte gern etwas gegessen. Bringen Sie mir doch bitte die Karte.‹ Der Kellner lächelt. ›Wir haben keine Karte, Monsieur.‹ Monsieur *le gourmet* blinzelt verblüfft.«

Jorinde seufzte.

»›Keine Karte? Wie sollen Ihre Gäste denn bestellen?‹ Der Kellner, sehr freundlich: ›Ganz einfach, Monsieur – Sie bestellen, was Sie gern äßen, und wir bereiten es zu.‹ Monsieur, immer noch erstaunt, sagt: ›Egal was?‹ Der Kellner nickt. Aha, denkt sich Monsieur, euch leg ich aber rein.«

»Umdrehen«, sagte Genenger. »Und dann brauch ich dich erst mal nicht mehr.«

»Gut, gut; dann kann ich mich ja ums Frühstück kümmern.« Matzbach wanderte zur Küche; er ließ die Türen auf und redete weiter, so laut, daß es im ganzen Haus zu hören war.

»Also – hm, kein Kaffee? Doch, aber nur Instant. Bah. Was sagt der Kühlschrank? Knurr mich nicht so an.« Er öffnete die Kühlschranktür. »Hm. Milch ist da. Und sonst? Marmelade. Käse. Margarine. Eier. Ah, *à propos*, zurück zur Geschichte. Monsieur grübelt also einen kleinen Moment, dann bestellt er wie folgt.«

»Wasch dir die Hände«, rief Jorinde.

»›Wie Sie wünschen. Bringen Sie mir doch bitte zum ersten Durstlöschen ein Fläschchen chinesisches Bier, und zwar aus der weiland deutschen Brauerei der Stadt Tsingtao.‹ Der Kellner nickt und notiert.«

»Wie hat dein Monsieur ›weiland‹ auf Französisch gesagt?« Genengers Stimme klang ein wenig unterdrückt, als höbe er einen schweren Gegenstand.

»*Ex*«, sagte Matzbach. Er zerschlug Eier am Pfannenrand und prüfte die Milchtemperatur mit dem rechten kleinen Finger. »Zucker zum Kaffee? Vielleicht auch *antérieurement* oder sogar *feu*; es geht dich aber einen feuchten Kehricht an, Genenger; du kannst doch gar kein Französisch.«

»Becher oder Tasse?« sagte Jorinde.

«Becher. Und die gewünschte Stärke des Kaffees, Madame, Monsieur? Gewöhnlich, hektisch, *extra stout*?«

»Letzteres, und drei Löffel Zucker«, sagte Genenger.

»Ich auch. Gah.«

»Sehr wohl. ›Als Vorspeise hätte ich gern einen kleinen Cocktail aus Kolibri-Eidotter, sagen wir, zehn Dotter, gequirlt in dreiundachtziger Carta de Oro.‹ Der Kellner notiert. ›Danach eine kräftige Kudu-Bouillon, aber Bouillon, bitte, ohne verderbliches Gemüse oder derlei.‹ Der Kellner lächelt und notiert.« Matzbach betrachtete die Spiegeleier, die leise zischten, stellte die Kochplatte kleiner und arrangierte drei Emaillebecher nebeneinander. In jeden schüttete er zwei gehäufte Eßlöffel Maxwell, Zucker nach Bestellung, darauf eine Prise Zimt.

»›Nach der Bouillon, als dritten Gang sozusagen, eine mittelgroße Portion Forellenbäckchen und Pfauenzungen, *à point* gesotten und mit dem jüngsten vorhandenen Bâtard Montrachet abgelöscht.‹ Der Kellner lächelt und notiert.«

»Mir reichen zwei Scheiben Brot«, sagte Jorinde. »Das hier sieht aus wie ein wichtiger Umschlag. Falls ich überhaupt was runterkriege.«

»Ich bitte drei.« Genenger hustete. »Was für ein Umschlag? Steht was drauf?«

»Nee.«

»Dann ist er unwichtig. Er hat ein Testament gemacht, das weiß ich, und in einen Umschlag gesteckt, auf dem ›Testament‹ steht.«

»›Dazu eine achtundachtziger Scharzhofberger Auslese aus dem Hause von Hövel‹, sagt Monsieur. Blödsinn, auf ein Testament Testament zu schreiben. Wenn's wenigstens letzter Wille wäre!« Matzbach säbelte dicke Scheiben von einem Graubrotlaib und prüfte abermals die Milchtemperatur mit dem Finger. »Autsch. ›Rapunzelsalat, angemacht mit *crême fraîche*, Schalotten und Apfelstückchen, wobei Schalotte und Apfel gemeinsam durch eine Zwiebelpresse gezwängt werden sollten, und garniert mit ein paar Streifen Kudufleisch sowie scharf gebratenen Tukanlebern.‹ Der Kellner lächelt und notiert. ›Dazu ein Gläschen Moriles, bitte sehr.‹«

»Der Kellner lächelt und notiert«, sagte Genenger. »Und gleich brauch' ich einen, der abwechselnd die Beine hochhält, zum Nägelschneiden.«

»Gah«, sagte Jorinde.

»Die Milch kocht über; ich kann jetzt nicht.« Matzbach goß die brodelnde Milch in die Emaillebecher und rührte.

»›Ferner, als fünften Gang, ein wenig Bärentatze, Känguruhlende und *faux filet* vom Löwen, bereitet nach dem Prinzip des *bœuf bourguignon*; als Gemüse bitte sehr Stielmus, dazu einen neunundsiebziger Pernand-Vergelesses Premier Cru.‹ Der Kellner lächelt und notiert. Außerdem macht es sich immer besser, wenn eine Frau die Beine hochhält.«

»Wieso Stielmus?« sagte Genenger. »Warum nicht Kappes Schlaat? Und wieso verzichtest du darauf, die Jungs das Fleisch ›an‹ irgendwas servieren zu lassen? Überhaupt – Bärentatze? Soll es darin schon wibbeln?«

»Matzbach ist ein Chauvi. Was ist Stielmus? Von dem anderen, Kappes wie bitte, nicht zu reden.«

Matzbach stellte die Kochplatte aus; die Spiegeleier waren an den Rändern angenehm braun. Er strich Butter auf insgesamt acht Scheiben Brot; dann bedeckte er die Butter mit Sauerkirschmarmelade und öffnete vier Dosen mit weißem Thunfisch *(Bonito blanco en aceite)*.

»Stielmus«, sagte er, »gewinnt man im Frühjahr, wenn die Rüben reifen. Rübstielchen, auf Streichholzlänge geschnitten, in Salzwasser gekocht, dann in die gleiche Menge Kartoffeln gestampft und mit einer Büchse Schmalzfleisch versetzt. Eine der üppigeren Köstlichkeiten des Landes. Wodurch dem kundigen Zuhörer erhellend mitgeteilt ist, daß sich Monsieur im Frühjahr auf einer Atzungsreise befindet. Kappes Schlaat dagegen macht man besser im Herbst oder Winter – Weißkohl, wenn's beliebt; ebenfalls in Salzwasser gekocht nach vollzogenem Kleinschneiden oder Ribbeln, in die gleiche Menge Kartoffeln gestampft, begossen mit zerlassenem Speck und den restlichen, möglichst krossen Speckstückchen, dann liebevoll abgeschmeckt mit Essig und zerdrückten Zwiebeln. Reichlich Essig. Hat aber einen starken Eigengeschmack, sollte nicht zu Känguruh *à la bourguignonne* gereicht werden. Die Bärentatzen müssen noch nicht wibbeln, nein. Was macht, *à propos*, die Leiche? Übrigens boykottieren anständige Menschen Lokale, die etwas ›an‹ etwas servieren.«

»Der *haut goût* läßt nach; noch kein Wibbeln, und das Zappeln hält sich in Grenzen.«

»Gah«, sagte Jorinde. »Ich hab's gefunden! Das Testament. Gut versteckt zwischen – ah, Kochrezepten in gereimter Form. Widerlich.«

»Zum Dessert bestellt Monsieur Tsampa süßen tibetischen Hirsebrei und dazu ein Schälchen Kumyß; das ist vergorene Stutenmilch.«

»Kommst du jetzt endlich her, Jorinde? Die Nagelschere ist da in der Tasche.«

»Gah.«

»Der Kellner lächelt und notiert. ›Käseplatte‹, sagt Monsieur, ›burgundischen Munster aus Ladoix und ein wenig mongolischen Schafskäse. Dazu einen guten Kalifornier, am liebsten den sechsundachtziger Cabernet von Eisele aus dem Chiles Valley bei St. Helena.‹ Der Kellner lächelt, notiert und geht.«

»Stielmus«, murmelte Jorinde. In der Küche hörte Matzbach das trockene Knirschen, wie es eine scharfe Schere in alten Zehennägeln erzeugt. Er verteilte den Inhalt der vier Thunfischdosen auf die acht mit Butter und Marmelade bedeckten Graubrotscheiben und drapierte jede mit einem wohlgeratenen Spiegelei.

»Nach und nach bringt der Kellner die bestellten Leckereien. Alles sieht so aus wie das, was Monsieur bestellt hat, wo ist denn hier das Besteck? Und alles schmeckt gar wunderköstlich. Zum Kaffee, gereicht mit Quittenpaste in Bonbonform, präsentiert man Monsieur eine horrende Rechnung, die aber angesichts der Qualität und Exklusivität des Mahls beinahe preiswert wirkt.«

»Nun schneid doch nicht in den Zeh«, sagte Jorinde. »Das ist ziemlich rücksichtslos.«

»Er kann sich nicht mehr wehren«, knurrte Genenger.

Matzbach belud ein gargantuanisches Tablett mit den drei großen Tellern, drei Bechern und dem nötigen Besteck.

»Wieso hat man dafür gesorgt?« Genenger klang ungewöhnlich interessiert.

»Es erscheint mir ungemütlich, um nichts Herberes zu sagen, wenn das Opfer eines Herzversagens voll angekleidet, mit Schuhen und allem, unter der Bettdecke liegt und rechts und links vom Bett Sitzmöbel stehen, die ihn am Besteigen oder Verlassen des Lagers hindern müßten. Wir sollten Yü fragen, ob das so war, als er ihn gefunden hat. Und den Hausarzt, ob Osiris ein schwaches Herz hatte.«

»Was denn noch?« sagte Genenger. »Keine Einstiche – niemand hat ihm Luft injiziert, wenn du das meinst.«

Matzbach hob das Tablett auf. Er scheiterte beim Versuch, aus der Küche in die Diele zu gelangen; das Tablett war zu breit für die Tür. Er nahm einen zweiten Anlauf, seitwärts tänzelnd.

»Ah, so geht's. Ich serviere im Salon, wenn's beliebt. Der Billardtisch ist frei. Und beim Bezahlen sagt Monsieur: ›Hören Sie, ich bin beeindruckt und zutiefst dankbar. Aber ist es noch nie jemandem gelungen, Sie mit einer umwegigen Bestellung zu foppen?‹ Der Kellner lächelt. ›Doch, Monsieur; einmal, kurz nachdem ich hier angefangen hatte.‹ Wo bleibt ihr?«

Jorinde erschien, ein wenig bleich, aber gefaßt. Sie nippte an ihrem Instant-Milchkaffee mit Zimt, nickte und riß dann die Augen auf. »Was ist das? Marmelade, Thunfisch, Spiegelei?«

Genengers Stimme, aus dem Bad, übertönte das Geräusch fließenden Wassers. »Wahrscheinlich hat er das Salz vergessen.«

Matzbach schnippte mit den Fingern. »Erwischt. ›Und zwar‹, sagt der Kellner, ›hat da spät abends ein Herr frisch amputierte Bayerneier auf Toast bestellt. Aber an dem Abend war uns das Brot ausgegangen‹.«

»Gah«, sagte Jorinde.

Hollwegs Schweinskopf

Von Axel Marquardt

»Karin!«

Keine Antwort.

»Kaaarin!«

Keine Antwort. Bodo hängte seinen Mantel an die Garderobe und tat einige Schritte in den Flur.

»Karinchen! Wo bist du denn?« Gewöhnlich stand Karin um diese Zeit, wenn er aus der Firma kam, in der Küche am Herd, um letzte Hand ans Abendessen zu legen.

Statt dessen fand Bodo sie heute abend im Wohnzimmer vor dem Fernseher. »Karinschatz«, sagte er, beugte sich zu ihr hinunter und gab ihr einen Kuß auf die Wange, »du siehst fern?«

Sie nickte, blieb aber mit ihrem Blick am Fernseher hängen. »Die Game show ist gleich vorbei«, sagte sie, »wie war's denn heute?«

»Karin«, sagte er, nun schon ein wenig eindringlicher, »du hast hoffentlich nicht vergessen, daß wir heute abend Besuch erwarten?«

Karin ließ sich nicht abhalten, weiter auf den Bildschirm zu schauen: »Nein. Wieso vergessen? Ich denke, Direktor Hollweg kommt gegen acht?«

»Genau. Direktor Hollweg und seine Krähe. Und du sitzt hier vor dem Fernseher und siehst dir irgendwelchen Mist an! Mußt du denn nichts vorbereiten?«

»Moment noch!« Sie hielt Bodo an der Hand fest und starrte konzentriert auf die Szene im Studio. Bodo wurde unruhiger. »Karin«, sagte er, »du wolltest doch Essen machen! Die kommen in knapp einer Stunde, und du lungerst hier vor der Glotze herum. Wir können doch nicht bei McDonald Cheeseburger holen!«

Bodos Worte schienen Karin nicht aus der Ruhe bringen zu können. »Die dumme Kuh«, sagte sie statt dessen höhnisch, »seit zwei Minuten ist klar, daß das Lösungswort ›Kettensägenmassaker‹ ist, und die dumme Kuh schnallt's einfach nicht. Cheeseburger gibt's bei Burger King«, sagte sie schließlich, griff nach der Fernbedienung und beamte das Bild weg. »Bei McDonald heißt das Whopper.« Sie stand langsam auf und reckte sich. »Na? Wie war's denn heute? Wieder toll gemanagt?«

Bodo war nun nicht mehr ärgerlich; er fühlte beinah so etwas wie Panik. »Hör zu, Karinmäuschen!« sagte er und versuchte, seine Stimme fest zu halten, »ich hab dir rechtzeitig Bescheid gesagt, daß die Hollwegs heute kommen und daß es nicht nur Stullen oder so was geben kann. Du solltest richtig was zu essen machen. Du weißt, wie abhängig ich von dem Wohlwollen Hollwegs bin! Also: was sollen wir jetzt machen?«

»Aber Schatz!« Karin legte ihre Arme um seinen Nacken. »Warum regst du dich denn nur so auf? Ist doch alles fertig. Ich hab alles vorbereitet.«

»Du meinst, alles ist schon fertig?«

»Ja, fix und fertig. Ich brauch mich nur noch umzuziehn.«

»Du kannst einen aber auch erschrecken«, sagte Bodo und ließ sich auf einen Sessel nieder. »Stell dir bloß vor, du hättest alles vergessen. Nicht auszudenken. Absolute Katastrophe.« Für einige Sekunden kam er zur Ruhe, doch dann kam sein Mißtrauen. Er schnupperte. »Ich riech aber nichts«, sagte er, »was gibt's denn?«

»Was gaanz Feines! Dein Direktor wird zufrieden sein. Die Krähe auch.«

»Was denn Feines?« Bodo war plötzlich sehr alarmiert.

»Guck doch ins Schlafzimmer. Aufs Fensterbrett. Da steht es.«

»Karin! Du willst doch damit nicht sagen, daß es *was Kaltes* gibt!?«

»Es *muß* kalt sein. Warm schmeckt's überhaupt nicht!« Karin schien ein wenig Gefallen an seiner Qual zu finden.

»Nun gut«, sagte er, »was ist es. Was hast du – vorbereitet?«

»Schweinekopfsülze.«

Bodo starrte auf das Trockenblumengesteck auf der Vitrine. Warum bieten wir nicht gleich Trockenblumen an, dachte er. »Schweinekopfsülze«, sagte er tonlos und noch einmal: »Schweinekopfsülze!« Er blickte Karin entgeistert an und fragte: »Sülze vom Kopf eines Schweins? Für Direktor Hollweg?«

»Und seine Krähe«, bestätigte Karin. »Im übrigen ist Schweinekopfsülze etwas sehr Feines und besteht durchaus nicht nur aus Schweinekopf.«

»Sondern?« fragte Bodo matt, »vielleicht auch noch Ohr und Fettbacke?«

»Genau«, sagte Karin anerkennend, »man nimmt einen halben Schweinekopf samt Ohr und Fettbacke, lasse die halbierte Schnauze, den Ohransatz, die Hirnschale und das Jochbein aushacken, lege alles mit zwei gespaltenen Spitzbeinen –«

»– denen zuvor die blaue Schlachthofmarkierung entfernt werden sollte«, unterbrach sie Bodo in einer Mischung aus Hoffnungslosigkeit und Wut.

»Richtig – mit nelkengespickter Zwiebel, großem Lorbeerblatt, mit einer Kinderhand Senfkörner und einem gestrichenen Suppenlöffel mittlere Wut in kochendes Salzwasser, wobei darauf zu achten ist, daß in geräumigem Topf alle Teile knapp mit Wasser bedeckt sind, und der Ohrlappen, weil er sonst ansetzt, nicht flach auf den Topfboden gedrückt wird.«

»Hör auf«, fuhr er dazwischen, »du versuchst mich hier zu verarschen! Wo steht das Ding?«

»Im Schlafzimmer. Auf der Fensterbank.«

Bodo fuhr hoch. Er wollte nicht glauben, daß Karin, seine Karinmaus, aus Anlaß dieses Abends eine Schweinekopfsülze gemacht hatte. Wenn Direktor Hollweg in der Firma für eines bekannt war, dann dafür, daß er ein *Gourmet* war, der den halben Montagvormittag damit prahlte, was ihm sein Nobel-Koch am Samstag wieder zusammengebrutzelt hatte. Er durchquerte den Flur und öffnete die Tür zum Schlafzimmer. Licht zu machen wagte er nicht. Dort drüben, auf der Fensterbank, bei geöffnetem Fenster, sah Bodo sie, die Silhouette eines mächtigen Steinguttopfs! »Bei Gott!« murmelte er, »sie hat es gemacht!« Er tappte durch das Zimmer, vorbei an den Betten, und näherte sich dem Topf, der unter einem hellen Leinentuch noch halb verborgen war. Er schlug einen Zipfel hoch, und als er im Zwielicht nicht erkennen konnte, was genau sich in dem Topf befand, nahm er das Tuch ganz herunter und starrte auf den Inhalt. Er konnte nicht im einzelnen ausmachen, was da vor ihm lag, nur soviel konnte er erkennen, daß alles in einer gallertigen Masse eingeschlossen war, deren Haut einen festen Film zu bilden schien. Nicht viel hätte gefehlt, und Bodos Stirn wäre niedergesunken und hätte sich auf der kühlen Fläche Linderung verschafft.

Bodo hatte nichts gegen Sülze. Direktor Hollweg hatte was gegen Sülze. Soviel stand fest. Das äußerste, was der sich möglicherweise in dieser Richtung gestattet hätte, wären allenfalls diese kleinen Köstlichkeiten in feinstem Riesling-*Aspik*, aber Schweinernes in zäher Sülze fest verhaftet! Bodo war einen Augenblick lang so verzweifelt, daß er gern ein wenig geweint hätte. Aber er nahm sich zusammen; er wagte es sogar, seine Hand gegen den Trumm von einem Kopf auszustrecken und vorsichtig mit dem Finger die Konsistenz dieser brachialen Speise zu prüfen. Sie gab zu seinem Erstaunen etwas nach, was er bei ihrer marmornen Starre so nicht vermutet hätte, doch hinterließ er, was er erkennen konnte, wenn er seinen Blickwinkel nur ein wenig veränderte, deutlich Fingerabdrücke auf der Oberfläche. Er stellte sich vor, wie Direktor Hollweg, nein, wie die Krähe auf der Sülze auch noch Fingerabdrücke entdecken würde! Vorsichtig rieb er sie mit dem Tuch ab, einen kleinen blinden Fleck auf dem sonst makellos und ruhig vor ihm liegenden Gelatinespiegel hinterlassend.

Bodo legte das Tuch wieder sorgfältig über den Topf, so daß er ihn vollständig bedeckte, und verließ das Schlafzimmer. Er suchte Karin in der Küche, fand sie aber dort nicht. Sie hatte in der Zwischenzeit im Eßzimmer alles auf den Tisch gestellt, was man zu Schweinekopfsülze wohl dazureichte: eine Unmenge verschiedener Sauerkonserven, Mayonnaisen und Relishs und weiß der Teufel. Bodo kannte das wenigste. Er hörte Karin oben im Ankleidezimmer rumoren. Dieser Abend würde ihn ein halbes Jahr, ach was, ein Jahr kosten – bis Hollweg die Sülze verdaut und vergessen hätte und wieder ein Wort über Bodos Karriere fallen lassen würde.

»Und dann?« rief Direktor Hollweg fast ausgelassen, »wie gehen sie dann vor?«

»Sobald«, setzte Karin ihre Ausführungen fort, »sobald – nach einer Stichprobe in die Fettbacke – das Kopffleisch weich ist, die Backenzähne im Zahnbett gelockert sind, aber noch haften, und sich die besonders geleespendenden Hautteile vom Ohr und an den Spalträndern der beigelegten Spitzbeine zu lösen beginnen, nehme man alle Teile sowie die nelkengespickte Zwiebel und das Lorbeerblatt aus dem Topf, suche mit der Schaumkelle den Topfboden nach den Knochensplittern und den sich leicht lösenden Vorderzähnen sowie nach dem kiesig knirschenden Sand der Ohrmuschel ab und lasse, während der Sud auf kleingestelltem Feuer weiterziehen sollte, alles auf einer Platte, möglichst bei offenem Küchenfenster und verengten Pupillen, abkühlen.«

Die kurze Atempause nutzte Direktor Hollweg, nun seinerseits fortzufahren: »Jetzt gilt es, die Weichteile der Schnauze, die Fettbacke samt eingebettetem Auge und das darunter gelagerte Fleisch von den Knochen zu lösen, nicht wahr, gnädige Frau?«

Karin nickte zustimmend, und Bodo war schlecht. Er konnte nicht glauben, was sich da seit einer guten halben Stunde abspielte. Nun griff zu seinem Schrecken auch noch die Krähe ein: »Es sei angeraten, auf weiche bis schnittfeste Knorpelteile sowie auf den gallertartigen Oberbelag, der sich mit dem Messerrücken leichthin vom eigentlichen Ohrlappen schaben läßt, nicht zu verzichten, weil gerade diese Teile, desgleichen das lamellenförmige Zahnfleisch und der hornige, zur Speise- und Luftröhre leitende Zungenansatz, unserer Sülze den speziellen und leidenschaftlichen Sülzgeschmack geben.«

Bevor nun Karin ihrerseits das Wort ergreifen konnte, legte Bodo die Serviette neben seinen Teller, rückte seinen Stuhl zurück und deutete seinen Gästen gegenüber eine leichte Verbeugung an: »Sie gestatten«, sagte er, »daß ich mich einen kleinen Augenblick zurückziehe. Du entschuldigst mich bitte«, sagte er an Karin gewandt, »ich bin gleich wieder da.«

»Aber ich bitte Sie«, sagte jovial der Direktor, und während Bodo das Eßzimmer verließ, hörte er Karin, wie sie empfahl, die während der Arbeit immer wieder rasch von einem Geleefilm überzogenen Hände über dem dampfenden Sud abtropfen zu lassen, weil so der

Prozeß des natürlichen Gelierens abermals unterstützt werde. Er konnte es nicht glauben: Der Direktor und die Krähe stopften sich ungeniert diese Schwabbelmasse in die Mäuler, und Karin dozierte dazu, unterbrochen von begeisterten Kommentaren dieses vermeintlichen Feinschmeckers! Er stieg die Treppe hinauf, ins Badezimmer, und setzte sich auf den Rand der Wanne. Und was für Ausdrücke dabei gefallen waren! Wenn er sich nur vorstellte, wie dem armen Schwein langsam die Zähne ausfielen und es lächelnd sein lamellenförmiges Zahnfleisch entblößte...

Wenn Bodo nicht kotzen wollte, kotzte er auch nicht. Und so ließ er es sein. Das gehörte zu seinem Selbstbeherrschungsprogramm. Er schluckte mehrere Male, um dem aufsteigenden Reiz entgegenzuwirken, und dann begann er tief und gleichmäßig zu atmen. Im Spiegel gegenüber sah er sein bleiches Gesicht. »Fettbacke«, sagte er sich eingehend betrachtend, »Kopffleisch, Ohrlappen, alles da, fehlen nur noch Zwiebeln, Gurken, Äpfel, Pfeffer und Kapern.«

Nach einiger Zeit hatte er sich wieder im Griff. Er hatte sich etwas kaltes Wasser übers Gesicht laufen lassen, hatte eine Zigarette geraucht, und nun fühlte er sich dem Rest des Abends gewachsen. Als er sich wieder der Tischrunde beigesellte, war die Sülze bis auf einen Rest, der wohl von ihm hätte verzehrt werden sollen, verschwunden, und Karin beendete ihren Vortrag über das Herstellen einer selbstgemachten Schweinskopfsülze:

»... lasse man alles noch einmal aufkochen, gebe jetzt erst, nach wenig Bedenken, die mittlerweile auf kleiner Flamme schön eingedickte Wut ohne die ausgelaugte Ingwerwurzel bei und fülle alsdann eine zuvor mit kaltem Wasser geschwenkte Steingutschüssel. Voilà! Ich hoffe, es hat Ihnen gemundet.«

Direktor Hollweg warf seine Serviette mit Verve auf den Teller und ergriff Karins Hand: »Gnädigste! Gemundet? Gemundet! Das war – wie soll ich sagen? Das war ja – ein *Gedicht*!« Und Bodo starrte erschreckt auf des Direktors Nacken, der sich über Karins Hand beugte und sie zart und in Verehrung küßte. Und die Krähe klatschte doch wahrhaftig in die Hände und krähte: »Bravo, meine Liebe, bravissimo!«

Was soll ich weiter von diesem Abend berichten? Direktor Hollweg betrank sich mit Anstand, die Krähe zog sich einen Schwips zu, Karin sagte kaum noch etwas, und Bodo versuchte, klug über Geschäftliches zu reden. Gegen ein Uhr morgens brachen die Gäste in recht animierter Stimmung auf. Zweifellos: der Abend war ein voller Erfolg gewesen, das war offensichtlich, und ganz sicher war dieser Erfolg in erster Linie der Schweinskopfsülze zu verdanken. Dennoch schwieg Bodo, bis auf ein beiläufiges: »Na, das ist ja ganz gut gelaufen.« Er war der Sache einfach nicht gewachsen. Karin lächelte ihm zu und machte sich daran, den Tisch abzuräumen.

Nietzsches Schinkenbriefe

Von Otto Jägersberg

Stoßen wir gleich in die eigentliche Sumpfgegend der Körper vor, die Bäuche. Ja, die Bäuche, diese Säcke, in denen sich die Abwehrhaltungen des Ich gegen angsterzeugende Vorstellungen in Aufschwemmungen und Zersetzungsprozessen zu manifestieren pflegen und das Es gleich drei Hauptverwaltungen unterhält, im Ober-, Mittel- und Unterbauch. Schwierige Gebiete, von nomadisierenden Reiterheeren durchflossen. Sturzbäche, schlagende Wetter, tückische Winde, Eruptionen. Was bleibt außen vor, was kommt rein. Warum und wie. Darum geht's. Die Geschichte ist nur ein Abbild der Geschichte unserer Ernährung. Guten Hunger. Nicht mehr die Demonstration des Kapitals, sondern der geschickte Einsatz seiner Symbole salzt die soziale Suppe. Höhere Selbstbezüglichkeit und ein auf sich bezogener Gestaltungswille kennzeichnen den modernen Life-Styler, die ästhetischen Kategorien seines Lebens bestimmen Köche und Designer. »Kasuistik der Selbstsucht«, nannte Nietzsche vor 105 Jahren das Gefühl, als er sich einen kurzen Sommer lang genußfähig wähnte und mit dem guten Geschmack ausgestattet, der die gestalterischen Kräfte für die Probleme des Alltags spielend erwirkt. »Wir aber wollen die Dichter unseres Lebens sein, und im Kleinsten und Alltäglichsten zuerst.« Genau die Melodie, nach der die neuen Volksgruppen tanzen: Yuppies, Dinks und Selpies. Die letzteren, vor grauer Zeit verharmlosend auch Rentner genannt, erweisen sich als Speerspitze der Lebensdichter. Zuverlässig sind die unberechenbaren Ideologie- und Konsumnomaden, streunenden Sensationsnascher und nörgelnden Erlebniskäufer als hemmungslose Genuß-Maximierer allgegenwärtig auf der Suche nach dem Gral auszumachen, in dem die Große Gabel geschlagen wird.

Von seltsamer Bedeutung aber auch, was wir in unser Gesichtsloch so alles hineintun. Und herauslassen. Rein und raus. In aller

Öffentlichkeit ist dabei die Regel. Nehmen wir mal die Worte. An den Körperstellen, an denen die Haut in Schleimhaut übergeht, herrscht eigentümliche Empfindlichkeit. Auf dieser sensiblen Hautschwelle vollzieht sich unser Sprechen. Unser Sprechen ist nichts anderes als ein fortwährendes Sich-selber-Küssen. Die obere Lippe wird auf die untere gedrückt, wieder entfernt und in der feinstgestuften Weise benutzt, um die Lippenschleimhaut zu berühren. Exaltiert die Leidenschaft und die Worte, die legitimen Genußmittel liegen gerade nicht ausstoßbereit auf der Zunge, fängt der Mensch die Lippen zu beißen an, oder seine Zunge hält es nicht mehr aus in dem dunklen Loch, saust hinaus und agitiert masturbierend die Lippen. Denken Sie nur an den Kanzler, wenn ihm ein feiner Streich gelungen, wie er da seine Lust öffentlich machen muß und sich durch Streicheln und Massieren der Lippe mit der Zunge belohnt.

Der Geschmack geht uns bereits als Säugling verloren. Die Zahl der Geschmacksknospen auf der Zunge ist beim Neugeborenen am höchsten, an die 2000 Stück, dann geht es bergab. Der hintere Teil des weichen Gaumens und der Zungenrücken bei Jugendlichen zeigen noch recht gut ausgebildete Möglichkeiten für Geschmackssinn, während jenseits des 25. Lebensjahres die Geschmacksknospen bereits der Altersrückbildung verfallen sind. Gute Nacht, ihr Feinschmecker. Jetzt heißt es, aus der Erinnerung zu leben (nachschmecken), Phantasien zu aktivieren (vorschmecken), geruchliche Identifizierung von Spurenkomponenten auf dem Teller mit Hilfe der Nase (Duftdiagnose) und die Verweildauer von Speisen und Getränken auf der Zunge so lange auszudehnen, bis sich jenes eigentümliche Gefühl einstellt, das wir früher einmal mit dem Wort lecker zu bezeichnen pflegten. Ohne diese anstrengende Kopfarbeit ist von einem gewissen Alter an Geschmack, geschweige Genuß, nicht zu haben.

Einwandfrei ist Nietzsche Theoretiker der Neuen deutschen Küche. In *Jenseits von Gut und Böse*, 7. Hauptstück, Unsere Tugenden, klingt das so: »Die Dummheit in der Küche; das Weib als Köchin; die schauerliche Gedankenlosigkeit, mit der die Ernährung der Familie und des Hausherrn besorgt wird! Das Weib (er sagt immer Weib, meint es aber nicht so, ist dagegen stets freundlich Damen gegenüber und sagt sogar den Kühen: Guten Morgen, mein Fräulein!) versteht nicht, was die Speise *bedeutet*: und will Köchin sein! Wenn das Weib ein denkendes Geschöpf wäre, so hätte es ja, als Köchin seit Jahrtausenden, die grössten physiologischen Thatsachen finden, insgleichen die Heilkunst in seinen Besitz bringen müssen! Durch schlechte Köchinnen – durch den vollkommenen Mangel an Vernunft in der Küche ist die Entwicklung des Menschen am längsten aufgehalten, am schlimmsten beeinträchtig worden: es steht heute selbst noch wenig besser.«

Nun die Praxis. Nehmen wir die Küche des letzten Jahres vor dem Zusammenbruch, weit weg von Muttern, in Sils-Maria. Wir wissen, da gibt es das berühmte Bündner Fleisch und luftgetrocknete Würste und Schinken, Rohmilchkäse von all den Alpentieren, Brote und Zuckerbäckereien aus Nüssen und Kastanien, die ertragreichsten Pilzreviere, Beeren, Kräuter. Nietzsche wohnt in einer Kammer, in der ihm meist lausig kalt ist, in einem kleinen Haus, das auch nicht wärmer ist, 2000 Meter hoch, heute Nietzsche-Museum, sehr hübsch. Ich war da, und ich habe die Briefe an seine Mutter in Naumburg an der Saale gelesen. Ich teile daraus mit, was seinen Bauch betrifft.

»Nun möchte ich dies Jahr gleich von Anfang an da oben vernünftig sein und nicht erst wieder alle möglichen thörichten Versuche machen. Damit will ich sagen, daß ich dich bitte, meine liebe Mutter, mir von jenem delikaten Schinken, der das letzte Jahr so sehr den Beifall deines Sohnes hatte, *umgehend* ein gutes Quantum zuzusenden (Wie nennt ihr ihn? Lachsschinken? Weißt Du, ganz zart und ohne Fett).« Am 10. Juni 1888 kann Nietzsche den Empfang eines schönen Schinkens bestätigen, und am 16. Juni macht er der Mutter diese Rechnung auf: »Da mein Sommer die Länge von 4 Monaten hat, so brauche ich mindestens noch 12 Pfund = 6 Kilo-Lachsschinken. Es handelt sich um meine ganze Abendmahlzeit für 4 Monate...« Neun Tage später, neue Sendung. »Der Schinken sieht äußerst delikat und stattlich aus: ich blicke mit neuem Vertrauen in die Zukunft – und das ist *etwas*!« Siebenter Juli: »Der Schinken, der mir so gut getan hat, geht nun seinem Ende langsam entgegen: so daß Deine Güte wieder in

Anspruch genommen werden muß...« Empfang am 17. Juli: »Ich habe die Würste, die delikat sich anfühlen, aufhängen lassen, will aber den Anfang mit der dicksten machen... Den Zwieback kostete ich heute morgen zum Thee...« Zwieback läßt er sich auch schicken, obwohl er den ganzen Schinken verkrümelt. »Was den Schinken betrifft, so fiel mir die Anzeige eines Züricher Geschäfts in die Hand, das als ›Gothaische Wursthandlung‹ sich bezeichnet. Es empfiehlt seine ›Thüringer Milchschinkli‹ (ohne Fett, Knochen und Schwarte): sollte das nicht eben unsere Art Schinken sein?« Zehn Tage darauf, bittere Wahrheiten für Frau Franziska Nietzsche: »Es tut mir sehr leid, aber der Schinken ist gar nicht so ausgefallen, wie Du gewünscht hast... Der Mann hat, trotz aller Deiner Aufforderungen, das Salz zu schonen, ihn abscheulich versalzen. Ich muß 6 mal des Nachts Wasser trinken, seit ich Abends diesen Schinken esse... Auch hat sich eine gewöhnliche Folge von zu salzigem Fleische eingestellt, eine Zahnfleisch-Entzündung, die mich beim Kauen arg belästigt. Dabei fällt mir das Wort ›Milchschinkli‹ ein: es ist die reine Ironie auf diese versalzene Sache!« Auch vergißt er nicht, darüber zu klagen, daß ihm Reste von Schinkenfasern in den Zähnen verbleiben. Am 2. August sind endlich neue Schinken da, vollkommen nach Wunsch, am 13. ist bereits einer vertilgt, »so daß es nun nicht mehr lange dauert, daß der Vorrat erschöpft ist...« Am 22. ist der neue da und wird gleich verkostet. »Es schien mir, daß er noch delikater schmeckt, was vielleicht mit der Größe zusammenhängt...« Geschickte Bemerkung und gute Einstimmung auf seinen Wunsch vom 30.: »Eine kleine Sendung wird noch nöthig sein...« Denn bald geht es den Maloja hinunter: »Turin, den 28. September 1888... Liebe Mutter... Turin ist auch der einzige Ort, wo meine Nahrung vollkommen meinen sehr persönlichen Bedürfnissen entspricht. Ein wahrer Glücksfund für mich, dies Turin!«

Ach, seufzt er nun, daß er glaubte verachten zu müssen, wo er nur verzichtete. Endlich versalzen ihm keine Naumburger Schinken mehr seine Glückstheorien. Bei frischen Gemüsen, schlanken Nudeln und zarten Kalbsschnitzeln, begleitet von sortentypischen Weinen, lebt er auf wie noch nie. Aber nicht für lange. Im Dezember verdichten sich jene euphorischen Wahnzustände, deren Ursachen je nach Fachbereichszugehörigkeit der Diagnostiker bestimmt werden: Spätfolgen einer syphilitischen Erkrankung, Drogenmißbrauch, Vergiftung durch Heizexperimente, Naumburger Schinken! März 1868 beendete Nietzsche seine Karriere als Soldat durch eine Verletzung beim Sprung (Sturz) *aufs* Pferd, Januar 1889 endet seine Schriftstellerlaufbahn, als er beim Versuch, einem gestürzten Pferd auf die Beine zu helfen, auffällig wird. Als Umarmung von Turin gehört die Szene zum festen Bestandteil deutscher Lyrik.

Nach einer selbst in der Geschichte der Psychiatrie merkwürdigen Überführung des Patienten Nietzsche durch seinen Freund Overbeck und den Zahnarzt Bettmann in der Eisenbahn nach Basel, kann ihn bald die Mutter nach Jena holen und bekochen. Besonders liebt er ihre gekochten und gestampften Kartoffeln. Manchmal fällt er noch die Mutter (»die kleine Törin«) an und einmal heftig den »Heiland des Nordens« Julius Langbehn, dann wird er ganz friedlich für die letzten Jahre. Er freut sich auf das Mittagessen und das lawinenartige Auseinanderfallen der mehligen Kartoffelsorten unter dem Stich der Gabel. Danach ist er noch friedlicher. Nicht allein Mutters Werk. Das macht auch das Diazepam im Kartoffelmark. Und das hat wiederum die Schweizer wach gemacht. Aus dem pharmakologisch aktiven Benzodiazepinderivat haben sie eine besonders komprimierte Kartoffel kreiert, satt gelb, stark festfleischig, die weltweit zum Einsatz kommt, die Sorte Valium.

Fredmans Epistel No 9: Auf die Wirtin des Kaffeehauses Thermopolium Boreale und ihre Jungfrauen

Von Carl Michael Bellman, singbar verdeutscht von Christof Stählin

I

Seht, Brüder, Schwestern, Freunde, zu Zeiten
spannt Vater Berg der Geige die Saiten,
bis er sie zart und locker
zur Probe am Halse zupft,

spuckt auf die Wirbel, seht nur den Alten,
einäugig und die Nase gespalten,
Bierkrug steht auf dem Hocker,
von dem er den Bogen lupft.

Sonne, die blinzelt,
Geige, die winselt,
da ihr sein Finger Triller tupft.

Tanzt, Brüder, auf den Zeh'n elegant,
Hut auf dem Kopf und Handschuh zur Hand!
Seht, da tanzt die Nymphe,
nagelneue Strümpfe,
himmelblau mit rotem Band!

C. M. Bellman
Epistel №9
Auf die Wirtin des Thermopolium Boreale und ihre Jungfern

II

Seht dort, es schwenkt den Hut Jergen Puckel,
gießt sich wie Wasser Schnaps in den Buckel,
schlenkert, als wärn es Keulen,
die Glieder mit Kunstgeschmack.

Stehn ihm die Knochen rund in den Backen,
hängt ihm das Haar als Peitsche im Nacken,
goldgelb und voller Beulen
bombastisch gesteift der Frack.

Stopft seine Pfeife,
kratzt eine Schleife,
glotzt auf die Noten, saugt am Tabak.

Schwestern, den Rock zum Tanz ausgeflaggt,
Brüder, die Nacht zum Rand vollgepackt
nur mit Menuetten
und mit stets honetten
Mädchen. Ulla, halt den Takt!

III

Wen wir als Lottas Tänzer da hätten,
Beinkleider gelb und weiß die Stiefletten,
häuptlings, als wie bei Hähnen,
die rote Perücke prangt.

Teufel nein, die zwei spitzengezierten
Herren, die frackbrustlitzenverschnürten!
Spuck, Vater Berg, Fontänen,
pfui, Leichtbier, du machst mich krank!

Hütte, erglühe,
Krug, schwapp mit Brühe!
Brenn, alter Adam, quer durch die Bank.

Schwestern, kommt in die Mitte zum Kreis,
tanzt, hüpft und japst und tummelt euch heiß,
blind und taub im Reigen,
von sich streckt die Geigen
Vater Berg und kotzt mit Fleiß.

IV

Schwingt, Mädchen, eure Röcke wie Glocken,
seht Vater Berg im Trocknen da hocken,
reicht ihm das Kolophonium
und Südwein mit Bergamott!

Sagt doch, wie heißt die Alte am Tresen,
schielend und fett und lieblich gewesen?
Alte vom Thermopolium,
leibhaftig, bewahr uns Gott!

Runzeldurchfaltet,
liebeserkaltet,
hinter dem Rücken brummt das Fagott.

Brüder, hier tanzt und trinkt es sich,
ist das Behagen königlich,
hier ist Gast der Weingott,
hier ist Amor, mein Gott,
hier ist alles, hier bin ich.

Iseo
Eine Erzählung

Von Jens Johler

Das war auch so eine Eigenart der feinen Leute, dachte Duffy. Sie tranken viel, und sie aßen viel. Und schlimmer noch, sie machten sich schon vorher Gedanken darüber. Sie gingen nicht einfach aus zum Essen, sondern studierten erst irgendwelche Zeitschriften, um zu wissen, wohin sie zum Essen gehen sollten.«

Diese Sätze (aus dem Kriminalroman: »Vor die Hunde gehen«, von Dan Kavanagh, den man auch ungestraft als Julian Barnes bezeichnen darf) gehen mir immer durch den Kopf, wenn ich an Iseo denke, und wenn einem schon dauernd irgendwelche Sätze durch den Kopf gehen, dann ist es besser, man schreibt sie hin, dann sind sie weg. Ich weiß noch, wie erleichtert ich war, als ich sie las. Ich versah sie mit einem Ausrufungszeichen und nahm mir vor, mich niemals wieder von *Feinschmeckern, Siebecks* oder anderen, die einem Geschmacksvorschriften machen wollen, beeindrucken zu lassen.

Leider habe ich ein kurzes Gedächtnis und vergesse gelegentlich, was ich mir vorgenommen habe. Und außerdem kenne ich Roberto.

Roberto heißt von Amts wegen Robert und ist so wenig Italiener wie ich Portugiese, aber da er hervorragend kocht, und zwar vorzugsweise italienisch, und da er auch sonst ein exzellenter Italienkenner ist und über alles, was Land und Leute betrifft, Bescheid weiß, von Tizian über Veronese bis Modigliani, von Verdi über Puccini bis Nannini, von Travignioli über Poliziano bis Antinori, nennt ihn alle Welt, d.h. die paar Leute, die das Glück haben, ihn zu kennen, Roberto.

Roberto ist um die Vierzig, nicht besonders groß, von kräftiger Statur, hat kaum noch Haare auf dem Kopf, was für einen Koch immer gut ist – je weniger er hat, desto weniger können auf den Teller fallen

– und verdient sich sein Geld mit Taxifahren und damit, daß er in einem Weinladen (ausschließlich italienische Weine!) aushilft. Ich kann mir nicht vorstellen, daß Duffy ihn zu den »feinen Leuten« zählen würde, aber zu denen, die in den *Feinschmecker* oder in den *Veronelli* schauen, bevor sie essen gehen, gehört er auch.

Meistens kocht er jedoch selber. Fast täglich steht er in der Küche und bereitet die erlesensten Menüs vor, sei es für sich allein, sei es für sich und Manfred, seinen Mitbewohner, sei es für eine Runde von sechs bis acht Personen, die zu irgendwelchen an den Haaren herbeigezogenen Anlässen eingeladen werden, damit er ihnen kulinarische Perlen wie *Carpaccio vom Rind mit Trüffelöl,* ein bißchen *Parmesan und Ruccola, Spaghetti mit Lachs und Hummerkrabben, Zanderfilet mit Artischockencreme* oder *Lamm- und Wildschweinpfeffer mit Steinpilzen* vorwerfen kann. Als Aperitif gibt es *Prosecco di Conegliano*, zum Fisch den *Sauvignon Sanct Valentin*, zum Fleisch *Barolo Fontalloro* oder was immer am besten zum jeweiligen Gang paßt. Nur von Nachspeisen hält Roberto nichts, das wurde auch schon bemängelt. Man kriegt einen Espresso und einen *Grappa Nosiola* aus dem Hause *Zeni*, und wenn man Glück hat, liegt noch irgendwo eine Tüte *Cantuccini* herum. Aber – wie sagt der Italiener? Hatte gutte geschmeckte! Und dafür ist Roberto der Garant.

Man darf nur nicht den Fehler machen, ihm zu erzählen, daß man vorhat, über Ostern nach Italien zu fahren. Sofort werden Grappagläser und Espressotassen beiseitegeschoben, eine Italienkarte auf dem Tisch ausgebreitet und die Reiseroute festgelegt.

»Also, wenn ihr durch Österreich durch seid, dann fahrt ihr erstmal nach Civezzano bei Trento, da könnt ihr im *Maso Cantanghel* essen, aber natürlich dürft ihr nicht am Samstag oder Sonntag über den Brenner fahren, da haben die nämlich zu. Und dann laßt ihr den Gardasee rechts liegen und fahrt zum *Cà Masieri*, da müßt ihr essen und übernachten, die Zimmer sind einfach, aber gut. Und wenn ihr nach Venedig kommt –« Wir wollten gar nicht nach Venedig. Wir wollten nach Garda ins Hotel Flora, das einen schönen Garten und vor allen Dingen zwei Tennisplätze hat.

»Also, wenn ihr schon nach Garda fahrt, dann müßt ihr unbedingt nach Bardolino, ins *Ristorante dell' Albergo Bardolino*, da hab ich vor ein paar Jahren vorzügliche *Tagliatelle con tartufi* gegessen, und dann fahrt ihr natürlich nach Iseo, ins *Le Maschere*, hier, hört euch das mal an« – und mit schnellem Griff zog er den *Veronelli* aus dem Wall von Büchern über Hotels, Osterien, Trattorien, Restaurants, den er um die Landkarte herum aufgeschichtet hatte, schlug die betreffende Seite auf und las uns die Beschreibung vor, einschließlich der darin gerühmten Gerichte wie *Spargelauflauf mit Stopfleberwürfeln und Sauce von frischen Tomaten* oder *Suppe von Wachteln und Innereien mit Teighaube*, wobei er immer wieder mit der Zunge schnalzte oder anerkennend lachte und sogar verkündete, dies oder jenes würde er jetzt auch noch gern essen, obwohl wir doch gerade drei respektable Gänge hinter uns hatten, wovon der letzte, *Rehrücken vom Rehkitz in Kräuterkruste mit Polenta*, besonders üppig gewesen war.

Am Ende drückte er uns den *Veronelli* in die Hand und sagte: »Hier, aber macht es nicht wie letztes Mal, sonst kann man euch ja nicht mehr zum Essen einladen.«

Mag sein, daß diese Drohung nicht ganz ernst gemeint war, sie gab uns aber zu verstehen, wie sehr »das letzte Mal« ihn gekränkt haben mußte.

Das letzte Mal waren wir nämlich in Venedig gewesen – ausgestattet mit den allerbesten Empfehlungen für die gesamte Reise, vom *Maso Cantangel* bei Trento über das *Cà Masieri* in Trissino bis hin zu *Harry's Bar* und *Harry's Dolci* in Venedig, wo wir aber vor allem am *Ristorante ai Mercanti* nicht vorbeigehen dürften, ohne wenigstens die *Dorschklößchen* gekostet zu haben. Und wir, was hatten wir gemacht? Wir hatten uns alles brav notiert, hatten aus Höflichkeit den Eindruck erweckt, als wollten wir das ganze Programm durchmachen, und waren, als nach unserer Rückkehr die Vollzugsmeldung von uns verlangt wurde, auch noch so ehrlich gewesen zu gestehen, daß wir vor dem *Cà Masieri* in Trissino bereits geparkt, es dann aber zu einsam und abweisend gefunden hätten und unverrichteter Dinge nach Venedig oder, um auch hier bei der Wahrheit zu bleiben, nur nach Jesolo weitergefahren seien. Das war zwei Jahre her.

Und diesmal?

Am ersten Tag waren wir zum Glück noch frei. Ganz aus eigenem

Antrieb fuhren wir nach Prien am Chiemsee, mieteten uns im Hotel *Möwe* ein und gingen, da im Ort fast alles andere geschlossen war, zum Essen in die *Pizzeria Roma*. Natürlich hätten wir statt an den Chiemsee auch an den Waginger See fahren können, um dort im *Kurhaus-Stüberl* die frischen Felchen zu essen, aber das war eine Empfehlung, die Roberto in diesem Jahr nicht wiederholt hatte; und vor zwei Jahren hatten wir von Nürnberg aus dort angerufen und leider keinen Tisch mehr bekommen, so daß wir, was Waging am See betraf, aus dem Schneider waren.

Ich gebe zu, die *Paglie e Fieni* in der *Pizzeria Roma* waren nicht mit dem zu vergleichen, was wir von Roberto her gewohnt waren, sie schmeckten irgendwie nach Stroh, aber das wichtigste an diesem Abend war ohnehin, daß ich im Hotelzimmer einen Fernseher hatte und am Bildschirm mitverfolgen durfte, wie Leverkusen in der 120ten Minute zum 2:2 ausglich und damit dem Gladbacher Uwe Kamps die Gelegenheit gab, beim anschließenden Elfmeterschießen sage und schreibe (bzw. stehe und falle) vier Elfmeter zu halten!

Am nächsten Tag gings über den Brenner mit dem Ziel, im *Maso Cantanghel* zu Mittag zu essen. Bevor wir auf die Autobahn fuhren, mußten wir nur eben noch in Bernau eine Stunde Tennis spielen und, weil wir sonst vor Hunger umgekommen wären, im *Brotzeitstüberl* ein Brathendl essen, das übrigens so saftig und knusprig war, wie lange keins mehr.

Aber der Hunger war jetzt natürlich weg und hatte den Appetit gleich mitgenommen. Als wir den Brenner überquerten und uns der Ausfahrt Trento näherten, war an ein Mittagessen im *Maso Cantanghel* zwar noch zu denken, aber nur mit Widerwillen. So kam es, daß wir bei Trento nicht abbremsten, sondern eher noch ein bißchen Gas gaben und direkt nach Garda weiterfuhren, wo man uns im *Hotel Flora*, wie gewünscht, ein Zimmer gab.

Ich weiß nicht, wie es anderen geht: Bei mir führt die Übertretung einer Vorschrift leicht dazu, daß ich auch noch die nächste übertrete, und dann die übernächste, und so weiter, bis es zur Krise, Katastrophe und – wenn alles gutgeht – zur Umkehr kommt. Meiner Begleiterin ging es ähnlich. Wir hatten den ersten Rat – Trento – in den Wind geschlagen, also schlugen wir auch den nächsten in den Wind. Das *Vittoriale* des in den meisten Köpfen irgendwo zwischen Mussolini und der Duse angesiedelten Dichters D'Annunzio besuchten wir zwar, aber die Garage mit den alten Autos, die wir uns, wie Roberto gesagt hatte, unbedingt anschauen mußten, fanden wir nicht. Ich glaube, wir wollten sie nicht finden.

Und das *Ristorante dell' Albergo Bardolino*, in dem Roberto mal vorzügliche *Bandnudeln mit Trüffeln* gegessen hatte? Davorgestanden haben wir schon, aber da war Ruhetag (obwohl es nach dem *Veronelli* hätte geöffnet sein müssen). Und als wir am nächsten Abend noch einmal davorstanden und ohne weiteres hätten hineingehen können, war wieder so ein Widerstand und Widerwille da, der uns mit Macht ins andere Restaurant zog, in das, das schon am Abend vorher brechend voll gewesen war, weil es dort wunderbare Gardaseeforellen gab. Nur steht es nicht im *Veronelli*, ist von Roberto nicht empfohlen und hat deswegen keinen Anspruch darauf, hier namentlich genannt zu werden.

So ging es weiter, bis – wie schon angekündigt – die Krise kam. Mein Gewissen, das sich von Nacht zu Nacht als immer unbequemeres Ruhekissen erwies, servierte mir schließlich einen so furchtbaren Traum, daß ich im Morgengrauen gepeinigt aufschrie, mich schweißgebadet im Hotelbett aufrichtete und mit entsetzten Augen vor mich hinstarrte. Roberto hatte, umflattert von Uhus und Fledermäusen, von einem hohen Turm, einer Art Minarett, herab seine damoklesschwertartige Drohung wiederholt: Entweder ihr haltet euch jetzt mal an meine Ratschläge, oder...

Es versteht sich von selbst, daß aus der unseligen Lage, in die wir uns hineinverbockt hatten, nur noch ein Sühneopfer helfen konnte, eine Prozession nach Kevelaer, ein Kamelritt nach Mekka – irgend so etwas.

Ein paar Stunden später packten wir unsere Tennisschläger ein, bezahlten die Hotelrechnung und machten uns auf – nach Iseo.

Ich könnte mir vorstellen, daß man ohne weiteres in zwei Stunden von Garda nach Iseo fahren kann, vorausgesetzt, auf der Autobahn ist kein Stau. Als wir fuhren, war Stau. Anstatt es nun aber zu begrüßen, daß wir schon hier mit unserer Sühne ernst machen konnten, begannen wir Roberto zunächst leise, dann aber immer lauter zu verfluchen, so daß wir, als wir schließlich in Iseo ankamen, ziemlich heiser waren.

Kennt man Iseo? Ich glaube nicht. Ich habe jedenfalls mit Leuten gesprochen, die noch nie etwas von diesem Ort gehört hatten, der still an dem von hohen Bergen schroff umstandenen See liegt, dem er seinen Namen gab. Diese Leute wußten dann natürlich auch nichts von den Einbahnstraßen in diesem Ort, die jeden Autofahrer in den Wahnsinn treiben. Hat man sich auch nur ein einziges Mal verfahren, muß man in einer riesigen Schleife noch einmal um den ganzen Ort herum und wieder ganz von vorn anfangen, und das passiert natürlich nicht nur einmal, sondern immer wieder, mit der Folge, daß eine permanente Rally um Iseo herum stattfindet. Als wir durch Zufall den *Vicolo della Pergola* gefunden hatten, in welcher sich das *Le Maschere* befindet, waren wir so zermürbt, zerfasert und zerfertzelt, daß wir uns kaum noch in das Gäßchen hineintrauten, über dem ein kleiner Torbogen das schon reichlich verblaßte Emblem des Restaurants, zwei Masken, zeigt. Beklommen schauten wir draußen auf die Karte und erkannten darauf einige der Gerichte wieder, deren Namen Roberto vor nicht allzu langer Zeit zungeschnalzend aus dem *Veronelli* vorgelesen hatte, und da wir nun mal da waren, faßten wir uns ein Herz, stiegen die drei, vier Stufen hinab und betraten das Kellergewölbe, in dem sich das *Le Maschere* befindet.

Wir wollten für den Abend einen Tisch bestellen, »una tavola« wie ich in meinem falschen Italienisch sagte, und der große, schlanke, schwarz- und kraushaarige Restaurantchef nickte teilnehmend, drückte uns die überdimensionierte Speisekarte und eine dem Umfang nach an einen mittleren Ausstellungskatalog erinnernde Weinkarte in die Hand, hieß uns Platz nehmen und bot uns einen Espresso an. Während er seine Nachforschungen darüber anstellte, ob am Abend noch ein Tisch für uns frei wäre, tranken wir dankbar den Espresso und taten so, als ob wir irgend etwas von dem verstünden, was auf Wein- und Speisekarte stand. Irgendeinen *Barolo* glaubte ich wiederzuerkennen, aber paßte er zum Menü? Es gab deren zwei, das große und das kleine, und noch ein paar Gerichte à la carte.

Ja, er habe noch einen Tisch, sagte der Restaurantchef schließlich, und als wir uns von ihm verabschiedeten, gab er uns die Hand und schien sich ganz besonders darüber zu freuen, daß ausgerechnet wir den weiten Weg von Irgendwo in Deutschland hierher nach Iseo gefunden hätten.

Der Restaurantführer von Luigi Veronelli hält für den Iseo-Besucher zwei Hotelempfehlungen bereit, das *Meublé Rosa* und das *Ambra*. Für uns kam, weil es direkt am See gelegen war und Zimmer mit Balkons und Seeblick hatte, nur das *Ambra* in Frage.

Unser Zimmer hatte keinen Seeblick. Wir schauten vom Balkon herab auf einen traurigen Hinterhof, und ich versuchte vergeblich, meine Begleiterin darüber hinwegzutrösten, indem ich sagte, daß wir diesen einzigartigen Hinterhof wahrscheinlich niemals zu Gesicht bekommen hätten, wenn noch ein Zimmer mit Seeblick freigewesen wäre.

Ich weiß nicht, warum wir, als wir uns im Bett ein wenig ausruhten, bereits begannen, uns aufzuregen. Wir sollten ja am Abend nicht kochen, wir sollten nur essen. Und doch hatten wir Lampenfieber. Das *Le Maschere* wies immerhin neun Symbole im *Veronelli* auf, darunter zwei Kochmützen, zwei Weinflaschen, eine Grappakaraffe und natürlich auch den schöngeschwungenen Mund, das Zeichen für Desserts. Das war schon was! Aber würden wir das alles hinreichend zu würdigen wissen? Und welches der beiden Menüs sollten wir bestellen? Und welchen Wein? Und wie sollten wir herauskriegen, was wir aßen, obwohl wir so wenig Italienisch konnten wie der Restaurantchef Englisch oder Deutsch? Gehörte es nicht zum Genuß dazu, daß man *wußte*, was da auf dem Teller lag? Verrührten sich nicht alle Speisen auf der Zunge wie im Hirn zu Mus, wenn man sie nicht mit Namen nennen konnte? Diese und andere Fragen stellte ich mir, während ich mich mit Wörterbuch und *Veronelli* gründlicher auf diesen Abend vorbereitete, als ich es jemals für einen Opern- oder Konzertbesuch getan hatte. Und mein Magen? Was machte der? Hatte ich Hunger? Nein. Verspannungen und Krämpfe? Ja.

»Laß uns spazierengehen«, sagte ich endlich, als wäre das die rettende Idee. Aber bevor wir noch im Freien waren, fing es an zu regnen. Immerhin, in dem Café gleich neben dem Hotel gab es den besten Cappuccino, den ich je getrunken habe (noch besser als der damals mit Erasmus in Brooklyn), nur – war das eine Entschädigung dafür, daß wir den ganzen Tag im Stau, in Einbahnstraßen, in einem Hinterhofhotelzimmer und auf der Flucht vor dem Regen zugebracht hatten, nur um Roberto zuliebe in ein Restaurant zu gehen? Am liebsten hätte ich irgendwo eine *Pizza Capricciosa* gegessen (bei dem Gedanken daran entspannte sich mein Magen) und wäre sofort abgereist. Aber das konnten wir dem Restaurantchef nicht antun, nachdem er uns so liebenswürdig Espresso spendiert und die Hand gegeben hatte. Und außerdem – Roberto.

Endlich kam der Abend herbei. Als ich mein verknittertes Hemd aus dem Koffer kramte, bereute ich, daß ich mir nicht ein neues gekauft hatte. Aber, sagte ich dann zu mir und versuchte eine strenge Miene aufzusetzen, du kaufst dir ja auch sonst nicht jedesmal ein Hemd, bevor du essen gehst, also mach nicht so ein Theater um das *Le Maschere!* Geh einfach hin und iß!

Wir gingen hin und aßen. Ich will jetzt, entgegen meiner ursprünglichen Absicht, nicht allzu viele Worte über das Menü verlieren. Bin ich ein Restaurantkritiker? Nein. Bin ich ein Dichter, daß ich rühmen könnte? Nein. Aber wie schade, daß ich es nicht bin, weder das eine noch das andere! Wie könnte ich mich sonst totbegeistern über die *Blätterteigtaschen mit Kartoffeln und Kaviar*, mit denen alles anfing! Oder über diese kleinen Iseoseefischchen mit dem Namen *alborelle*, die mit einem Kraut von zuckersüßen Zwiebeln serviert wurden! Oder über die *Seebarbenfilets mit gebratenem Speck und Bohnensauce*! Und die Weine, die Weine! Erst der weiße, den ich als einen *Cavalleri Rampaneto Franciacorta* aus Erbusco in Erinnerung habe, dann – zur *Ente, geschmort, mit Erbsenschoten* – der rote, ebenfalls aus dem nahen Erbusco, ein *Ca' del Bosco 1988*, der vier verschiedene Trauben in sich trägt, Cabernet, Barbera, Merlot und Nebbiolo. Und da man, wie ich zu meiner großen Erleichterung am Verhalten der anderen Gäste erkennen konnte, sogar rauchen durfte, war ich, als wir beim Grappa ankamen, überglücklich.

Natürlich auch, weil ich Roberto gegenüber jetzt ein besseres

Gewissen hatte. Still und schweigend stand in dieser Nacht das Minarett vor der Silhouette eines tiefblauen Abendhimmels, worin ein funkelnder Stern Zwiesprache mit dem silbernen Nachen des Mondes hielt; und oben auf dem Gemäuer stand Roberto, breitete seine Arme aus und wünschte segnend gute Nacht...

Als wir das nächste Mal bei ihm zu Gast waren und von Iseo berichteten, hörte er zu meiner großen Verwunderung kaum zu. Es schien, als wollte er von dem Mekka, in das er uns geschickt hatte, nichts mehr wissen, oder als wäre es ihm nicht recht, daß nun wir es waren, die mit der Zunge schnalzten, anerkennend lachten und verkündeten, dies oder jenes würden wir jetzt auch gern noch essen. Als wir auf den Rotwein zu sprechen kamen, merkte er vorübergehend auf und sagte geringschätzig: »Jaja, der ist ganz gut, aber ein kleiner Wein. Ihr müßt mal den *Barolo Riserva Vigna Sori Ginestra 85* probieren, das ist ein – « Kann ja sein, dachte ich, kann schon sein. Und ich war froh, daß ich an jenem Abend in Iseo nicht gewußt hatte, daß der *Ca' del Bosco 1988 nur* ein kleiner Wein ist. Hätte er mir sonst geschmeckt wie ein großer?

ZWISCHENMAHLZEIT

Das 1x1 der Haute Cuisine

Von Volker Kriegel

AMUSE GUEULE: *Die kleine Überraschung aus der Küche. Unverzichtbarer Auftakt des festlichen Menüs.*

BERATUNG: *Jeder Gast will beraten sein. Aber Vorsicht! Bevormundung ist nicht nach jedermanns Geschmack.*

BLUMENSCHMUCK: *Sparsamkeit muß sein. Aber bitte nicht bei der Tischdekoration!*

Abb. A) Falsch

Abb. B) Richtig

MUSIK: *Hier gehen die Meinungen auseinander.*
Unser Tip: die Musik sollte zum Ambiente passen.

PATRON: *Zum guten Ton*
gehört die Begrüßung der Gäste nach getaner Arbeit.

SOMMELIER: *Mit der Kompetenz des Weinkellners steht und fällt der Ruf des Hauses.*

DRITTER TEIL

Vermischtes

Angelo

von Kurt Maria d'Uccello

Im März des Jahres 1993 starb Angelo Conti Rossini – Herzinsuffizienz, Schwächeanfall – bei einer Radtour. Der Tod ereilte ihn auf der Luineser Seite des Lago Maggiore.

Meine Bekanntschaft geht auf seine Anfänge in den fünfziger Jahren zurück, als an jedem Brückenpfeiler Fausto Coppi, der große Radchampion und sein Jugendidol, stand. Angelo hatte nach ausgiebigen kulinarischen Studien in den großen Städten Europas gerade das kleine Tessiner Lokal in Brissago von seinem Vater übernommen und bot dort seinen Gästen superb verfeinerte, um nicht zu sagen, gestylte traditionelle regionale Gerichte an. Von unserem Quartier, einer verwunschenen literarischen Emigrantenklause oberhalb von Brissago, zogen wir von Zeit zu Zeit durch die Weinberge und Gäßchen der ehemaligen stolzen autonomen Republik hinunter, um in den Lauben seines Gartens Spaghetti zu essen und den Bocciaspielern zuzuschauen. Die einfachste Mahlzeit aus der Hand dieses Meisters war ein Ereignis.

Angelo machte bald von sich reden. Gegen Ende der fünfziger Jahre war er unbestritten der Erste im ganzen westlichen Oberitalien. Sein Hang für die Haute Cuisine trug ihm zuweilen Kritik ein. Es dauerte aber nicht lang, und seine grandiosen französischen Implantate, seine Geschmacksarchitekturen, seine zierlichen Buttersoßen, seine Neiges fanden bald Nachahmer in den großen Hotelkästen, die den See säumen, und in den Metropolen von Piemont und der Lombardei.

Das Tessin war damals so etwas wie eine literarische Region. Theodor Plivier, Walter Mehring, Albert Vigoleis Thelen, Benvenuto Hauptmann, Erich Maria Remarque, Hans Habe und viele andere lebten dort. Manche waren häufige Gäste, bei anderen kann man annehmen, daß ihre Verleger sie zu Angelo einluden. Einer von ihnen, und zwar einer der ohne seinen Verle-

ger kam – und ich sage auch nicht, wer es ist –, lud einmal das ganze Lokal ein und verschwand dann, ohne die Zeche zu begleichen. Dergleichen focht den Meister nicht an. Die Gesellschaft von Künstlern und Intellektuellen war ihm angenehm.

Es kann nicht anders sein, als daß ein bedeutender Gastronom eine komplexe Natur ist. Angelo quälte das Leid der Welt. Deshalb vereinte er in sich eine undeutliche Konfiguration von Kommunist, Sozialist und Anarchist. Er neidete den reichen, glücklichen, eleganten Menschen, die seine Gäste waren, nicht ihre Umstände. So war auch berechnende Freundlichkeit nicht seine Sache. Mit beinahe kindlicher Freude empfing er Abend für Abend die neugierigen Erstbesucher und die alte Klientel.

Am liebsten hätte er, wie seine Vorfahren, als Bergbauer gelebt. In jedem freien Augenblick zog es ihn denn auch hinauf zu seiner Hütte in den Schatten der Kastanien, um alsbald wieder leidenschaftlich, präzise und spielerisch an sein festliches Abendwerk zu gehen. Angelo Conti Rossini gab für seine Gäste ebenso wie für seine Kollegen ein wunderbares Beispiel und Vorbild dafür, daß die feinste Küche nicht taugt ohne herzliche Gastgeberschaft.

Jahreszeitenkalender

von Vincent Klink

Die Spezialitäten der jeweiligen Saison werden in der Küche immer mehr vernachlässigt. Im Restaurant melden sich bereits im Februar Gäste, die – als Beispiel – beim Koch Spargel anmahnen.

Der Jahreszeitenkalender soll Anregungsliste und Hilfe sein, das zu berücksichtigen, was »zur Zeit« auch wirklich seine Saison hat. So kann für Abwechslung gesorgt werden – und obendrein sind die Produkte in der Saison am preiswertesten.

Januar

Fische und Krustentiere:

Aal, Barsch, Hecht, Saibling, Schleie, Waller, Zander, Lachs, Dorsch, Schellfisch, Heilbutt, Stein- und Glattbutt, Rotzunge (Limande), Loup de mer (günstig und gut), Doraden, Zackenbarsch, Rascasse, Seeteufel, Merlan, Knurrhahn, Steinbeisser, Lupini, St. Pierre, Schwertfisch, Hummer, Languste, Langoustinen, Nordseekrabben, Jakobsmuscheln, Austern, Pfahlmuscheln, Vongole, Venusmuscheln, Kaviar (wenig gesalzene Sorten).

Gemüse, Salate, Pilze, Früchte:
Perigordtrüffel, Albatrüffel, Ackersalat, Artischocken, Chicorée, Chinakohl, Rosenkohl, Weißkohl, Rotkohl, Sellerie, Wirsing, Rote Bete, Karotten, Kresse, Lauch, Treviso, Radicchio, getrocknete weiße Bohnen, Zitrusfrüchte.

FEBRUAR, MÄRZ, APRIL

Fische und Krustentiere:
Fische wie Januar, ab jetzt Rochen, Forelle, Bach- und Seesaibling.
Gemüse, Salate, Pilze, Früchte:
Wie Januar, dazu Kopfsalat, Radieschen, Rettiche, Kohlrabi, Kopfsalat, erster Spargel. Wilder Schnittlauch, Bärlauch, Huflattich, Salatgurken, Spinat, Frühlingszwiebeln, Rhabarber.

MAI

Fische und Krustentiere:
Bodenseefelchen, Seeforellen. Laichzeit von Rotbarben, Rot- und Seezunge und Blauling und Steinbutt.
Achtung: Die berühmte Maischolle taugt gerade im Mai nichts. Krebse bis Anfang Juni. Ab Mai Kaviar mehr gesalzen.
Gemüse, Salate, Pilze, Früchte:
Wie Februar, März, April. Erbsen, Bohnen, Mairübchen, Spargel, Fenchel, Eissalat, Romanasalat, Frühkartoffeln, Morcheln, erste Erdbeeren, Stachelbeeren, Nespole (in ital. Läden).

JUNI, JULI, AUGUST

Fische und Krustentiere:
Flußfische wie im Mai. Laichzeit der Plattfische beendet. Die im Mai angegebenen Fische sind wieder sehr gut und günstig. Ausnahme Loup de mer, der als Lieblingsfisch der franz. Urlauber Hochsaison hat. Thunfisch, Krustentiere wie im Mai.
Gemüse, Salate, Pilze, Früchte:
Artischocken, kleine Gurken, Meerrettich, Schalotten, Zwiebeln, Kartoffeln, Rote Bete, Bleichsellerie, Broccoli, Zuckerschoten, Tomaten, Pfifferlinge, Reizker, Steinpilze, Äpfel, Heidelbeeren, Stachelbeeren, Johannisbeeren, Kirschen, Melonen, Pflaumen, Reineclauden, Himbeeren.

SEPTEMBER, OKTOBER

Fische und Krustentiere:
Seefische gut, Krustentiere gut.
Gemüse, Salate, Pilze, Früchte:
Gelbe Rübe, Rosenkohl, Rotkraut, Weißkraut, Wirsing, Sauerkraut, Endiviensalat, Zuckermais, Tomaten, Schwarzwurzeln, weiße Rüben, Steinpilze, Pfifferlinge, Reizker, Ananas, Haselnüsse, Walnüsse, Kastanien, Preiselbeeren, Quitten, Trauben.

NOVEMBER, DEZEMBER

Fische und Krustentiere:
Keine Forellen und Felchen. Seefische gut. Hummer erst ab Jan. wieder gut.

Gemüse, Salate, Pilze, Früchte:
Ackersalat, Chicorée, eingeschlagenes Wurzelgemüse wie Karotten, Sellerie, Schwarzwurzeln, Rote Bete.
Weiße Bohnen, Rosenkohl, Wirsing, Sauerkraut.

Lebensmittelbestrahlung Pro und kontra

von Walter Neef

Durch ionisierende (radioaktiv ist physikalisch nicht korrekt) Strahlung, in diesem Fall Gamma – gleich Elektronenstrahlung, können Krankheitserreger wie Pilze, Bakterien, Insekten usw. abgetötet werden. Das Nahrungsmittel ist dann bei luftdichter Verpackung dauerhaft lagerfähig. Allerdings müssen die Bestrahlungsräume mit dicken Betonplatten gesichert und das Personal hervorragend geschult sein. Bei zu starker Bestrahlung kommt es zu »induzierter Radioaktivität« des bestrahlten Produkts; dies kommt aber, so sagen die Befürworter dieser Technik, bei regulärem Betrieb nicht vor.

PRO 1: *Weltweit gehen 1/3 der erzeugten Lebensmittel durch Verderb verloren. Daher muß jede Methode, die auch nur einige Prozent mehr Lebensmittel erhalten kann, eingesetzt werden.*

CONTRA 1: *Diese Hochtechnologie ist für Drittweltländer schwierig zu handhaben. Riesige Kosten, perfekt ausgebildetes Personal und unkalkulierbare Risiken beim Einsatz dieser Technologie überfordern Finanzkraft und Ausbildungsstand der meisten dieser Länder.*

Schuld an den hohen Ernteverlusten sind vor allem der falsche Erntezeitpunkt, Beschädigung während der Ernte, ungeeignete Verpackung, unsachgemäßer Transport und erst an letzter Stelle die unsachgemäße Lagerung. Ein Trinkwasserbrunnen mit frischem Wasser könnte die hygienischen Verhältnisse besonders in Ländern der Dritten Welt oft mit einem Schlag und mit geringem finanziellem Aufwand gewaltig verbessern und damit das Erntegut schützen.

PRO 2: *In der BRD erkranken jährlich über 40.000 Menschen an Salmonellen. Dieser Gefahr wird durch Bestrahlung wirksam begegnet.*

CONTRA 2: *Vor 1978 gab es im gesamten Land nicht einen Salmonellentoten. Zum einen das massenhafte Importieren salmonellenverseuchter Futtermittel, zum anderen die massenhafte Verfütterung von antibio-*

tikahaltigem Futter, das bei Massentierhaltungen gang und gäbe ist, ließ die Salmonellenerkrankungen rapide anwachsen. Im übrigen sind Salmonellen auch hitzeempfindlich!

PRO 3: *Der Verbraucher wünscht eine Einschränkung der Verwendung chemischer Substanzen bei der Verarbeitung von Lebensmitteln.*

CONTRA 3: *Bei der Bestrahlung entsteht eine Vielzahl von Substanzen, deren chemische Natur häufig gar nicht bekannt ist. Es können dabei Giftstoffe entstehen, die man dann Radiotoxine nennt.*

PRO 4: *Die Bestrahlungserfahrungen anderer Länder (Japan, Belgien, Ungarn) haben gezeigt, daß die Anlagen sicher und die Qualität der behandelten Lebensmittel gut ist.*

CONTRA 4: *Mehrere Unfälle und gelungene oder versuchte Schmuggeleien mit Bestrahlungsgeräten wurden in den letzten Jahren aktenkundig. Nur Luxuswaren mit hohem Preis können rentabel bestrahlt werden: So wird Kartoffelbestrahlung in Japan staatlich subventioniert.*

PRO 5: *Der Verzehr von bestrahlten Lebensmitteln ist gesundheitlich absolut unbedenklich.*

CONTRA 5: *Die Bestrahlungsdosis kann durch betriebsbedingte Störungen schwanken. Kohlehydrate werden bei höheren Dosen zersetzt. Proteine verändern sich in ihrer Struktur. Bei Fetten können sich giftige Peroxide bilden. Der Vitaminverlust nach einer Lagerzeit von einem Monat beträgt im Vergleich zu unbehandeltem Gemüse zwischen 30% und 60%.*

Durch ionisierende Bestrahlung werden Obst und Gemüse weich und matschig, verfärben sich und verlieren viel, wenn nicht alles von ihrem typischen Aroma.

QUELLE: *Was wir alles schlucken. KATALYSE, Institut für angewandte Umweltforschung, rororo Sachbuch 1988*

Krise

von Manfred Kohnke

Das Modewort in der Welt der deutschen Feinschmeckerei heißt Krise, Krise in der Spitzengastronomie. Dazu Erkenntnisse von uns 23 Gault Millau-Testern: Es gibt keine Krise der Spitzengastronomie, denn nicht die besten Köche sind von einer Krise betroffen, sondern nur die nächstbesten. In Deutschland beginnt sich endlich die Spreu vom Weizen zu trennen: All die

Ab- und Nachköche, die anspruchsvolle Gäste seit Jahren mit ihren landauf, landab gleichen Speisekarten langweilen, fallen nun auch beim Rest des Publikums durchs Küchensieb.

Diese Köche suchen die Gründe überall, nur nicht bei sich selbst, bei ihrem Programm und Standort. Schuld ist angeblich der außerordentlich lange und heiße Sommer, schuld sind das Fernbleiben der Amerikaner wegen der Dollarschwäche und die Rezessionsangst der Deutschen, schuld sind auch die noblen Kasinos, die sich die Konzerne anschaffen, damit ihre Chefs in unserem Sozialneidstaat nicht durch hohe Spesen auffallen, wenn sie gleichzeitig Arbeitnehmer wegen schlechter Geschäfte entlassen.

Das sind ja alles keine schwachen Argumente, aber sie führten allesamt zu keiner Krise in der Topgastronomie, die bei uns zwischen 17 und 19,5 Punkte hat, und sie treffen nicht auf jene zu, die im Bereich der 12- bis 16-Punkte-Köche in die Krise geraten sind.

Deren Probleme lassen sich nach dem Eindruck von uns Testern so erklären: Einerseits erhöhte sich nicht die Zahl der wirklichen Feinschmecker in Deutschland seit den ersten Ruhmestaten eines Eckart Witzigmann, Siegfried Rockendorf, Jörg Müller, die ich hier stellvertretend nenne. Diese Zahl der wirklichen Feinschmecker liegt eher bei 25.000 als bei 50.000. Zu denen gesellte sich eine große, wechselnde Zahl von Gästen, die sich aus Neugier, aus modischen Gründen oder zur Aufbesserung ihres Sozialprestiges der großen, teuren Küche zuwandten. Diese Gäste kommen nun seltener oder bleiben ganz weg. Und der Nachwuchs hat entweder von seinen Eltern den Geschmack für die originären Köche mitbekommen oder tut sich woanders als in der Pseudo-Haute-Cuisine gütlich.

Die Gäste aber, die heute noch groß essen gehen, sind heikler geworden und nur von den wirklichen Könnern zu befriedigen, die niemanden nachäffen, nicht tricksen und nicht bluffen, sondern ihre Preise Tag für Tag durch Können und Leistung rechtfertigen. Um diese Köche – um die Spitzengastronomie also – müssen wir uns nicht sorgen. Denn daß die derzeit nicht drei oder vier Samstagabende im voraus ausgebucht sind, sondern nur noch zwei oder drei, das macht noch lange keine Krise.

Unabhängig davon wird hierzulande eifrig über die Küche von morgen gegrübelt – ein in der Welt der Gourmandise typisch deutsches Phänomen. Noch immer sind wir nicht souverän genug, das, was wir gern mögen, ganz selbstverständlich zu genießen. Es muß *tunlichst auch im Trend liegen. Bitte sehr, geben wir unserem Affen Zucker und erkennen wir Trends:*

1. Das Feinschmecker-Restaurant von morgen ist kein Tempel, die Gäste sind keine Gemeinde mehr. Essen und Trinken werden selbstverständlicher Ausdruck von Lust und Lebensfreude.

2. Die Gäste essen weniger Gänge und trinken weniger Wein, zahlen aber die Preise für ihre Qualitätsansprüche selbstverständlicher als heute.

3. Bei der Betriebsführung wird die Sicht des Gastes vermehrt berücksichtigt. Den Restaurateuren dämmert, daß die Nummer Eins im Restaurant nicht der Koch, sondern der Gast ist. Der Starkult um den großen Chef nimmt ab, die Zuwendung, die der Gast erfährt, nimmt zu.

4. Die Gäste beurteilen die Küchenleistung nicht mehr so überproportional, schätzen Atmosphäre und Ambiente, Gastfreundschaft und Herzlichkeit höher ein.

5. Das Interesse am Luxus schwindet bei einem Großteil des Publikums zugunsten einfacherer Produkte, die mit Bedacht und Geschmack ausgesucht sind.

6. Bürgerliche Küche comme il faut wird beliebt, das sind traditionelle Gerichte aus besten regionalen Produkten nach den Regeln der großen Küche zubereitet, durchaus auch wieder am Tisch tranchiert. Als Alternative dazu dürfte die asiatische Küche gefragter werden.

Induktionsherd

Gespräch mit Pierre Pfister

Hotel Bayerischer Hof München

Welche waren für Sie die vornehmlichen Gründe für die Anschaffung eines Induktionsherds?

Dort, wo der Herd eingesetzt werden sollte, konnte nur eine kleine Küche installiert werden, es war also wenig Platz. Zum andern ist mir zweierlei wichtig: Der Koch und der Energieverbrauch. Beide sollten entlastet werden.

Zum einen strahlt der Induktionsherd keine überflüssige Energie ab. Die Keramikplatte neben dem heißen Topf ist kalt, der Koch bekommt keine überflüssige Hitze ins Gesicht. Ich nenne das Humanisierung des Arbeitsplatzes. Die Hitze ist also nur direkt unter dem Topf, was für den Koch, gerade in einem engen Raum, ein wesentlich leichteres Arbeiten ermöglicht. Logischerweise ist so auch der Energieverbrauch wesentlich geringer.

Sonst noch Gründe?

Die Schnelligkeit, die gerade im Service einer großen Küche ausschlaggebend ist. Als Beispiel kocht eine Bouillon unter Umständen vier bis fünf Stunden. Der Energiebedarf ist eine feste Größe, ob Gas, elektrisch oder Induktion. In diesem Fall ist Induktion nicht von größerem Vorteil als herkömmliche Technik. Entscheidend ist die Ankochphase in kleinen Portionen. Das Züricher Geschnetzelte ist in zwei Minuten gebraten und es kann danach eine andere Arbeit aufgenommen werden. Energie fließt erst, wenn der Topf auf dem Herd steht. Ein wichtiger Punkt ist auch der schnelle Wechsel der Hitzedosierung, von glühend auf lauwarm sofort umgeschaltet, was noch etwas nachwärmt, ist der Eisenkern im Geschirrboden, nach ungefähr vier bis fünf Sekunden ist der Topf von heißkochend auf lauwarm heruntergebremst, diese Temperatur wird dann auch korrekt beibehalten.

Wie funktioniert diese neue Technik, warum wird es im Topf warm und nicht daneben?

Unter dem Ceranfeld ist eine Spule, der Induktor, der mit dem Topf, der Sauteuse oder der Pfanne ein Magnetfeld aufbaut, deshalb muß auch in den Kochgeschirren ein Eisenkern im Boden eingelassen sein. So entstehen innerhalb dieses Magnetstromes durch hochfrequente Wechselströme Schwingungen, die unmittelbar die Hitze entstehen lassen.

Diese Technik ist schon sehr erprobt, allerdings nicht in der Küche. In der Metallverarbeitenden Industrie wird Induktion seit Jahrzehnten zum Härten von Metallwerkteilen verwendet.

Ist so ein Herd ohne weiteres überall zu installieren?

Man braucht ein Starkstromkabel. Im Grunde handelt es sich nur um die Technik, die das Magnetfeld aufbaut; sie ist ungefähr zwanzig Zentimeter hoch und sie wird mit einer Ceranplatte geschützt. Die einzelnen Module sind viereckige Platten, die man beliebig aneinanderreihen kann, oder man nimmt eben nur eine, je nach Bedarf. Dann wird noch Edelstahlblech drumgebogen, sie werden also individuell zusammengebaut. Im Grunde könnte man so einen Herd auch auf einen ganz normalen Tisch stellen, da ja von unten keine Hitze entsteht.

Sind die Köche auf Anhieb mit der neuen Technik zurechtgekommen? Die Hitzedosierung bereitet doch sicher Schwierigkeiten, da man sie ja nicht als Flamme oder Strahlhitze lokalisieren kann?

Intelligente Technik erfordert natürlich auch intelligente Anwender. Wir haben das Schweizer System Boh-

ner, das inzwischen auch in anderen Betrieben mit Erfolg arbeitet, z.B. im Hotel Königshof, in der Ente vom Lehel in Wiesbaden, im Combihotel in Freiburg, das wären jetzt mal die bekanntesten Betriebe, es gibt aber noch unzählige ganz normale Wirtschaften, die damit happy sind. Ich habe mir die Einarbeitung der Mitarbeiter schwieriger vorgestellt. Im Schnitt brennt etwas zweimal an, dann hat es jeder kapiert.

Läßt sich die Hitze, die Energie auch fein dosieren?

Man kann die Kochfelder verschieden heiß stellen, wie bei einem normalen Herd, kann auch eine Platte auf ca. 90 Grad stellen um Hollandaise aufzuschlagen, alles kein Problem.

Wie lange braucht man, um einen Liter Wasser zu erhitzen?

Vielleicht eine Minute. Der Herd kocht fast schneller, als der Koch sich bewegen kann. Wenn man zum Beispiel ein Züricher Geschnetzeltes macht, so kann man alle Zutaten in die kalte Sauteuse geben, Fleisch, Zwiebeln, Champignons. Normalerweise würde der Inhalt Wasser ziehen, nicht aber beim Induktionsherd. Es entsteht sofort eine Hitze, die ungefähr der in einem Wok gleich ist, auf Wunsch also nahezu glühend, was gerade bei der asiatischen Küche, die wir ja im »Trader's Vic« pflegen, wichtig ist.

Hat ein großer Teil der Köche diese Neuheit schon voll akzeptiert?

Ja alle. Im Gegenteil, ich habe Köche, die wollen nicht mehr am konventionellen Herd kochen.

Wie ist die Reparaturanfälligkeit?

Die Oberfläche des Herdes ist eine relativ spröde Keramikplatte, die von der Firma Schott/Jena hergestellt wird. Bei unbedachtem Draufknallen eines Topfs könnte sie in Sprünge gehen. Wir haben den Herd aber seit zwei Jahren im Einsatz und bisher ist nichts passiert. Eine Reparatur wäre kein Problem, da nur die Platte empfindlich ist und jederzeit schnell ausgetauscht werden kann.

Werden mit dieser Technik, die man laienhaft als Magnetkochen bezeichnen könnte, Strahlen frei?

Ist mir nichts bekannt.

Braucht man dafür spezielle Töpfe?

Ja. Die Glasplatte hat ja keinerlei Funktion, als die Technik zu schützen. Die Töpfe haben einen Eisenkern und so schließt sich der Magnetkreis vom Modul über den Topf. Durch Reibung erwärmt sich der Inhalt. Topf und Ceranplatte werden nur warm durch den Inhalt.

Was kostet das Ganze?

Das kommt darauf an, was man um die Module herumbaut. Die reine Tech-

nik des Einermoduls kostet ungefähr 9.000 DM. Für eine gut funktionierende Küche eines mittleren Gastronomiebetriebes wäre ein Dreierfeld bis Viererfeld optimal. Man muß aber noch den Unterbau dazurechnen, denn man kocht ja nicht auf dem Boden.

Gibt es für den Hausfrauenbereich auch Herde mit dieser Technik zu kaufen?

In Japan sind diese Herde schon weitverbreitet, in Deutschland kann man sich bei der Firma …

Welche Firmen sind auf dem professionellen Sektor in Deutschland tätig?

Es gibt eine Firma aus Frankreich. Die kam aber aus zwei Gründen für uns nicht in Frage. Zum einen wollten wir eine deutsche Firma wegen des Kundendienstes, zum anderen konnten wir dort nur fertige Herde kaufen, die man dann aneinandergereiht hätte. Ich benötigte aber eine individuelle Lösung und einen speziellen Einbau. Die Fa. BOHNER, 88339 BAD WALDSEE, INDUSTRIESTR. 13 *ist meines Wissens die einzige in Deutschland, die das kann.*

Maine Lobster – Amerikanischer Hummer

Zweierlei Hummer werden gefischt: Das hat mit der Qualität zu tun. Es gibt die Hummer von kleineren Booten, die höchstens 400 Reusen legen, und es gibt die großen Companies mit einigen Tausend Reusen. Deren Hummer kommen zu uns nach Europa und man hat Glück, wenn die Tiere noch schwer und nicht durch lange Hungerkur innen fast hohl sind, denn in Gefangenschaft nehmen Hummer keine Nahrung mehr auf.

Die kleineren Fischer können sich die Hältertanks nicht leisten, und die größeren Firmen hältern die Hummer, um sie dann zu verkaufen, wenn der Preis am höchsten ist. Zu lange gefangene Tiere erkennt man daran, daß sie, an ihrer Größe gemessen, relativ leicht sind.

Darüber hinaus wird die Qualität des Hummerfleisches durch die Wassertemperatur bestimmt, in der die Tiere leben. Vor der Küste von Maine, abwärts an der Halbinsel Cape Cod vorbei bis zur Insel Nantucket, herrscht durch den Golfstrom ein höchst unter-

schiedliches Mikroklima. Das Wasser direkt am Strand ist warm, wird dann zusehends kälter, erst weiter draußen ab zwei–drei Meilen wird es wärmer. Dort ist der Bereich des Golfstroms. Das Wasser hat Temperaturunterschiede bis zu 10 Grad. Es kommt vor, daß innerhalb von 10 Metern immer wieder andere Temperaturen herrschen. In einer Meile Entfernung vom Ufer fällt die Küste steil ab und dort in 45 Meter Tiefe ist es am kältesten. Hier leben die besten Hummer. Allerdings ist es in diesem Bereich, bedingt durch die Strömungen, am schwierigsten die Reusen zu setzen. Ganz in der Nähe des Strandes im flachen Wasser werden die billigsten Hummer gefangen. Die Anfahrtswege sind kurz, die Tiefe gering und so der Aufwand niedrig. Zum großen Teil sind das die Hummer, die zu uns nach Deutschland exportiert werden. Es ist die unterste Qualitätsstufe.

In den Reusen ist ein spitzer Dorn befestigt, auf den ein Kabeljaukopf gesteckt wird, alle zwei Tage werden die Reusen, die mit Bojen markiert sind, mit einem kleinen Motorkran hochgezogen und geleert. Die Fischer bekommen für ihren Fang in der Region Cape Cod ca. 8,50 $/St.

Maine-Hummer haben keine Saison, das ganze Jahr über werden sie gefischt, und sie häuten sich auch antizyklisch einmal im Jahr. Der Hummerpanzer darf nie weich sein; ist dies der Fall, so sind sie in neuer Schale, deren Bildung die Tiere viel Kraft gekostet hat. Das Fleisch ist schlapp und faserig. Man prüft den Panzer des Hummers, indem der Körper seitlich umgriffen wird: Läßt er sich nicht zusammendrücken, ist er hartschalig, dann ist die Qualität in Ordnung, immer vorrausgesetzt, er war nicht zu lange im Becken. Daß es für Maine-Hummer Qualitätsklassen gibt, ist in Deutschland fast unbekannt. Man kauft den Hummer nach dem geringsten Preis, eben den schlechtesten. Man kann es auch anders haben. Hummerkauf in Deutschland ist Vertrauenssache, und man wende sich an einen bewährten Händler, der entsprechende Beziehungen hat.

Mit diesen wenigen Kenntnissen läßt sich manch verunglückte Hummerkocherei leicht erklären. Und: Vor Sonderangeboten hüte man sich oder sei besonders vorsichtig. Guter Hummer ist nie billig.

Alte Gemüsepflanzen in der modernen Küche

von Reinhold Krämer

AMARANTH, *Amaranthus, div. Arten. Leicht meerrettichartiger Geschmack. Kann roh oder gekocht gegessen werden. Enthält mehr Calcium und Eisen als Spinat. Es gibt gelbe, grüne, rote und gefleckte Sorten.*

GARTENMELDE, *Atriplex hortensis. Ist im Geschmack milder als Spinat.*

NEUSEELÄNDER SPINAT, *Tetragonia expansa. Bildet bis zu einen Meter lange Ranken. Sehr guter, intensiver Spinatgeschmack.*

SCHNITTMANGOLD, *Beta vulg. var. cicla. Hellgrüne, gekrauste Blätter, die wie Spinat zubereitet werden.*

RIPPENMANGOLD *stellt eine andere Kulturform dar, bei der die Stiele verdickt sind und wie Spargel gekocht werden. Es gibt außer den weißen auch gelbe und rote Sorten.*

GUTER HEINRICH *und* ERDBEERSPINAT *sind ebenfalls zwei sehr alte Vertreter der Gattung der Gänsefußgewächse, die schon im zeitigen Frühjahr geerntet werden können.*

PORTULAK, *Portulaca oleracea var. sativa. Ursprünglich aus dem Himalayagebiet. Hellgrüne, dickfleischige Blätter zu Suppen, Salat und Gemüse.*

SAUERAMPFER, *Rumex acetosa var. hort. Wird frisch oder als Suppengrün gebraucht.*

SENF, *Sinapis alba. Als frühes Gemüse oder zu Kräutersoßen.*

SENFRAUKE, *Eruca sativa. Ebenso.*

LÖFFELKRAUT, *Cochlearia officinalis. Altes Anti-Skorbutkraut der Seefahrer. Wintersalat und zu Kräutersoßen.*

BRUNNENKRESSE, *Nesturtium officinale. Und:*

BARBARAKRAUT, *Barbarea officinalis. Ebenfalls zwei senfölhaltige Vitaminlieferanten des zeitigen Frühjahrs.*

RAPUNZEL, *Campanula rapunculus. Die echte Rapunzel liefert neben den Blättern, die als Salat genossen werden, auch noch eine schmackhafte Wurzel.*

WINTERPORTULAK, *Claytonia perfoliata. Die portulakähnlichen Blätter können im Laufe des Winters mehrmals geschnitten werden.*

LÖWENZAHN, *Taraxacum officinale. Zu Frühjahrssalaten. Kann auch wie Chicorée angetrieben und gebleicht werden.*

SCHNITTSALAT, *Lactuca sativa var. crispa. Da der Schnittsalat keinen Kopf bildet, können die zarten Blätter sehr zeitig geerntet werden.*

ROMAN- ODER BINDESALAT, *Lactuca sat. var. romana. Schon bei den Ägyptern in Kultur. Verwendung wie Endivie oder Gemüse. Einige Sorten wie »Kasseler Stückchen« läßt man schießen und verwendet den Sproß wie Spargel.*

BUTTERKOHL, BREMER SCHERKOHL, *Brass. oleracea var. sabauda convar. fimbriata. Rheinische und norddeutsche Spezialität. Die losen Blätter können schon sehr zeitig laufend abgepflückt werden.*

GRÜNKOHL, *Brass. oleracea var. acephala. Die dunkelgrünen, gekrausten Blätter sind winterhart und enthalten mehr Mineralstoffe und Karotin als andere Kohlarten. Der Vitamin-C-Gehalt wird nur vom Rosenkohl übertroffen.*

MEERKOHL, *Crambe maritima. Stammt von der nordwesteuropäischen Atlantikküste. Besitzt den vierfachen Vitamin-C-Gehalt einer vergleichbaren Menge Orangen. Die mehrjährige Pflanze wird im Frühjahr unter übergestülpten Eimern angetrieben und wie Spargel genutzt.*

RÜBSTIEL, NAMENIA, *Brass. rapa var. esculenta. An Rhein und Ruhr geschätztes Frühgemüse (Mizuna!).*

EISKRAUT, *Mesembrianthemum crystallinum. Aus dem Kapland stammende Verwandte der Mittagsblume. Für Salat und Gemüse.*

KAPUZINERKRESSE, *Tropaeolum maius. Die Blätter der peruanischen Zierpflanze schmecken etwas milder als Gartenkresse und wirken blutreinigend. Knospen und Früchte können wie Kapern sauer eingelegt werden. Die Blüten dienen zum Garnieren.*

KERBEL, *Anthriscus cerfolium. Ergibt hervorragende Suppen und kann feingehackt zu Soßen und Salaten verwendet werden.*

PUFFBOHNE, *Vicia faba. Durch die Kartoffel verdrängter Eiweißlieferant aus dem Orient. Die grünen unreifen Körner ergeben ein schmackhaftes Gemüse. Können schon vor Gartenbohne ausgesät werden, da sie Frost vertragen.*

ZUCKERERBSE, *Pisum sativum convar. medullare. Die delikaten jungen Schoten werden mit nur schwach entwickelten Körnern geerntet.*

SPARGELERBSE, *Psophocarpus tetragonolobus. Die vierkantigen Schoten können fortlaufend geerntet werden und geben bei circa vier Zentimetern Länge ein delikates Gemüse ab, das den Vergleich mit Spargel besteht.*

BUCHWEIZEN, *Pagopyrum esculentum. Aus Asien stammende, seit dem Mittelalter in Europa angesiedelte anspruchslose Pflanze, die kein Getreide ist, deren Nüßchen aber so verwendet werden.*

BÄRLAUCH, *Allium ursinum. Breitblättriger, wildwachsender Verwandter des Schnittlauchs. Wirkt blutreinigend.*

WINTERHECKZWIEBEL, *Allium fistulosum. Ursprung dieser Zwiebelart, die mehrjährig ist, war Zentralchina. Sie bildet sehr früh schnittreife Röhren aus.*

ETAGENZWIEBEL, ÄGYPTISCHE ZWIEBEL, *Allium cepa var. proliferum. Schmackhafte Zwiebel mit kuriosem Aussehen. Sie bildet am Ende ihres 50 cm hohen Schaftes eine Krone von Brutzwiebeln, die sich mit zunehmender Reife und Gewicht zu Boden senkt und neu bewurzelt.*

SCHALOTTE *Die mildere Verwandte der Küchenzwiebel bildet mehrere Nebenzwiebeln. Sie stammt aus Palästina.*

PETERSILIENWURZEL, *Petroselinum crispum convar. radicosum. Eiweißreiches, vitamin- und mineralstoffhaltiges Wurzelgemüse von aromatischem Geschmack.*

PASTINAK, *Pastinaca sativa. Süßer und würziger als die Möhre, durch die sie im 18. Jahrhundert verdrängt wurde. In England heute noch stark verbreitet, wo sie sogar zur Weinherstellung angebaut wird.*

HAFERWURZEL, *Tragopodon porrifolius. Seit dem Altertum in Südeuropa in Kultur. Wurde bei uns durch die Schwarzwurzel verdrängt, der sie geschmacklich entspricht.*

SCHINKENWURZ, *Oenothera biennis. Stammt aus Nordamerika. Wurde 1612 im botanischen Garten in Padua gezogen und ist heute sogar verwildert auf Schuttplätzen anzutreffen. Die fleischige rötliche Wurzel wird als Gemüse mit Essig und Öl zubereitet.*

KERBELRÜBE, *Chaerophyllum bulbosum. Die circa 10 cm langen und 3 cm dicken, rübenförmigen Wurzeln ergeben ein delikates Gemüse.*

KNOLLENZIEST, *Stachys affinis. Stammt aus China und wird vor allem in Frankreich unter dem Namen Crosne geschätzt.*

TOPINAMBUR, *Helianthus tuberosus. Die knollenbildende Verwandte der Sonnenblume wird vor allem wegen ihres hohen Insulingehaltes von Diabetikern geschätzt. Sie kann roh und gekocht verwendet werden.*

ZUCKERWURZEL, *Sium sisarum. Die ausdauernde, einen verdickten Wurzelstock bildende Pflanze stammt aus Rußland. Geschmack ähnlich der Kerbelrübe.*

KOHLRÜBE, *Brassica napus var. napobrassica. Alte, gut lagerfähige Kulturpflanze für schmackhaftes Wintergemüse.*

WEIßE RÜBE, STOPPELRÜBE, *Brass. rapa var. rapa. Vor allem in Italien und England geschätzter Verwandter unserer Mairübe.*

MAIRÜBCHEN, *Brassica rapa. Vor allem in der Mark Brandenburg angebautes, frühes Gemüse, dessen Geschmack zwischen Kohlrabi und Radieschen liegt. Heute gibt es sehr schmackhafte japanische Sorten wie »Tokyo Cross«.*

GELBE BEETE, WEIßE BEETE. *Früher waren diese Varietäten unserer roten Beete stärker verbreitet, der sie geschmacklich keinesfalls nachstehen.*

Die Kräuterspirale nach Bill Mollison

von Walter Neef

Jedes Kräutlein, so sollte man meinen, braucht gleich viel Sonne – dem ist nicht so. Mit einer Kräuterspirale, die dank ihres Aufbaus die unterschiedlichsten Lebensräume bildet, gedeihen dagegen fast alle Kräuter auf das Beste. Sonnige, halbschattige, trockene und feuchte Plätzchen, lassen, miteinander kombiniert, sechs unterschiedliche Kleinbiotope entstehen. Mäuerchen bilden nachts Wärmedepots für unsere Mittelmeerflüchtlinge, tags Trittflächen für den Kräutersammler, Unterschlupf für nachtaktive Erdkröten, Hochzeitsterrassen für die am Boden jagenden Wolfsspinnen und Landeplätze für propellerschwingende Libellen.

Zum Bau benötigen Sie ein paar Stunden Zeit, Sägemehl, Natursteine, Kies, Sand, Teichfolie und die üblichen Gartengeräte. Zeichnen Sie mit dem Sägemehl die Form einer Spirale auf den Boden. Die Größe kann individuell bestimmt werden, sie richtet sich nach den Möglichkeiten, die Ihr Garten bietet. An der Südseite der Spirale wird eine etwa drei Quadratmeter große Grube ausgehoben, in ihr wird ein kleiner Tümpel entstehen. Wenn sich dort Amphibien ansiedeln sollen, muß die Grube mindestens achtzig Zentimeter tief werden, damit die Tiere auch kalte Winter im Tümpel schadlos überstehen. Der Teichaushub wird mit Sand vermischt, zwischen die Steine gefüllt, die Sie unterdessen schon an der Sägemehlspirale gesetzt haben. Nach dieser Methode – erst die Steine dann die Erde – bauen Sie weiter.

Am Ende ist die Spirale in der Mitte am höchsten und fällt gegen den Teich allmählich ab. Wichtig ist, daß die Steine so gesetzt werden, daß ihre Oberfläche nach schräg innen zeigt; so fallen sie später nicht heraus. Ist die Grube fertig, wird ein Mäusegitter (1 cm Maschenweite) in den zukünftigen Teichboden gedrückt. Dann etwas Sand darauf streuen (ein Bauvlies tuts auch), die Folie einlegen und am Rand mit Erde abdecken. Die Uferzone wird mit großen Steinen bedeckt, in den Teich selbst kommt nur Kies und Sand, auf keinen Fall Gartenerde, die ist viel zu nährstoffreich. Rutscht der Kies an der Folie ab, schaffen zwischen die Ufersteine geklemmte Bauvliese oder alte Säcke einen griffigeren Untergrund, später halten die Wasserpflanzen alles zusammen. Rund um die Uferzone gedeihen die feuchtigkeitsliebenden Kräuter, also Kresse, Ampfer und Minzen. Zahlreiche Tiere siedeln sich an und sorgen nebenbei für die ökologische Stabilisierung des Gartens. Sie können bald Singvögel, Libellen, Bienen und Wasserläufer beobachten.

Aber auch unter Wasser geht es bald lebhaft zu: Neben Wasserinsekten und zahlreichen anderen Wirbellosen finden sich vielleicht auch Amphibien ein. Sie begrenzen sich in ihrer Zahl gegenseitig und ihre wohltuend dezimierende Wirkung auf Schädlinge strahlt weit in den Garten hinaus. Den höchsten Punkt und die Südseite Ihrer Kräuterspirale werden die besonders wärmeliebenden und trockentolerierenden Lavendel, Thymian, Salbei, Rosmarin, Ysop, Bergbohnenkraut und Estragon einnehmen. Als Kalkliebhaber sind sie im Frühjahr für eine Algenkalkgabe dankbar; ansonsten bleiben diese Sieben ungedüngt. Seitlich, ein Stockwerk tiefer gelegen, gedeihen Liebstöckel und Zitronenmelisse, dazwischen Schnittlauch. Diese Aromaten mögen reichliche Kompostgaben im zeitigen Frühjahr und dann nochmal im September. Den restlichen Platz bis hinunter zum Wasser teilen sich Heckenzwiebeln, Schnittknoblauch, Petersilie, Kerbel, Süßdolde, Kümmel und Dill. Ab und zu etwas Kompost läßt diese Kräuter kräftig gedeihen. Zwischen den Steinen wachsen ohne große Pflege Oregano, Weinraute, Kapuzinerkresse, Pimpernelle, Tripmadam, Ringelblume und Borretsch. Alles in allem sind das genau vierundzwanzig Kräuter auf etwa sechs Quadratmeter Bodenfläche! Mit etwas Phantasie lassen sich leicht dreißig Arten auf diesem Raum anbauen.

Zum Schluß noch einige nützliche Tips: Kaufen Sie Ihre Kräuterstauden nur im Fachgeschäft. Der Mehrpreis rechtfertigt sich auf jeden Fall durch bessere Qualität und fachlichen Beistand des Personals. Schnüffeln Sie vor dem Kauf an den Blättern, ob sie auch wirklich Aroma verströmen oder ob man Ihnen einen geruchlosen Wedel verkaufen will. Pflanzen Sie Minzenarten so, daß sie immer unter Kontrolle zu halten sind, andernfalls könnten sie in kürzester Zeit die anderen Arten aus Ihrem Gartenkunstwerk verdrängen.

Fischmesser

Die geviertelte Fenchelknolle kam meuchlings. Wie ich mich entsinnen konnte, war sie perfekt abgeschmeckt, jedenfalls annähernd. Seeteufel mit Ruccola mit warmem Vergine Olivenöl und Fenchel. Wir Köche hatten uns aus Gründen der Ästethik entschieden, den Fenchel nicht zu verhackstücken.

Nach dem »Guten Appetit« Wünschen, den Gästen bereits abgewandt, traf mich das Geschoß. Er war's, der Fenchel.

Was war geschehen?

Die Dame am Tisch hatte mit dem Fischmesser versucht, das große Knollenviertel mundgerecht zu teilen. Daß es mißlang, war nicht ihre Schuld, sondern die der Küche. Warum nur decken wir in diesen modernen Zeiten noch ein so antiquiertes Werkzeug wie ein Fischmesser auf? Fester Seeteufel, oder Hummer, Scampi, Aal sind doch mit so stumpfen, antiquierten Mitteln nicht zu bewältigen.

Der Gast wird weiterhin sich quälen müssen, andernfalls entstünde der Eindruck, das Feinschmeckerrestaurant könnte sich wie nebenan der »Italiener« die Investition des Fischbestecks nicht leisten. Apropos, der »Italiener" könnte sich das besser leisten als die meisten Gourmetrestaurants. Er kann, aber will nicht. Logisch.

Eber ante portas

Ein neues EG-Gesetz erlaubt den Verkauf von Eberfleisch. In Deutschland war dies bislang verboten. Die männlichen Ferkel wurden beizeiten kastriert und alles hatte seine Ordnung.

Daß nun nach Urin riechendes Eberfleisch in deutschen Landen auf den Tisch kommt, liegt an handfesten wirtschaftlichen Interessen. Eber nehmen schneller zu und setzen weniger Fett an. Der Grund liegt an den wachstumsfördernden Hormonen (Androsteron), das den Stickstoff des Futters besser in Körpereiweiß umsetzt.

So weit so schlecht. Noch ist nichts ratifiziert, aber die Fachleute sind sich einig. Der stinkende Eber kommt.

Was kann man dagegen tun? Dem Verbraucher sei geraten, daß er nun endlich beim Metzger seines Vertrauens kauft, der selbst schlachtet oder aber seine Schlachtungen selbst überwacht.

Gelobt sei der Metzger, der sich individuell um seine Kundschaft kümmert und der nicht der billigste ist.

Also, Hände weg von Sonderangeboten der Fleischindustrie.

Maultaschen Hawaii

Mittwoch morgen. Nach starker innerer Sammlung lasse ich tapsend das Bett hinter mir, wie ein Boxer die Ringecke nach zwölf Runden. Was war geschehen? Schlecht geträumt? Es war keine Prügelei, nein, ich hatte mich doch mit nur drei Bierchen kasteit. Kein Starkstrom, rein nichts.

»Maultaschen?“ »Kein Problem, gebongt!“ Etwas später stand ein staunenswerter Teller vor mir. Hawaiitoast? Schwarzwälder Obsttorte? Das Meisterstück eines Konditors? Jedenfalls Leberkäs »Hawaii« war es nicht. Diese Rezeptur ist unter Copyright von Gerhard Polt. Wir rätselten, es war ein uns völlig unbekanntes Gericht. Endlich mal was Neues?

Die schöne Schwäbin insistierte mit charmantem Starrsinn, es seien doch die bestellten Maultaschen. In Gottes Namen!

Ich fange mal oben an: Halbierte Trauben angeordnet nach einem mir unbekannten Sternbild. Preiselbeerchen blinkten lustig. Dann Käserahmsauce total. Darunter gratinierte Scheibletten, mindestens sechs Stück. Dann wurde ich fündig, Maultaschen mit der perfekten Geometrie des industriellen Stanzprodukts (da hat man sich ja hierzulande schon dran gewöhnt). Weiter gehts mit gekochtem Schinken zwischen den Maultaschen. Der Schinken abgerundet mit Champignons à la Creme. Dann kam der kalte Teller. Geschmacklich war alles eine Nullösung, alle Zutaten kämpften miteinander, niemand oblag, außer mir. Kollege kocht für Kollege, da kann man ja mal was Gutes tun. Ich war mir der Ehre bewußt. Also nichts wie rein damit. Man hat ja auch manchmal die Lust auf das Andere.

Es ist schwäbische Sitte, daß der Teller aufgegessen wird. Sich diese Nachkriegserziehung abzugewöhnen ist schwerer als vom Nikotin runterzukommen, mir blieb nichts anderes als die Flucht nach vorn. Es lief dann den Abend nichts mehr. Nach den drei Bierchen kämpfte ich mich die Treppe hoch, schweratmend angefüllt bis ins Hirn. Der ganze Unverdauungsbrei schien die kleinen grauen Zellchen zu den Ohren hinausdrängen zu wollen. Mit nach innen horchendem Verdacht, daß sich im Bauch alles um das Doppelte aufquelle, überkam mich der Fatalismus eines Schiffbrüchigen. Ich fühlte mich, als hätte ich die Matte eines Trampolins verschluckt, mit einigen Cocktails von warm verflüssigtem Plastellin obendrauf. Alles war weich bis zu den Knien hinunter. Bald zu Hause, schlief ich traumlos. Am anderen Tag war dann auch nicht viel los. Siehe oben.

Straußenbrust und saures Vakuumfleisch

Braucht man innerhalb der europäischen Küchentradition neue Gaumenkitzler, wie zum Beispiel Straußenfleisch, das obendrein relativ unbedeutend schmeckt und vielleicht mit einer Rinderhüfte verwechselt werden könnte?

Es gibt bereits genug tierische Delikatessen, die für die Hausfrau/mann und für den guten Berufskoch ein weites Feld sind. Was Zentraleuropa an Agrarprodukten und Küchentraditon bietet, ist für gute Küche Herausforderung genug. Die Verwendung exotischer Produkte hat nichts mit Kreativität zu tun, sondern eher mit billiger Sensation, und kann nur ein Notprogramm gegen Einfallslosigkeit sein.

Bei gezüchtetem Geflügel muß zuerst auf die Methode der Aufzucht geachtet werden und darauf, daß diese artgerecht betrieben wird. Auch ist die Wahl des Futters entscheidend. Wenn z.B. ein Strauß nur in Afrika artgerecht gezüchtet werden kann, da er als Laufvogel viele Quadratkilometer Freiraum gewöhnt ist, so ist er sicherlich auch in engen Scheunen in Deutschland zu züchten. Aber wie – bei dem Gedanken bleibt selbst dem Gleichgültigen der Bissen im Mund stecken (sollte man meinen).

Werden die Tiere in Australien oder Afrika gezüchtet, so sicherlich auch auf eingezäuntem Terrain. Muß man das Fleisch dann womöglich noch einfrieren und so noch mehr entwerten? Sicher ist, daß durch Qual bei der Zucht und damit mangelhaftes Endprodukt der Vogel umsonst gequält und vergeblich in den Topf gewandert ist – selbst für den, der sich nicht um den Tierschutz kümmert.

Tiere, die unter Qualen gezüchtet und getötet werden, sind nie des Kochens wert. An ihnen beschmutzt sich ein ernsthafter Koch die Finger.

Es wird sowieso zuviel Fleisch gegessen, billiges, unwertes Fleisch.

Die Frage, daß auch Leute mit geringerem Einkommen Fleisch auf den Tisch bekommen sollen, ist richtig und ehrenwert. Aber gerade bei den kleineren Einkommen wird viel zuviel tierischer Abfall verspeist. Man erinnert sich, nach dem Krieg war Fleisch der Inbegriff für Luxus und aufstrebendes Wirtschaftswunder. Heute wollen Politiker uns immer noch mit solchen Hintergedanken Wohlstand suggerieren und ihre politische Tüchtigkeit beweisen, weil das Schweineschnitzel seit zwanzig Jahren nicht teurer wurde. Im Bereich des Automobils ließe sich ein Deutscher keineswegs so plump überlisten – oder hätte irgend jemand Zutrauen zu einem VW-Golf, der nur viertausend Mark kosten würde? Jedem wäre klar, daß es sich nur um Betrug handeln kann.

Deutschland hatte in karger Zeit, vor dem Wirtschaftswunder, den obligatorischen Sonntagsbraten, damit war dann für den Rest der Woche mit Fleisch Schluß. Diese sogenannte gute alte Zeit, die natürlich alles andere als das war, wird immerfort nostalgisch besungen. Gerechtfertigt ist dies auf alle Fälle, was den Sonntagsbraten angeht.

Wären wir einmal in der Woche mit dem Sonntagsbraten zufrieden, auch wenn er eine uns heute fast unbekannte Spitzenqualität hätte? Der normal verdauende Bundesbürger, der jedem Sonderangebot der fleischverarbeitenden Industrie folgt, bestimmt nicht.

Angesichts der ethischen Probleme, die dem Fleischessen anhaften, muß man deshalb noch lange nicht Vegetarier werden, wie es im extremistischen Deutschland einer neuen Heilslehre gleich über uns kommt. Wenn man Achtung vor der Kreatur hat und bei der Auswahl des Metzgers einen hohen Maßstab anlegt, wenn man bereit ist, ein paar Mark mehr für Qualität anzulegen, so würden die Züchter auch zunehmend diesem Bedarf nachkommen.

Man denke beim Einkauf immer an das gute unverfälschte Grundprodukt, das nicht unbedingt teuer sein muß, jedenfalls nicht in dem Maße wie schlechtes, nach saurer Vakuumgülle stinkendes Fleisch.

Musik – Muzak – Belästigung

Es ist bei völlig leerem Lokal nicht ganz falsch, irgendeine Geräuschkulisse zu haben. Ob es Musik sein muß?

Früher, als die meisten Restaurants noch das Buffet im Gastraum hatten, *kamen von dort Arbeitsgeräusche, und es war nie so friedhofstill, wie man es nun manchmal erleben kann.*

Eine seltsame Entwicklung, die es nun notwendig macht, die Beklemmung in einem wenig frequentierten Lokal aufzulockern. Aber es scheint der falsche Weg, denn der Gast darf doch sicherlich auch hören, wie für ihn gekocht und gearbeitet wird.

Es wird also gekocht, gezapft, die Korken fliegen, aber es muß nicht noch musiziert werden. Wenn nicht Live, warum dann Musikkonserve, es sei denn, die ganze Kocherei entsteigt der Dose.

Zugegeben, es gibt Menschen, die benötigen immer einen gewissen »Gestank im Ohr«, und es sind selten die wahren Musikliebhaber. Es stellt sich die Frage, hat man tatsächlich ein solch dudelverseuchtes Publikum, daß sogar bei vollbesetztem Lokal zum ganzen Lärminferno noch eins drauf muß? Ich meine nein. Für den Liebhaber der Musik hat man sowieso die falsche CD eingelegt.

Geschäftsleute, die vertrauliche Gespräche führen und bei enggestellten Tischen Lauschangriffe befürchten, sind womöglich im falschen Lokal, und als Wirt muß man nicht alle Bedürfnisse abdecken und auch nicht jeden Umsatz mitnehmen wollen. Ein kleines Lokal hat seine Stärken, die ein großes nie erfüllen kann, und umgekehrt.

Könnte man nicht als Wirt, auch wenn der Laden mal leer sein sollte, die Leute in Ruhe lassen, oder sie sogar mit den Ohren darauf stoßen, daß Stille ein ganz seltener Luxus geworden ist? Sie ist sogar so selten geworden, daß man sich als Wirt überlegen sollte, ob bei leerem und stillem Lokal die Preise nicht anzuheben wären.

Buchbesprechungen

BORDEAUX
Robert M. Parker Jr.
Hallwag Verlag 1992

Auf fast 1100 Seiten holt Parker zum önologischen Rundschlag aus: Einer leicht verständlichen Einführung in die Weine Bordeaux', mit all ihren Aspekten von der Rebe bis zur Preisgestaltung der letzten zehn Jahre, folgt die Erläuterung seiner Preisgestaltung der letzten zehn Jahre, dann die Erläuterung seiner Philosophie mit nützlichen Tips für angehende Weinliebhaber und -sammler. Sehr gut: Die Beschreibung der Jahrgänge von 1945 bis 1990, in allen Nuancen, den verschiedenen Verhältnissen der zahlreichen Bordeaux-Regionen Rechnung tragend. Das ist die Grabrede für die mehr als oberflächlichen Jahrgangstabellen im Kreditkartenformat! Das Kernstück des Werkes ist die Beschreibung und Neuklassifizierung von 677 Chateaux mit Degustationsnotizen von über 2700 Weinen.

Parker geht bisweilen großzügig mit seinen Bewertungen um, macht jedoch in seiner Kritik keine Zugeständnisse an berühmte Namen und zeigt immer wieder sehr preiswerte Spitzenweine auf. Es entgeht dem aufmerksamen Weinfreund nicht, daß der Autor offenbar eine Schwäche für sehr kräftige, wuchtige Weine hat, diese werden häufig günstiger benotet. Dennoch kenne ich keine objektivere Betrachtung der wohl größten Rotweine der Welt und ihren weißen Vettern. Trotz geballter Information spannend und unterhaltsam geschrieben – dieser Band ist Pflichtlektüre für alle Weinliebhaber.

HOLS'S BEIM BAUERN
Frisch und direkt vom Erzeuger
Über 500 Adressen – wie man hinkommt, was es dort gibt, wann geöffnet ist. Württemberg/ Hohenzollern
Silberburgverlag *1993*

Ein Einkaufserlebnis besonderer Art bieten mehr als 500 Bauernhöfe in Württemberg und Hohenzollern. Das Buch ist mit journalistischen Beiträgen bereichert, die auch auf diverse Spezialitäten eingehen und besondere Erzeuger vorstellen. Aufgeführt sind auch Betriebe, die sich an biologisch-dynamischen und biologisch-organischen Anbaumethoden orientieren.

WENN ENGEL KOCHEN
Himmlische Gerichte aus Italiens Küchen
Schwester Germana
Heyne Taschenbuch 4573(07)

Dies Büchlein, zwar schon in den Jahren, repräsentiert die kulinarische Sozialsta-

tion des Vatikan. Rezepte für Zahnlose, Strohwitwer, Jungvermählte und blutige Anfänger. Praxisbezogen befaßt sich das Büchlein auch gleich mit dem Recycling, wenn durch einen Küchenunfall alles ruiniert wurde, oder wie man Manzo Brassato, also einen Rinderbraten, durch »Wiederauferstehung des Fleisches« über mehrere Tage hinweg »umpokern" kann. Warum dies Buch so interessant ist? Hier handelt es sich um echte italienische »Cucina casalinga" ohne Designerinfiltration.

DER SCHOLTESHOF IN FLANDERN

Roger Souvereyns

Econ 1990

Roger Souvereyns ist in Deutschland nur bei Maniacs ein Begriff. Er ist ein Spitzenkoch, der sich durchaus zwischen Troisgros und Bocuse stellen darf, wobei fast zu befürchten ist, daß er den nebenstehenden die Luft wegatmet. Ein Buch, das nicht unbedingt nachgekocht werden muß, das aber zu kulinarischer Lebenskunst anregen will.

Küche, Land und Leute

BAYERN

Martina Meuth,

Bernd Neuner-Duttenhofer

Droemer Knaur 1993

Bayern ist für den wählerischen Kulinariker schwer zu erwandern. Dort, wo es am schönsten ist, wurde viel für den Billigtourismus drangegeben und man ist gut beraten, sich einem solch appetitanregenden Cicerone anzuvertrauen. In Oberbayern hängt der Himmel zwar voller Weißwürscht, aber die Reise des Feinschmeckers führt vielleicht auch in alle anderen Provinzen und wird dabei immer interessanter.

Das Buch, das mit den meisterlichen Fotos von Martina Meuth Reisesehnsüchte weckt, führt zuverlässig zu den schönsten Plätzen und originalsten Schmankerln.

Beide Autoren haben vor Jahren als erste damit begonnen, in ihren Büchern nicht nur Rezepte zu liefern, sondern zugleich die Menschen und die Landschaften des jeweiligen Landes vorzustellen. Inzwischen sind viele ähnliche Werke auf dem Markt, aber ähnliches ist nicht dasselbe, weshalb wir auch auf die anderen Bücher dieser Reihe kurz hinweisen wollen: In ähnlich opulenter Ausstattung, zum gleichen Preis, sind Bände erschienen über: die Toskana, Baden, die Schweiz, die Provence und über Venetien / Friaul.

ELISE HENLE: SO MAG I'S

Kochrezepte in Schwäbischer Mundart von 1892

Eine Gabe für Bräute

und junge Frauen

Neu herausgegeben von

Hans-Peter Bühler

Silberburgverlag 1992

Nach hundert Jahren neu aufgelegt, gibt das Büchlein nicht nur alte Rezepte preis, sondern berichtet auch aus dem Alltag des damaligen Lebens in schwäbischem ›Originalton‹. Es enthält Rezepte wie Bœuf à la mode, Chaud'eau, Ebbire Tort, auch Anweisungen, wie sich eine frischgebackene Ehefrau gegenüber ihrem Mann und den Dienstboten zu verhalten habe.

POSTMODERNE ERNÄHRUNG

FOOD-DESIGN STATT ESSKULTUR

Annelies Furtmayr-Schuh

Trias, Georg Thieme Verlag

Stuttgart 1992

Der Hinweis kam von Wolfram Siebeck und sei hier weitergegeben. Das Buch handelt von den üblen Machenschaften der Nahrungsmittelindustrie und den verhängnisvollen Ergebnissen, die häufig schon auf unseren Tellern sind, ohne daß wir es gemerkt hätten.

Interessante Erkenntnisse kann man sich erlesen: Wie es dazu kam, daß der Familientisch zum Mikrowellen-Stehimbiß verkam und wie sich dadurch auch unser zwischenmenschliches Verhalten änderte.

Auch wer seiner Gesundheit Beachtung schenken will, erfährt hier, wie er durch richtige Ernährung zu gesünderem Leben gelangt. Die Informationen sind sorgfältig recherchiert und zeigen neue Wege auf. Professor Ditschuneit aus Ulm, eine anerkannte Kapazität, was den menschlichen Stoffwechsel angeht, kommt auch zu Wort, und hat wie immer recht. Allerdings, das sei angemerkt, der Rezensent (110 kg) lebt immer noch und das durchaus ganz famos. Ein kleiner Sieg über die Wissenschaft.

DAS GROSSE BUCH DER EXOTEN

Christian Teubner

Obst aus den Tropen und Subtropen

Gräfe und Unzer 1990

Wie im Titel annonciert, in der Tat ein Kochbuch und Lexikon: Es bleibt keine Frage offen, denn Christian Teubner ist allein schon ein Qualitätsbegriff. Anzumerken ist, daß exotische Früchte langsam das Parfüm des Snobismus abgelegt haben, es spricht sich herum, daß sie in der Regel weitaus mehr Vitamine enthalten als unser einheimisches Obst.

AVANT GARDE KÜCHE

Karl Gerstner

Arthur Niggli Verlag

Heiden/Schweiz

Griff Karl Gerstner zur Modevokabel seines Buchtitels, um eine neue Religion zu gründen? Das Buch hat sie nicht nötig, es enthält viel Nachdenkenswertes zu Ernährungsfragen und zur Zubereitung von Speisen. Es ist gespickt mit elemen-

taren Erkenntnissen, ohne die Kochen immer ein Gehen auf dünnem Eis bleiben wird. Ein wichtiges Kochbuch, obwohl es keine Rezepte enthält. Kein opulenter Bildband, gerade deshalb muß man dem Verlag für die gediegene Ausstattung großes Lob aussprechen.

Tafelbilder
Gabriele Henkel
Dumont 1990

Nichts für kochende Pragmatiker, kein Kochbuch, sondern ein feiner Kunstband über kunstvoll gedeckte Tische. Gabriele Henkel läßt keine Zweifel aufkommen, daß ihre Ambitionen auf ausgefeilte Artistik zulaufen, und ihre Tische sind lupenreine Kunstwerke. Man kann sich inspirieren und in eine andere Welt entführen lassen. L'art pour l'art? Zu bedenken wäre: Alles, was uns vom nur Zweckdienlichen entführt, bedeutet Bereicherung unserer Kultur.

Die Trüffel
Der Schwarze Diamant
Guy Bontempelli
Laaber-Verlag 1989

Dies Buch weckt Sehnsüchte, und man möchte gleich ins Perigord oder die Vaucluse aufbrechen. Mit großer Liebe wird hier die Schwermut der französischen Provinz und der dort lebenden Leute porträtiert. Eindrucksvoll herbe Fotos begleiten den gut recherchierten Text. Die Rezepte der Trüffelbauern vermitteln deutlich, daß die schwarze Trüffel im Grunde ein rustikales Produkt ist, das keiner großen Veredelung bedarf.

Der Club der Bäuche
Jean Paul Aron
Klett-Cotta 1993

Liegen Köche und Esser im Deutschen Herbst '93 weiterhin vorn? Ist mit neuen Trends zu rechnen? Womöglich, doch zu vieles haben wir schon hinter uns: Cuisine Minceur, Cuisine du Marche, Cuisine Vitale, Schall und Rauch, immer weiter und nur kurzzeitig befriedigende Resultate. Kulinarische Lebensfreude ist keine Sportart, und mit weiteren Rekorden kann nicht gerechnet werden, auch wenn dies den Usancen der Gourmetgazetten, die immerzu berichten müssen, zuwider läuft.

Es wird wohl so kommen wie bei den Weltumseglern. Friedlicher Atlantik, stürmisches Kap Horn, Eisbergzone, dann werden die Gefilde wärmer und irgendwann ist man wieder dort, wo man in See stach.

Hoffentlich wird die Küche auch dorthin zurückkehren, wo ihre höchste Blüte bislang endete. Gelobt sei die Koch- und Lebenskunst des 19. Jahrhunderts – besonders in Paris.

Bei Klett-Cotta erschien nun ein Buch, das dem interessierten Liebhaber und wachen Professionellen den weisen-

den Finger zeigt, wie es damals bei Tisch zuging. Von Seite zu Seite wird der Leser demütiger und der Berufskoch sinniert, ob die inflationär gebrauchte Vokabel Kochkünstler heutzutage ohne den roten Kopf an die Kochjacke gestickt werden darf.

Detailliert wird auf soziologische Entwicklungen und Schichtungen eingegangen, selbst die einfache Kost der Taglöhner wird untersucht. Man liest von Rausch und Taumel, aber auch von Politikern und Parteien, die ihre Hauptquartiere in Restaurants aufschlugen. So speiste die linke Opposition bei Durand, dem besten Koch von Paris.

Die Hausfrau, der Hobbykoch und der Professionelle müssen nicht den Herd ausmachen. Man kann lesen und lernen und die zeitgemäßen ernährungsphysiologischen Erkenntnisse dem Destillat des Buches beirühren. Für den, der am Kochen und Essen weniger interessiert ist, liefert das Werk eine opulente Fülle an Kulturgeschichte und dient sehr gut zur Standortbestimmung dessen, was Küche und Lebensstil einst waren und was davon übrig blieb.

Für 48,– Mark ist wahrlich sehr viel angerichtet. Man möchte sich fast dem Gastrosophen Rumohr anschließen, der seinerzeit auch ein bahnbrechendes Werk zu diesen Themen lieferte. »Man lese mein Buch und nichts als mein Buch …«

Asien in unserer Küche

Meuth, Neuner Duttenhofer

Droemer Knaur 1989

Ein Standardwerk mit aufschlußreichen und kunstvollen Fotos von Ulrich Kerth. Das Buch hebt sich wohltuend von vielen wohlmeinenden Amateurversuchen ab. Viel Hintergrundwissen wird geboten und die Rezepte sind auch von Ungeübten zu kapieren, ohne daß sich der Fortgeschrittene langweilen müßte. Ausstattung: Ein Prachtband in professioneller Manier von den Autoren der ARD-Sendung »Ratgeber Essen und Trinken«, welche für die kulinarische Grundausstattung des gesamtdeutschen Fernsehabhängigen sorgt.

Fünf Pflanzen verändern die Welt

Henry Hobhouse

Klett-Cotta 1989

Fünf Pflanzen haben den Geschichtsverlauf maßgeblich beeinflußt. Vom Niedergang Chinas bis zum Aufstieg der deutschen Chemieindustrie, von der irischen Hungersnot bis zur indischen Bevölkerungsexplosion, von den Abenteuerreisen der frühen Kolonialzeit bis zu den großen Kriegen unseres Jahrhunderts – Henry Hobhouse läßt Geschichte in völlig neuem Licht erscheinen.

Wohlgeschmack und Widerwillen

Die Rätsel der Nahrungstabus

Marvin Harris

Klett-Cotta 1992

Enormes Wissen mit leichter Hand serviert. Marvin Harris leuchtet nicht nur die Soziologie des Essens vor dem Hintergrund der Ethnologie aus. Es wird auch am Hochmut des Zentraleuropäers gerüttelt, der sich nicht im Alleinbesitz der absoluten kulinarischen Wahrheit wähnen darf.

Karpfenschwatz

Histörchen um den Aischgründer Karpfen

Wolfgang Mück

Monotypien von Paul Reuter

Verlagsdruckerei Schmid GmbH 1990

Ein bibliophiles Büchlein für Spezialisten. Der Karpfen, ein mit viel Geschichte und Geschichten umgebenes Tier, wird hier mit Kennerschaft und regionaler Zuneigung besungen. Mit Recht. Im fränkischen Aischgrund wird dieser Fisch seit Jahrhunderten gezüchtet und mit großer Freude verspeist. Er gilt als kompliziert zu essen, und wird in Süddeutschland nur von den Franken in größeren Mengen vertilgt – und trotz seiner vielen Gräten vollkommen beherrscht. Mit diesem Buch könnte man sich die nötige Begeisterung anlesen, um sich dann mit Fleiß den Zubereitungsmöglichkeiten und der Grätenanatomie hinzugeben.

Zu Gast bei Claude Monet

Der große Impressionist als Gourmet

180 Rezepte aus seinen »Carnets de Cuisine«

Claire Joyes, Joel Robuchon

Heyne 1989

Claire Joyes, die entfernt mit Monet verwandt ist, ermöglicht Sehhilfen in eine andere Zeit. Sie hat mit sinnlichem Feingefühl Spuren zurückverfolgt und ist in opulenter Weise fündig geworden. Die Fotos werden dem alten Meister gerecht und sind ein Hochgenuß. Oft ist bei solcherart prächtigen Fotos der Text nicht adäquat. Solche Zweifel sind unbegründet, der Rezensent las das Buch mit heißen Ohren. Die Aufzeichnungen der Rezepthefte Monets wurden von dem weltmeisterlichen Koch Joel Robuchon (Rest. Jamin Paris) der heutigen Zeit angepaßt. Die Gerichte sind fast ausnahmslos von bodenständiger Art und gerade deshalb eine Herzenserfrischung innerhalb der Kochbuchmüllhalde, die sich nur den verwegensten Neuschöpfungen und Verballhornungen von Speisen widmet. Ein Buch, das nicht nach Sensationen haschen mußte. Großen Dingen genügt ein bescheidener Auftritt.

Zu Gast bei Marcel Proust

Der große Romancier als Gourmet

Jean-Bernhard Naudin,

Anne Borrel, Aain Senderens

Heyne 1991

Kann man die Zeit dehnen, die Sekunde

zur Minute weiten? Marcel Proust gelang dies mit Worten. Er beschrieb Augenblicke im Leben des gehobenen bürgerlichen Alltags mit äußerster Sensibilität. Das war selbst dem späteren Nobelpreisträger Andé Gide zuviel, der als Verlagslektor über den Manuskripten der »Verlorenen Zeit" brütete: »Ich mag vom Hals an aufwärts tot sein, aber ich kann einfach nicht begreifen, warum ein Kerl dreißig Seiten braucht, um zu beschreiben, wie er sich im Bett umdreht.«

Das von der Literaturwissenschaftlerin Anne Borrel vorgelegte Buch über Proust's Keller- und Küchenalltag erlaubt nun eine kommode Annäherung an den Dichter, sozusagen aus der nichtliterarischen Richtung. Der mondäne Ästhet Proust beanspruchte am heimischen Herd seine Köchin mit zum Teil recht schwierigen Standards der klassischen Cuisine des »Fin de Siècle«, die von Alain Senderens, dem intellektuellen Inhaber des feudalen Pariser Restaurants »Lucas Carton«, leichter verdaulich eingerichtet wurden.

ZU GAST BEI COLETTE

Die Grande Dame der Pariser Salons und ihre kulinarischen Liebhabereien.

Marie-Christine und Didier Clémant

Heyne 1993

Üblicherweise läßt innerhalb einer Buchreihe oft die inhaltliche Attraktivität nach. Bei den hier und überhaupt besprochenen Büchern ist dies nicht der Fall. Auch in diesem Band wird exakte Recherche und üppige Ausstattung geboten.

Die Schriftstellerin Colette war nicht nur als Femme Fatale und Spezialistin für extravagante Lebenskunst bekannt, sie führte auch eine gute Küche, der noch der erdige Geruch der Provinz Yonne, der bäuerlichen Gegend ihrer Geburt anhaftet.

Die Autoren leiten ein Hotel-Restaurant in Romorantin und sie konnten noch die neunundachtzigjährige Köchin Colettes befragen, was dem Buch Unmittelbarkeit verleiht und den kulinarisch gebildeten Lustleser zum Weitermachen in die Küche treibt.

NOCH EIN BIER

Reisen zu den Stätten europäischer Braukunst

Conrad Seidl

Deuticke, Wien 1993

Was ist Stout, Christmas Ale, Bock und Doppelbock, was ist Bölkstoff der Marke „Hau wech"?

Man muß das alles nicht wissen, denn Bierbrauer und Dürstende sind sich einig, daß Bier zum Trinken da ist. Man kann aber auch darüber lesen, was allerdings nicht den Durst lindert, dafür aber den Genuß erhöht.

Das Buch verschafft anschauliches Hintergrundwissen über die Braukunst, begin-

nend beim Hopfenanbau. Genau und mit vielen farbigen Abbildungen wird auf Geschichte und die heutige Arbeit der berühmtesten Braustätten eingegangen. Ein Buch, das umfassendes Fachwissen bietet und doch so geschrieben ist, daß sich Fachleute und Spezialisten, aber auch der engagierte Biertrinker – sofern er nicht ausschließlich ins Glas guckt – in unterhaltender Lektüre die ganze Welt des Biers einverleiben können.

Empfohlene Adressen

Gute Küchenläden

Berlin:

Küchenladen, *Knesebeckstr. 26*

Topf + Terrine, *Clayallee 347*

Bremen:

Spitzsieb GmbH, *Auf den Häfen 11*

Hamburg:

Gebr. Jürgens, *Mittelweg 125*

Hannover:

Pauline's Kochladen,
Knochenhauerstr. 23

Köln:

Sam's Hobbykochladen,
Breite Straße 161–167

Offenbach:

Laden 26, *Kaiserstr. 26*

Rohstoffe für Spitzenküchen

Dipak Sapré
Hart 24a, 91327 Gößweinstein
Tel.: 09197/8873
Fax.: 09197/8874

Versandgeschät für italienische und französische Spezialitäten wie Öle, Spezialessige, Risottoreis, Wildreis, Hartweizenmehl für Nudeln, getrocknete Flageolettbohnen ... Diese Firma beliefert ausschließlich die Spitzengastronomie und hat sich bereiterklärt, auch die Leser unseres Buches zu versorgen. Mindestauftrag 200,– DM.

Saatgut, Zier- und Nutzpflanzenspezialitäten

Fa. Monika Gehlsen
Willi-Dolgner-Str. 17,
06118 Halle/Saale

Seltene Spezialitäten werden angeboten. Zum einen sind es interessante Neuzüchtungen, zum anderen werden in Vergessenheit geratene Pflanzen gepflegt. Der Katalog erklärt zu jedem Saatgut das Notwendigste. Die meisten Waren kom-

men aus eigenem Anbau, was bedeutet, daß die Samen auch unserem Klima angepaßt sind. Sehr preiswert.

Sunrise Enterprises
P.O. Box, 10058 Elmwood
Connecticut 06110, U.S.A.
Man kann es kaum glauben: Ausgerechnet in den USA werden Samen von Pflanzen gezogen, die bei uns in Europa nach dem Kriege in Vergessenheit gerieten. Der Katalog erfordert Kenntnisse über die lateinische Namensgebung, denn die englischen Pflanzennamen lassen manchmal keine Schlüsse auf den unseren zu.

Suffolk Herbs GB
Reinhold Krämer
Weißensteiner Straße 95
73525 Schwäbisch Gmünd
Eine der größten Samenhandlungen der Welt, die sich auf die seltensten und zum Teil auf sonst nicht mehr erhältliche Gemüse, Kräuter und Zierpflanzen spezialisiert haben. Katalog in englischer Sprache.

Kräuterpflanzenversand
Kräuterzauber
D. Rühlemann
Auf dem Kamp 3, 28217 Bremen
Tel.: 0421/39 37 36
Wer keine Lust zum aussäen hat und gleich fertige Pflanzen mit der Post bekommen will, kann dort bestellen. Der Katalog ist ausführlich und mit guten Tips versehen.

Raritätencabinet
Weinhandlung Hardy
Heiligendammer Straße 17
14199 Berlin
Tel. 030/8 23 48 40
Fax 030/8 23 74 80
Immer wieder am Geburtstag von Onkel Heinz und an Tante Annettes Hochzeitstag stellt sich die Frage: Was schenken? Hardys Birthday-Bottle hat die Antwort parat: Weine und Spirituosen aller denkbaren Jahrgänge gehen von Berlin auf die Reise. Für den Alltagsbalkonrausch nicht geeignet, umfaßt das Angebot zum Beispiel einen Armagnac für hundertjährige, Jahrgang 1893. Auch jüngere Jahrgänge gibts: Vintage Port 1983. Lieferung ab drei Flaschen frei Haus.

Fegers & Unterberg & Berts
Heumarkt 55–57, 50667 Köln
Tel. 0221/21 32 03
Als Spezialisten für Mosel-Saar-Ruwer und Restdeutschland ist FUB eine Institution, aber auch Weine aus aller Welt kann man von dort beziehen. Die Auswahl reicht von Schoppenweinen bis zum edelsten, was man für Geld bekommen kann.

Alte Tabakstube
Peter Knyrim
Schillerplatz 4, 70173 Stuttgart
Tel. 07 11 / 29 27 29
Fax. 07 11 / 2 26 14 10

Nomen est Omen: Gepflegte Zigarren, ausgesuchte Tabake, seltene Cigaretten nebst allem erdenklichen Zubehör gibts hier. Außerdem sind die Herren Knyrim Spezialisten in Sachen Cognac, Vintage Port und – vor allem – für Single Malt Whisky, hier finden Sie eine überwältigende Vielzahl und erstklassige Beratung.

Weinbastion H. Kretschmer
Schillerstraße 1, 89077 Ulm
Tel. 07 31 / 6 69 93, Fax 07 31 / 6 91 99

Im etwas unübersichtlichen Riesenangebot finden sich Weine aus aller Herren Länder, ausgesuchte Spirituosen (besonders bemerkenswert: ausgezeichnete Single Malt Auswahl), Gläser (Riedel), Zubehör, Literatur, Olivenöle, Essig …

Nach- und Hinweise

ALBER, WOLFGANG

(1948 in Heilbronn; lebt in Reutlingen als Redakteur des »Schwäbischen Tagblatts“ und Zuarbeiter des Instituts für Empirische Kulturwissenschaften an der Universität Tübingen).*

Viertele mit Familienanschluß *wurde eigens für Cotta's kulinarischen Almanach geschrieben; Veröffentlichung mit freundlicher Genehmigung des Autors.*

BELLMAN, CARL MICHAEL

(1740 Stockholm–1795 ebd.).

Die Epistel No. 9 entstand zwischen März und Mai 1770; das Thermopolium Boreale war ein Kaffeehaus im Myntgränd in Stockholm. Die Übersetzung, s. a. Stephan Opitz und Christof Stählin, folgt dem Originaltext des Erstdrucks von 1790, der inzwischen einer herausragenden kritischen Gesamtausgabe der Episteln, Stockholm (Norstedts) 1990, Redaktion Gunnar Hillbom, zu entnehmen ist.

BERNSTEIN, F. W.

(1938 in Göppingen; lebt und lehrt als Fritz Weigle in Berlin).*

Geschmaxache *ist eine Erstveröffentlichung mit freundlicher Genehmigung des Zeichners, Dichters, Klavierspielers.*

BONNEFOIT, GUY

(1938 in Paris).*

Nach mehreren leitenden Positionen in der Hotelbranche ist Bonnefoit heute selbständiger Gastronomie-Berater und Weinfachmann. Nebenbei veröffentlicht er Titel wie »Kochen und Genießen für Weinfreunde«; sein Beitrag über die aphrodisischen Wirkungen des Weins erscheint hier zum ersten Mal.

EYRING, GEORG

(1946 in Celle; lebt in Hamburg).*

Für diesen Beitrag, Abdruck mit freundlicher Genehmigung des auch »letzter Welfe“ heißenden Autors, wurde nichts ungeschluckt gelassen – vielen Dank.

FARKAS, ROSEMARIE

(1953 in Regensburg; lebt, schreibt, kocht, ißt in München).*

Linkshänders Lamento *ist eine Erstveröffentlichung mit freundlicher Genehmigung der bekennenden Kulinarikerin.*

HAEFS, GISBERT

(1950 in Wachtendonk/Niederrhein; lebt in Bad Godesberg bei Bonn).*

Das Matzbachsche Frühstück mit Leiche *ist ein Auszug und Vorabdruck mit freundlicher Genehmigung des*

Autors aus dem Roman Matzbachs Nabel, *der im Frühjahr 94 bei Goldmann erscheint. Wir erheben unser Glas an dieser Stelle auch auf Gisbert Haefs als Erzähler des* Alexander von Makedonien *(Zürich 1992/1993).*

JÄGERSBERG, OTTO
(1942 in Hiltrup bei Münster/Westf.; lebt in Baden-Baden).*
Nietzsches Schinkenbriefe *sind eine Erstveröffentlichung mit freundlicher Genehmigung des Autors; die Herausgeber erinnern sich dankbar an die gemeinsame Lesung in Biberach, Herbst 1992.*

JOHLER, JENS
(1944 in Hamburg; lebt in Berlin).*
Iseo *ist die zweite kulinarische Geschichte des Komödienschreibers und Erzählers; seine* Umarmung *fand Eingang in den Auswahlband des Montblanc Preises 1992, sein Buch* Ein Essen bei Victoria – Roman in Erzählungen *ist 1993 bei Luchterhand erschienen.*

KLINK, VINCENT
(1949 in Gießen; lebt, kocht, schreibt in der »Wielandshöhe« über Stuttgart).*
Sämtliche Texte sind Erstveröffentlichungen mit freundlicher Genehmigung des Kochs und Autors.

KRÄMER, REINHOLD
(1951; lebt in der Nähe des Hohenstaufen).*
Erstveröffentlichung mit freundlicher Genehmigung des Gärtners und Bibliothekars.

KREIS, BERND
(1963 in Lettgenbrunn/Spessart; lebt in Stuttgart).*
»Der Herr Kreis« ist wohl der beste Sommelier Europas und im Nebenberuf einer der freundlichsten Weinkenner Mitteleuropas.

KRIEGEL, VOLKER
(1943 in Darmstadt; lebt in Wiesbaden).*
Sämtliche Zeichnungen wurden eigens für Cotta's kulinarischen Almanach angefertigt; Veröffentlichung mit freundlicher Genehmigung des Jazzgitarristen, Zeichners, Autors, Kulinarikers von Rang.

LEWERENZ, WERNER
(1947 in Kiel; lebt dort als Journalist).*
Der Abdruck der deutschen Übertragung des Traums *von Ernst Orvil, s. d., wurde mit freundlicher Genehmigung des Übersetzers gestattet. Und im Vorbeigehen sei die von Lewerenz herausgegebene dänische Lyrik-Antholo-*

gie gerühmt: Weder Hamlet noch Superman, *Neuer Malik Verlag 1990.*

MALETZKE, ERICH

(1940 irgendwo im Pommerschen; lebt als Chefkorrespondent des Schleswig-Holsteinischen Zeitungsverlages / Flensburg, als Erzähler von Schafen, Kammerherren und sonstiger Prominenz in Schoormoor an der Eider).*

Martinos schönster Platz *wurde eigens für dieses Buch beschrieben; Erstveröffentlichung mit freundlicher Genehmigung des Autors, dessen letztes Buch im Neuen Malik Verlag,* Von Menschen und Politikern *(1992), empfohlen sei.*

MARQUARDT, AXEL MARIA

(1943 in Insterburg / Ostpreußen; lebt in Glückstadt an der Elbe).*

Hollwegs Schweinskopf *wird mit freundlicher Genehmigung des Autors erstpubliziert; eine reifere Analyse der postmodernen, mitteleuropäischen Kleinstfamilie ist nach Ansicht der Herausgeber kaum zu finden.*

MARTIN, ULRICH

(1954 in Dortmund; lebt in Frankfurt / Main).*

Erstveröffentlichung mit freundlicher Genehmigung des einschlägig tätigen Journalisten.

NEEF, WALTER

(lebt in Tübingen, Geburtsdatum nicht herauszulocken).

Der nebenberuflich als Lehrer tätige Autor ist in Fachkreisen besser als Öko-Walter bekannt.

NICKELS, THOMAS

(1960, lebt in Sitzerath / Saar).*

Restaurantfachmann und Trainer für die gehobene Gastronomie, Journalist und Autor (Alles über Wein, Getränke-Gastronomie). *Sein Beitrag über Kalifornische Obstbrände wurde eigens für diesen Band geschrieben.*

NICOLSON, SIR HARALD GEORGE

(1886 in Teheran–1968 Sissinghurst Castle / Kent).*

Das Eduardische Wochenende *ist dem Band Small talk, 1937 entnommen (deutsch:* Begegnungen und Betrachtungen, *München 1947); das historische und literarische Werk des Diplomaten und Schriftstellers ist umfangreich und sehr zu rühmen (*Byron, *1924,* The English sense of humour, *1946;* Diaries and letters *1930–62, 1966f usf.) Abdruck mit freundlicher Genehmigung des Kurt Desch Verlages München. Dank an Joachim Kersten.*

Opitz, Stephan
(1951 in Soltau; lebt in Rendsburg).*
Sport und Kulinarik *wird hier mit freundlicher Genehmigung des Autors erstveröffentlicht. Christof Stählins, s. d., Bellman-Übertragungen, haben Interlinear-Übersetzungen von Opitz zur Grundlage.*

Orvil, Ernst
(1898 in Oslo – 1985 ebenda).*
Der Schöpfer der »orvilschen Linie« in der skandinavischen Literatur hat 41 Bücher verfaßt, darunter 16 Lyriksammlungen und 13 Romane. Deutschsprachigen Lesern dürfte der Autor mit surrealem Fjord-Groove ziemlich unbekannt sein. Das Traum-Poem wurde von Werner Lewerenz, s. d., erstmalig ins Deutsche übertragen; der Originaltext des Gedichtes Drøm ist in dem Band Nær nok, Gyldendal Norsk Forlag, Oslo 1980, auf S. 49 nachzulesen.

Peters, Jürgen
(1940 in Flensburg; fährt häufig zwischen Hamburg und Hannover).*
Sein Bericht über das Essen im ICE ist eine Erstveröffentlichung, mit freundlicher Genehmigung des Autors und Mitherausgebers des Jahrbuchs für Essayismus, Welfengarten.

Pohl, Friedrich Wilhelm
(1951 in Lübeck; lebt als freier Autor in Hamburg).*
Business-Lunch *wurde eigens erweitert und überarbeitet, der Artikel erschien in gekürzter Fassung im ManagerMagazin.*

Rosei, Peter
(1946 in Wien; lebt ebenda)*
Das Lieblingsrezept *wurde eigens für Cotta's kulinarischen Almanach geschrieben. Die Redaktion verdankt dem Autor einige besonders schöne kulinarische Hinweise aus Wien. Erstveröffentlichung mit freundlicher Genehmigung des Autors.*

Schenkel, Helmut
(1955 in Rendsburg; lebt ebenda).*
Über Kaffee, Tee, Zucker für die einfache Landbevölkerung *weiß der Soziologe und wissenschaftliche Mitarbeiter der Zentralstelle für Landeskunde Schleswig-Holstein eine ganze Menge; in landeskundlichen Kreisen weniger bekannt sind die Tatsachen, daß Schenkel a. ein begabter E-Gitarrist ist und b. das größte Tonarchiv für Literatur nördlich des Nordostseekanals unterhält. Erstveröffentlichung mit freundlicher Genehmigung des Autors.*

STÄHLIN, CHRISTOF
(1942 in Rothenburg o. T.; lebt auf Schloß Lindich bei Hechingen).*
Die Übertragung der Epistel No. 9 wurde eigens für diesen Band angefertigt; s. a. Bellman und Opitz.

STEPHAN, CORA
(1951 in Sprang; lebt in Frankfurt am Main und in Vogelsberg).*
Die Reisenotizen *werden hier mit freundlicher Genehmigung der Autorin erstveröffentlicht.*

THOMMA, NORBERT
(1951 in Heilbronn; lebt als freier Journalist in Berlin).*
Vom Korken *wurde eigens für diesen Band und mit fachlicher Unterstützung des Herrn Kreis von der Wielandshöhe geschrieben; Abdruck mit freundlicher Genehmigung des aus der ›taz‹ bekannten Herrn Thömmes.*

D'UCCELLO, KURT MARIA
Lebt als Verleger, Publizist und weitgereister kulinarischer Kenner in Stuttgart.

WABERER, KETO V.
(wir wissen ihr Alter immer noch nicht, sie lebt in München, schreibt zauberhaft, kocht wunderbar).
Essen mit leuchtenden Augen *ist ebenfalls eine Erstveröffentlichung.*

WEDEL, EZZELINO V.
(1946 in Hamburg; lebt als Rundfunkredakteur in Bremen).*
v. Wedel probiert seit 4 Jahren eigene Leberwurst; der Werkstattbericht über ihre Herstellung wurde eigens für diesen Band geschreiben; Abdruck mit freundlicher Genehmigung des Autors.

WESTPHALEN, JOSEPH V.
(1945 in Schwandorf; lebt in München)*
Fast wäre diesmal den Herausgebern das Manuskript – Erstveröffentlichung mit freundlicher Genehmigung des Autors – rechtzeitig zur Manuskriptabgabe resp. zum Redaktionsschluß in die Hände geraten; es gelang dem Autor jedoch in letzter Minute, diese Imagekatastrophe zu verhindern.

ZEDLER, JOHANN HEINRICH
Verlegte 1732–54 in Halle das Große, vollständige Lexicon aller Wissenschaften und Künste *in 18 Bänden; aus ihm zog Ulrich Goerdten 1992 die ersten zwei Bände der* Trophologika Zedleriana *(Luttertaler Händedruck, Bargfeld 1992); aus dem ersten ist die Wurstenzyklopädie hier mit freundlicher Genehmigung des Herausgebers entnommen.*

Nicht namentlich bezeichnete Texte sind redaktionelle Beiträge.

Impressum

Klett-Cotta

Printed in Germany
Gestaltet von Uli Cluss, Stuttgart
Gesetzt aus der Perpetua von Steffen Hahn GmbH, Kornwestheim
Auf säure- und holzfreiem Werkdruckpapier gedruckt und in
Fadenheftung gebunden von Franz Spiegel Buch, Ulm
Zweite Auflage, 1994

Die Deutsche Bibliothek – CIP-Einheitsaufnahme
Cotta's kulinarischer Almanach auf das Jahr ... – Stuttgart : Klett-Cotta.
Erscheint jährlich. – Aufnahme nach Aufl. 1. 1994 (1993)
Aufl. 1. 1994 (1993) –
ISBN 3-608-93002-7

Bitte beachten Sie auch die folgenden Seiten.

Im Jahr 1852 beginnt das Zweite Kaiserreich; für die nächsten zwanzig Jahre nehmen die Talente und die Hochstapler der Kochkunst ihre Plätze ein. Auf dem Boulevard hat die *Maison dorée* unter den Brüdern Verdier, den Nachfolgern ihres Vaters, sehr schnell das getan, was wir befürchtet hatten: Sie hat sich dem Talmi und dem Spektakel verschrieben. 1852 schreibt Nerval: »Das Maison d'Or ist allerdings ziemlich buntgemischt: Loretten, kleine Wechselmakler, dazu die Überreste der Jeunesse dorée. Heute ist alle Welt vierzig – dabei sind sie sechzig. Suchen wir lieber die noch nicht vergoldete Jugend. Nichts kränkt mich mehr als das Gehabe eines jungen Mannes bei einem alten, es sei denn, er heiße Brancas oder Saint-Cricq.« Die Verdiers schrecken selbst vor den schamlosesten Manövern der militanten Anti-Gastronomie nicht zurück. Es gibt zwei Eingänge: einen, zum Boulevard hin, für die Gaffer oder die ahnungslosen Feinschmecker, die in die ehrlosen Tricks der schlechten Pariser Gastwirte nicht eingeweiht sind. Der andere ist ein Hintereingang, zum ausschließlichen Gebrauch der Modenarren, die 200 Francs pro Abend ausgeben. Pardon wird nicht gegeben! Die *Maison dorée* bekommt keinen Stern, und ich weigere mich, sie fürderhin noch zu erwähnen. Ebenso das *Café de Paris*, in dem sich verspätete Lebemänner à la Louis-Philippe herumtreiben, vermehrt um einige Journalisten, Klatschmäuler und schlechte Schriftsteller. Das neue Regime hat sie zahm gemacht, und nach Art eines Nestor Roqueplan (der dessenungeachtet ein starker Esser ist) versteifen sie sich darauf, keine Wahl mehr zu treffen zwischen Aufschneiderei und Wissenschaft, zwischen der Kunst des Essens und dem Drang zur Selbstdarstellung. Im übrigen geht ihm die Luft aus, dem *Café de Paris*, die Besitzer wechseln mit alarmierender Häufigkeit: Angilbert Sohn, dann Krétoiville, 1845 Guipet, der angstvoll das glänzende Schild und die Kunden der *Maison dorée* auf dem Bürgersteig gegenüber beäugt.

Das *Riche* bleibt ohne Erben: Es kümmert dahin. Böse Zungen berichten, daß man dort seine Freunde aus der Provinz oder aus dem Ausland hinführt, die ins *Café Anglais* einzuladen man weder Geld noch Lust hat. Nebenan, an der Ecke zur Chaussée d'Antin, lenkt Bignon junior das *Café de Foy* mit umsichtiger Hand. Aus Gutwilligkeit soll er einen Stern bekommen, denn dank der früheren Bemühungen von Bignon senior herrscht hier unbestreitbar der Geist des Feinschmeckertums.

Ist es möglich, daß der Boulevard so tief gesunken ist? Es ist so weit gekommen, daß ich bereit bin, mich an das einzige Haus zu klammern, das seinem zweideutigen Ruhm eine wirkliche Anstrengung zu kulinarischer Erneuerung hinzufügt. Jawohl, unter der Herrschaft Duglérés ist das *Café Anglais* richtungweisend geworden. Natürlich begegnen Sie dort der Fauna des Boulevards. Sie stößt mich ab, mich, der ich bei Robert und im Rocher verkehrt habe. Auch die Speisekarte ärgert mich in gewisser Weise; sie ist geprägt vom emphatischen Stil der Epoche. Das Kaiserreich bildet sich etwas ein auf sein Erbe an Prunk und Luftschlössern. Man schüttelt den Staub des Bürgerkönigs ab, man verwirft die Kleinlichkeit der Krämerseele, gerne verwechselt man Qualität mit Überfluß. Aber einige Exzesse haben durchaus Format: »Das Second Empire war für die französische Küche das, was die Herrschaft Franz' I. für die schönen Künste war: eine Zeit der Wiedergeburt. Des bürgerlichen Geschmacks und der überlebten Moden des vorangegangenen Regimes überdrüssig, verspürte der neue Hof das Bedürfnis zu scheinen und den Wunsch nach Luxus, und verschwendete, ohne nachzurechnen. Bedeutende Häuser machten durch prunkvolle Empfänge auf sich aufmerksam, bei denen das Essen an erster Stelle stand. Der Hof, die Ministerien, die Botschaften und viele der wichtigsten Adressen wurden zu Schulen (...), aus denen große Künstler hervorgegangen sind, und zwar ausschließlich Franzosen. Alle ausländischen Höfe sind uns tributpflichtig. Wenn ich Höfe sage, meine ich alle, die es sich zur Ehre anrechnen, einen französischen Koch zu besitzen. Denn es gibt Köche und Köche. Soviel Köche, so wenige Künstler. Ganz oben, wenn nicht gar an erster Stelle, stand

Adolphe Dugléré, eine strenge Erscheinung zuzeiten und ein unermüdlicher Arbeiter. Im *Café Anglais* gibt Dugléré seine bemerkenswerten Erfindungen aus: den Ochsenschwanz Salomon, später Boeuf à la Flamande genannt, die Sauce Béarnaise, die uns geblieben ist, die Pommes Anna, die Bordelaiser Krebse (in Weißwein), die Geflügelcremes, die Fettlerchen mit Kirschen. Unmöglich, sie alle zu erwähnen: die Suppen, die Zwischengerichte. Als Onkel Bachelard 1860 im *Café Anglais* den Ratgeber Duveyrier zusammen mit zwei Elegants bewirtet, besteht das am Vorabend vereinbarte Menü aus folgenden Gängen: Spargelcremesuppe, kleine Becherpasteten à la Pompadour; zwei Zwischengerichte, eine Forelle auf Genfer Art und Rinderfilet Chateaubriand; zwei Entrées: Fettammern à la Lukullus und Krebssalat; als Braten Rehrücken; als Gemüsebeilage Artischockenböden auf Gärtnerinnenart; zum Dessert Schokoladensoufflé und Obstsalat. Es war einfach und stilvoll, sagt Zola, ergänzt durch eine Auswahl wahrhaft königlicher Weine: alter Madeira zur Suppe, Château-Filhot Jahrgang 59 zu den Vorspeisen, Johannisberger und Pichon-Longueville zu den Würzgerichten, Château-Lafite Jahrgang 48 zu den Zwischengerichten, Sparking-Mosel zum Braten, eisgekühlter Champagner aus dem Hause Roederer zum Dessert. Und während es zur großen Tradition zurückkehrt, wird das *Café Anglais* um die Räumlichkeiten eines berühmten Klubs erweitert, der Großen Sechzehn, an der Ecke des Boulevards und der Rue Marivaux. Ja, wir müssen klein beigeben und die Vergangenheit mit ihrer Großspurigkeit und falschen Eleganz vergessen: Aus reiner Wahrheitsliebe, aber ohne Freude, gebe ich dem *Café Anglais* drei Sterne.

Nur allzu gerne verleihe ich die höchste Ehre dagegen *Philippe*, dem größten Restaurant des Zweiten Kaiserreichs. Glückliche Rue Montorgeuil, die *Balaine*, *Borel, Philippe, Magny* und *Pascal* aus den Fluten steigen sah, um sich zu solchen Höhen aufzuschwingen! Hier haben sie ein Ende, die bösen Ahnungen und das Unbehagen, die eine zweifelhafte Umgebung hervorruft: Leichten Herzens können wir ein Lokal besichtigen, in dem die Feinschmecker alten Schlages, die zartesten Gaumen von Paris und anderswoher, sich versammeln. Hier trifft man auch alles, was von den Feinschmeckerzirkeln der alten Garde noch übrig ist. Sie erinnern sich an *Vaudeville* und den *Caveau Moderne*, Balaines Getreue?

Der Club der großen Bäuche trifft sich bei Pascal – wem sonst hätte er sich anvertrauen können? Jeden Samstag finden sich hier 18 Esser ein: »Der erste Akt dieses eines Pantagruel würdigen Mahls dauert von sechs Uhr abends bis Mitternacht: Suppe à la Crécy, zuvor mehrere Gläser herber Wein; Steinbutt in Kapernsauce, Rinderfilet, geschmorte Lammkeule, Poularde im Kasten, Kalbszunge im Sud, Sorbets in Maraschino, gebratenes Huhn, Cremes, Torten und Teilchen, alles begossen mit sechs Flaschen altem Burgunder pro Kopf. Von Mitternacht bis sechs Uhr morgens dauert der zweite Akt. Es werden serviert: eine oder mehrere Tassen Tee, Schildkrötensuppe, indischer Kari aus sechs Hühnern, Lachs mit Schnittlauch, Rehschnitzel mit spanischem Pfeffer, Schollenfilet mit Trüffelsauce, Artischocken mit Javapfeffer, Sorbets mit Rum, schottisches Haselhuhn mit Whisky, englische Puddings mit Rum, stark gewürzte englische Kuchen, alles begossen mit drei Flaschen Burgunder und drei Flaschen Bordeaux pro Kopf. Der dritte Akt dauert schließlich von sechs Uhr morgens bis zwölf Uhr mittags: Man reicht eine äußerst stark gepfefferte Zwiebelsuppe und eine Unmenge nicht gesüßter Backwaren, dazu vier Flaschen Champagner pro Kopf. Dann geht man zum Kaffee über, begleitet von einer ganzen Flasche Cognac, Kirsch oder Rum.«

lig Måltid! Hyvää Ruokahalua! Smakelijk Eten! God Appetit!
Velbekomme! Afiyet Olsun! Dobrou Chut! Guten Appetit! Buon
okahalua! Smakelijk Eten! God Appetit! Smacznego! Pofta Buna!
un! Dobrou Chut! Guten Appetit! Buon Appetito! Bon Appetit!
n! God Appetit! Smacznego! Pofta Buna! ¡Que Aproveche! Bom
Appetit! Buon Appetito! Bon Appetit! Enjoy Your Meal! Smaklig
go! Pofta Buna! ¡Que Aproveche! Bom Proveito! Bumperfatscha!
tito! Bon Appetit! Enjoy Your Meal! Smaklig Måltid! Hyvää
ue Aproveche! Bom Proveito! Bumperfatscha! Velbekomme! Afiyet
oy Your Meal! Smaklig Måltid! Hyvää Ruokahalua! Smakelijk
! Bumperfatscha! Velbekomme! Afiyet Olsun! Dobrou Chut! Guten
d! Hyvää Ruokahalua! Smakelijk Eten! God Appetit! Smacznego!
Afiyet Olsun! Dobrou Chut! Guten Appetit! Buon Appetito! Bon
elijk Eten! God Appetit! Smacznego! Pofta Buna! ¡Que Aproveche!
Guten Appetit! Buon Appetito! Bon Appetit! Enjoy Your Meal!
cznego! Pofta Buna! ¡Que Aproveche! Bom Proveito! Bumperfatscha!
tito! Bon Appetit! Enjoy Your Meal! Smaklig Måltid! Hyvää
ue Aproveche! Bom Proveito! Bumperfatscha! Velbekomme! Afiyet
oy Your Meal! Smaklig Måltid! Hyvää Ruokahalua! Smakelijk
! Bumperfatscha! Velbekomme! Afiyet Olsun! Dobrou Chut! Guten
d! Hyvää Ruokahalua! Smakelijk Eten! God Appetit! Smacznego!
Afiyet Olsun! Dobrou Chut! Guten Appetit! Buon Appetito! Bon
elijk Eten! God Appetit! Smacznego! Pofta Buna! ¡Que Aproveche!
Guten Appetit! Buon Appetito! Bon Appetit! Enjoy Your Meal!
cznego! Pofta Buna! ¡Que Aproveche! Bom Proveito! Bumperfatscha!
tito! Bon Appetit! Enjoy Your Meal! Smaklig Måltid! Hyvää
ue Aproveche! Bom Proveito! Bumperfatscha! Velbekomme! Afiyet
oy Your Meal! Smaklig Måltid! Hyvää Ruokahalua! Smakelijk
! Bumperfatscha! Velbekomme! Afiyet Olsun! Dobrou Chut! Guten
Hyvää ruokahalua! Smakelijk eten! God appetit! Smacznego! Pofta